孩子不仅给我们带来了快乐，
更重要的是他们把我们重新引入真、善、美的世界

立 品 图 书·自觉·觉他
*www.tobebooks.net*
出 品

# Therapeutic Storytelling:
## 101 Healing Stories for Children

# 故事知道怎么办2
## 给孩子的101个治疗故事

［澳］苏珊·佩罗◎著　［澳］琳恩·泰勒◎图
春华　淑芬◎译　聂传炎　栗幼婷◎校

天津出版传媒集团
天津教育出版社
TIANJIN EDUCATION PRESS

**图书在版编目（C I P）数据**

故事知道怎么办．2，给孩子的101个治疗故事 /（澳）佩罗著；春华，淑芬译．— 天津：天津教育出版社，2014.6
书名原文：Therapeutic Storytelling
ISBN 978-7-5309-7642-5

Ⅰ．①故… Ⅱ．①佩… ②春… ③淑… Ⅲ．①家庭教育—通俗读物 Ⅳ．①G78-49

中国版本图书馆CIP数据核字（2014）第123704号



版权合同登记号：图字02-2014-294号

**故事知道怎么办2** 给孩子的101个治疗故事

| | |
|---|---|
| 出版人 | 胡振泰 |
| 作　者 | ［澳］苏珊·佩罗　琳恩·泰勒 |
| 译　者 | 春　华　淑　芬 |
| 审　校 | 聂传炎　Bibinur |
| 责任编辑 | 孙丽业 |
| 特约编辑 | 陶　欢　王月怡 |
| 装帧设计 | 尚上文化 |
| 出版发行 | 天津出版传媒集团<br>天津教育出版社<br>天津市和平区西康路35号　邮政编码　300051<br>http://www.tjeph.com.cn |
| 经　销 | 新华书店 |
| 印　刷 | 三河市华晨印务有限公司 |
| 版　次 | 2014年8月第1版 |
| 印　次 | 2014年12月第2次印刷 |
| 规　格 | 16开（787×1092毫米） |
| 字　数 | 200千字 |
| 印　张 | 23.75 |
| 书　号 | ISBN 978-7-5309-7642-5 |
| 定　价 | 45.00元 |

献给孩子们，

无论你们在哪里……

# 鸣谢

感谢我可爱的孩子们，是他们持久的爱和鼓励，让我对“故事”产生了极大的热情。

感谢我丈夫的宽容、支持和爱，尤其要感谢他在肯尼亚澳罗罗旅馆的工作机会……这让我拥有了理想的静居之地：在国家公园旁边的帐篷里，我可以俯瞰山下的金合欢树森林以及满山的野生动植物！

谢谢亲爱的马丁·拉奇和马太·巴顿，谢谢他们专注而细心的编辑工作以及他们给予的诚恳的反馈意见和鼓励。

谢谢我的同行安妮·巴瑞特作家，在我们孤独的写作过程中，她与我进行了许多有益的讨论，让我从中感受到了喜悦。

谢谢我的朋友和同事桑德兰·弗兰，她与我进行了许多热烈而鼓舞人心的谈话。

谢谢22位我的老师、家长和治疗师们，他们花费了很多时间来分享自己的故事和这些故事的效果，并为这本书慷慨地贡献了他们创作的许多故事。

# 语言天使

我的朋友是个会讲故事的人
她用那充满魔力的特殊礼物
带着祝福的珍宝来疗愈我们
用魔幻般的语言来填补
我们的心灵、头脑和灵魂裂开的缝隙
不断地唤起我们神圣的梦境
（在你觉察之先，你就遵从了她的指引）

语言丝毫不能妨碍
她施展那极其迷人的魔力
如果你仔细聆听
你会听到她在讲述古老的智慧

是她汇聚了所有的希望
把它们编织成多彩的锦缎
她讲述着精心编织的故事
那些遗忘的事物被高高举起

任何地方都找不到这样温和的药膏

来减轻生命里的痛苦

请赞美她吧

赞美这个高贵的妈妈、女儿、朋友和妻子

克莱尔·伊娜拉，肯尼亚医生和剧作家

写于参加治疗性故事工作坊之后

# 前言
# 治疗性故事

21 世纪是一个充满巨大挑战和不确定性的时代。面对变化无常的未来，我们可以给孩子和年轻人提供些什么呢？

我们很难跟上现代社会的变化步伐，很容易觉得自己生活在时间“高压锅”里。自从工业革命以来，时间的概念——曾经来源于大自然的四季循环——如今受着经济的主宰，这体现在“时间就是金钱”或者“抢时间”等诸如此类的说法中。

在这个后现代社会，我们过分热衷于速度，这体现在快餐、光速因特网、即时全球文本信息、速读等的文化中。为了应对这些变化，人们发明了各种药物来帮助我们跟上这种速度，同时又用其他的药物来帮助我们重新镇定下来。作为一个心理学家、教育家以及未来主义者，我充分意识到，短期效益主义弥漫在我们的文化之中。人们带着孩子，急急忙忙地参加各种各样的活动，以便确保他们能够具有“竞争力”。我常常问自己，父母到底花了多少高质量的时间来陪伴自己的孩子呢？

今天，数量惊人的父母们开始认为，自己没有时间给孩子们讲故事。而有钱的父母好像都认可了广告神话，以为给孩子买最新款式的电脑和手机，就能给他们带来幸福，仿佛那些现成的屏幕图像能够取代孩子的想象力以及他们对世界的创造性反应。

**然而孩子们真正需要的，首先就是坐在父母的膝盖上，或者坐在他们脚下的地板上，听他们讲那些好听的故事。**苏珊·佩罗知道这些，她的著作也在促使我们意识到这个问题。

过去 10 到 15 年出生于富裕国家的孩子从来无法想象，没有各种通信技术的世界将会是什么样子的。甚至在非洲，苏珊在那里做研究时发现，电视已经替代了讲故事的老奶奶的角色。

越来越多的证据显示，当孩子们过多地运用电脑和其他屏幕媒介来交流的时候，他们就会和周围的世界越来越隔绝。奇怪的是，所有这些电子“联系”恰恰阻止了孩子们接触到自己真实的人性和周围的自然环境。此外，越来越多的幼儿园孩子说话的年龄已经大大“推迟”，这可能是因为面对面沟通或倾听他人说话的机会大大减少了。这是教育领域的一颗定时炸弹，我们可以想象得到，它可能会在未来十年发生爆炸。

马歇尔·麦克卢汉在十几年前曾提出，每种先进技术的出现，将会削弱人类与生俱来的能力。例如，随着年轻人越来越多地依靠电子邮件和手机短信进行沟通，这将会大大减少鲜活的友谊所带给我们的丰富感受。相比而言，当充满活力的故事讲述者坐在孩子们身旁时，这能够让孩子们体会到声音、语调、眼神接触、姿态、面部表情、身体语言、情绪反应以及内心感受等各种细微而丰富的差别。

未来主义者、和平研究员伊莉斯·博尔丁提出：我们越是能够生动地想象未来，我们就越有可能去创造那样的未来。**故事和艺术品越是激发出孩子们的想象力，他们就越会更多地发展自己的能力，描绘他们对自己和世界的期望，并更积极地实现这个目标。**

无论是在全球、各区域还是在小地方，我们都非常需要新的视野。许多人已经意识到当前全球的混乱局面——环境的、社会心理的、政治的——这些都是文化崩溃的表现，随之而来的则是安全感和心灵慰藉的缺失。与此同时，很多人，包括我在内，也觉察到了黎明前的微弱曙光。

苏珊·佩罗的第二本书《故事知道怎么办 2：给孩子的 101 个治疗故事》就是黎明前的这种曙光，它让我们看到了希望，我们可以真正地扭转并解决我们自己给自己制造出来的一些问题。因为大多数人接受的教育都是碎片化的，过度抽象的，这让我们所获得的知识往往与我们的心灵割裂开来，使我们无法聚集勇气，从而无法做出具有创造性的改变。苏珊向我们表明，故事可以填补这种缺失。故事有力量将我们头脑中的知识与心灵中的感受重新联系起来；它们可以启发我们、鼓励我们，并让我们有能力采取必要的行动，让我们的子孙在这个世界上生活得更美好。

故事可以打开孩子们的心灵，并让孩子们重新感受自己的心灵。这本身就具有治疗作用。通过讲述孩子们真实生活中面临的困难，苏珊的治疗性故事还能发挥更多的作用。这本书会改变孩子们的生活，同时也可以启发成人读者创作并讲述更多的疗愈性故事。

詹尼弗·吉德利博士

墨尔本皇家理工大学研究员兼世界未来研究联盟主席

# 引言
# 故事知道怎么办

许多年以前，美洲印第安人故事家弗拉丁·艾格勒·费泽来到了澳大利亚的东海岸。我有幸成为了他的故事课程中的听众。他对听众说的开场白就是：有些人认为世界是由原子构成的，而我认为世界是由故事构成的。

至今，我仍然在思考这句话……这句话犹如催化剂，促使我的人生道路发生转向，最终成为了一名故事家。这种探索，这条人生道路以及对于故事的热情，曲曲折折地贯穿在很多层面和故事之中——我本人的故事、家人的故事、社区的故事、我创作的故事以及来自许多不同文化中的古今故事。就像世界上众多故事的源泉，它是无穷无尽的——我无法想象它会在哪里停止。我只知道，通过故事和其他人交往给我带来了最大的满足感。

在我的第一本治疗性故事书《故事知道怎么办》中，我曾经分享过我身为老师和家长的这份热情，也描述过创作治疗性故事的框架，并针对挑战性行为和事件搜集了 80 个故事。这本书被传播到世界上不同的地方，翻译成几种不同的语言。它为我的工作开启了新的大门，引领我（现在依然在引领我）在许多国家和地区开设工作坊，包括：中国、美国，非洲、欧洲。此外，在我的祖国澳大利亚的黑土地上，我也开办了工作坊。

这是我的第二本书，名叫《故事知道怎么办 2：给孩子的 101 个治疗故事》，其中包含从这些工作坊中获得的故事灵感（我已经把它们写成了完整的故事），也汇集了工作坊参与者们（世界各地的老师们、治疗师和家长们）所创作的故事，同时也加入了我自己搜集的其他故事。

这本书有双重目的：帮助读者创作自己的疗愈故事，并与读者分享许多完整的故事，这些故事能够应对挑战性事件，并培养和发展孩子的人格。第一部分"创作治疗故事"，为读者创作故事应对挑战性行为提供了若干心理动力和建议，提出了"隐喻、情节和解决方案"的框架以及创作故事的新点子，并付诸了实践！第二部分列举了这种努力的成果：运用 101 个治疗性故事应对孩子们的各种挑战性行为及情况。

## 疗愈故事的类别

为便于读者参考起见，我将 101 个故事划分为不同的行为类型，读者可以直接运用，也可以改编，或者以此为模板创作你自己的故事。每个故事前面都有简短的说明，包括适用年龄及使用建议。就如我的第一本书那样，这些类型涵盖了我们通常定义的挑战性行为，包括：生气 / 攻击、不诚实、固执、害羞 / 胆怯、嘲弄和强行霸道等。这些分类也包括了全世界的许多工作坊发现的新话题，例如焦虑 / 不安全感、大惊小怪、不耐烦、缺乏自信 / 适应能力、糊涂 / 不恰当的言语以及与如厕 / 尿床相关的难题等等。

## 疗愈故事不是说教

在面对我们所谈到的"挑战性行为"时，非常重要的就是：让故事创造性地融入孩子自己的感受之中，而不是采取“警世故事”的方式（亦即利用孩子们对后果的恐惧）进行外在的道德说教。疗愈的方式是让孩子自己形成想象力丰富的隐喻性图景，从而让孩子在内心中产生想要改变自身行为的动力——比起那种仅仅督促孩子遵从外在规范的做法，这种方法更加持久，也更加有效。疗愈性故事与强迫孩子接受某种规范的做法是完全相反的。疗愈故事是温和的，也会让孩子觉得很亲切。它尊重孩子自己的感受，肯定他的想法，并会采取各种令人惊讶的隐秘方式来培养孩子的能力。

没有任何故事是放之四海而皆准的。101 个故事也许听上去就像一个包罗万象的故事集，但这仅仅是治疗性故事的“冰山一角”。孩子的行为往往是相互联系的，也与其环境有关。我们很难孤立地谈论孩子的某种行为。每个孩子都在复杂的交际网络和环境——家庭、学校、社区和世界——中生活成长。对于养育、辅导和教育孩子们的读者们来说，正是你们在直接影响着孩子们的人际交往、生活环境和个人性格等，因此，只有你们才最适合为每个孩子的特定需要来创作故事。因此，本书第一部分“创作治疗性故事”旨在激励读者自己成为一个故事创作者。为特定的孩子（们）创作故事是个非常富有想象力的行动，它会微妙地影响到相关的孩子。从某种层面上来说，你的关爱和努力会让孩子们觉得自己得到了认可。

在编写自己的故事时，正确的出发点就是不要期望太高，只要自己的疗愈性故事能帮助应对某种状况，那就应该满足了。如果真能有所帮助，那将是多么好的奖赏！如今我意识到，治疗性故事创作者应该始终怀着“帮助”的意图，偶尔幸运的时候，某个故事也许当真具有“疗愈”的作用。虽然本书在讲述“疗愈性”故事，但我认为，读者需要记住，作者或许只能起到辅助作用，因此，请读者不要抱着过高的期望，同时也不要动辄泄气。对于孩子的任何不当行为，都不可能找到任何“快速解决方法”，讲故事只是许多治疗方法和策略中的一种。

不要将故事当做万灵丹，以为它能治疗或解决所有的问题。要想彻底地解决更大的问题，需要对这幅复杂的“挂毯”的规律进行一番细心研究。故事也许能够成为挂毯上的金线，但是挂毯上的底线就是对孩子们自觉而连贯的教育方式。

## 故事适用的年龄范围

这 101 个故事基本上适合 3~10 岁的孩子。但是必须强调的是，这些故事有时可适用于其他的年龄段。有时候为孩子所写的故事，也许能够改变成人的生活。有时候也会有成人在参加我的工作坊时，急迫地想为他们现在或者过去的状况创作故事。这本书中分享了若干这样的例子。同时，这本书中也提供了若干点子，可以用来为青少年和成人创作治疗性故事。我所研究的创作故事的框架和技巧，其实适用于所有的年龄段。

## 适用于全球和社区事件的故事

在《故事知道怎么办 2：给孩子的 101 个治疗故事》这本书中，有些故事适用于家庭和学校的挑战性行为，此外还有些故事则适用于全球或者国家或者社区所面对的若干挑战。

多年以来，在创作治疗性故事的过程中，我去过许多国家，我在旅行时，越来越多的人请求我为“全球危机”专门创作若干治疗性故事。当我听到这样的要求时，我最初的反应就是："故事怎么能解决这个问题呢？对于世界危机来说，故事太微不足道了！"后来，到了2011年，两周之内，我首先得知新西兰发生了可怕的地震，紧接着又听说日本发生了海啸，这让我受到了触动：好吧，我来试试看！当时我正在中国旅行，没有带电脑，于是我打开笔记簿，拿起钢笔，按照我的"隐喻、情节及解决办法"这个框架开始创作故事。等到我的思路变得清楚之后（要爱的力量，团结的力量），我就找到了隐喻，《影子巨人》的故事就这样诞生了。

有些故事是针对某些国家而创作的，《彩虹马》是一个反对歧视的故事，这个故事是为建国不久的南非的孩子们创作的。《玫瑰和刺》是为挪威的孩子们创作的。

《闪闪发光的河》是为社区创作的故事，这个故事是在布里斯班的洪灾之后创作的，旨在帮助布里斯班的孩子们理解毁灭与新生的循环过程，从而让他们感受到新的希望。而故事《蚂蚁与风暴》则是为中国成都汶川地震以后的儿童而写的。《湖的守护者》旨在鼓励社区居民参与保护澳大利亚拜伦海湾附近的神圣土著遗址。

无论在什么地方，故事似乎都能通过无穷无尽的方式来帮助我们——故事知道怎么办！

## 故事就是知道怎么办

2011年的3月，我在北京举办了工作坊，并见到了出版我首部著作的中译本编辑。他们将中文版书名改为《故事知道怎么办》，我听到以后非常高兴。这个书名捕捉到了我的治疗性故事的精髓。

在北京的时候，我很荣幸地结识了一位道家大师以及几位道家学生，他们向我讲述的人生观和看法，似乎非常契合于充满想象力的故事所产生的作用。道家倡导“让事情自然而然地发生”，而西方人则试图创造条件“促使事情发生”。道家的做法表明他们深刻地洞察到了谦卑、自然而单纯的人生。

道家提倡“道法自然”及“自然淳朴”，这是为孩子们创作故事的健康基石。道无法用语言表达——他们告诉我，必须经过亲身体验才能知晓“道”的涵义。

然而，如果我们试图用语言来捕捉“道”的话，最好的描述似乎就是，道既是感受，又是思想。这与我个人的故事写作有非常强烈的共鸣……思考能够帮助我“感受”好故事，而不是理性地构思好故事。这个直觉的过程通常很难加以描述，对于那些渴望学会讲故事的朋友，我只能说，当你经历到了这些以后，你就会明白我所表达的意思。

在大自然中行走并融入自然之中，通常是我“感受”或者“倾听”新故事的最好方法。自然之母给予了非常大的帮助：她让我们采取自然的方式创作故事。非洲的布须曼人（这是我在澳大利亚以外的第二故乡）也会通过自然和感受将故事串联起来。他们对故事的定义是：就像风儿那样，它来自很远的地方，但我们感受到了！

在著作《讲故事的过程与实践》中，利沃（Livo）和里茨（Rietz）将故事定义为“古老的、也许是自然的内心秩序”。这种描述似乎会让我们直接联想到道家的“道法自然”的思想。它无疑洞察到了故事在世界中的重要性，以及孩子们聆听故事的重要性——无论过去、现在还是未来！

故事能够感受到道路，知道道路，并能够发现道路。故事能够设法进入我们的灵魂，就像水能够设法渗入墙壁的裂缝，这是任何其他东西都做不到的！故事就像水一样，可以让孩子们重新恢复活力，极大地促进他们的健康成长与发展。

如果我们将许多故事汇聚起来，这就如同挖了一口“井”，借助于这口井，人生的旅行者可以消除自己的饥渴与乏力，获得新的生机和活力，然后重新上路……

包括来自澳大利亚的旅行者，来自南非的旅行者，来自中国的旅行者，来自东方与西方的旅行者，来自北方与南方的旅行者……

我期望阅读本书的旅行者们在浸润在故事的源头活水的时候，能够恢复生机与活力；希望这些故事也能淌入他们的灵魂之中，成为鲜活的、充满创造力的源泉——不是死寂不变的泉水，而是始终涓涓流淌着的泉水。我也希望这本书能够鼓舞旅行者们创造出属于自己的“故事知道怎么办”。

苏珊·佩罗

# 目录

**第一部分　创作治疗性故事**

| | | |
|---|---|---|
| 第一章 | **故事创作的结构模型** | 2 |
| | 什么是治疗性故事 | 3 |
| | 编织故事的框架 | 5 |
| | 积极的解决方案 | 6 |
| | 隐喻的奥秘和魅力 | 10 |
| | 象征障碍和帮助的隐喻 | 13 |
| | 选择隐喻的小窍门 | 19 |
| | 选择隐喻时的注意事项 | 24 |
| | 制造张力——情节 | 25 |
| | 年龄不同，情节不同 | 27 |
| | 小道具的价值 | 30 |
| | 关于道德伦理的问题 | 33 |
| | 针对不同情况来改编故事 | 35 |
| | 修改故事的结局 | 36 |
| | 简单自有其好处 | 38 |

适合所有年龄的疗愈故事 40
适合于成年人的故事 41
适合青少年的疗愈故事 43

第二章 **让故事的生命力流淌出来** 45
“故事骨架” 46
想象力练习 47
“故事包”的故事 54

**第二部分 101 个治疗性故事**
故事骨架 59
阅读或讲述 59

第三章 **生气 / 攻击 / 打人 / 抓人 / 咬人** 61
鼓槌 61
有个男孩将身体当鼓敲 63
谁想敲这只大大的鼓 64
我走走走 65
小河马的新牙齿 65
丛林里的聚会 67
小木棒会唱歌 69
小袋鼠 70
亲密的拥抱 73
水手男孩 76
长满刺的豪猪 77

用双手做好事的流浪小矮人 78
红色浆果和灵巧的松鼠 81
小小铅笔 84
大象的鼻子 87
“故事骨架”——骑士、龙和公主 91

第四章 **担忧 / 不安 / 害怕** 93
影子巨人 93
玫瑰与刺 99
蚂蚁与风暴 101
闪闪发光的河 102
金色的笛子 103
星星孩的旅行 104
海贝的歌 106
蜜蜂 109
玫瑰鹦鹉和草莓园 111
小船和海豚 115
不完美的房子 116
“故事骨架”——不完美的汽车 / 不完美的花园 118

第五章 **欺凌 / 排斥 / 嘲弄** 120
聪明的蜥蜴 120
彩虹色 122
金色的海豚 124

巴巴辛巴 127
横行霸道的熊 128
怕热的河马 130
花中之王 132
"故事骨架"——海豚和暴风雨 134

第六章 **死亡 / 濒死 / 疾病** 135
天国的魔力 135
黄鹂鸟和樱桃树 137
爷爷的月光斗篷 138
蝴蝶 140
来自天国的布娃娃 141
乌龟和市场巴士 143
兔子、鹦鹉和熊 144
彩虹鸽 145
国王和他的三个儿子 145
"故事骨架"——马拉松赛跑者 147

第七章 **不尊重 / 不关爱(对自己 / 他人 / 事物)** 148
帽子的一天 148
外套的一天 149
"谢谢你"公主 150
科普瑞:非洲的冬至日故事 152
树袋熊一家 155

弯曲的树 159
海洋游乐场 161
“故事骨架”——金色羽毛 163

第八章 **破坏行为 / 焦躁不安 / 过度兴奋** 165
珠珠找朋友 165
三口锅 169
田鼠潘雅 172
三匹小马 175
跳蚤市场里的曼迪 177
树袋熊帮忙建水坝 181
鸡蛋花的礼物 184
“故事骨架”——蚂蚁们的盛宴 186

第九章 **不诚实 / 偷偷摸摸** 188
野兔朱尼珀 188
森林男孩和红鞋子 192
农夫和魔法棍 194
小贩和帽子 196
“故事骨架”——银色的树枝 200

第十章 **离婚 / 分居 / 混合家庭** 201
蜗牛一家 201
你小时候的大事儿 203
星期六 205

孩子和蝴蝶 207
棕色的小球茎 210
神奇的饭锅 213
“故事骨架”——企鹅、塔、蘑菇和独木舟 215

**第十一章 挑剔 / 抱怨 218**
挑食的维尼 218
白鹤和雨 220
狼宝宝 225
小象不想走路 231
“故事骨架”——扎头发的故事 235

**第十二章 不宽容 / 缺乏对自己和他人的接纳 236**
蜗牛西尔维斯特 236
季节 238
独木舟女孩 239
三只蝴蝶 240
彩虹马 243
鼓手男孩 245
“故事骨架”——雪橇比赛和一些其他想法 248

**第十三章 缺乏信心 / 韧性不够 250**
长翅膀的马 250
小矮人和金色的皇冠 255

| | | |
|---|---|---|
| | 小猪和猎狗 | 258 |
| | 闪亮的星星 | 260 |
| | 小金马 | 261 |
| | 未来之光 | 264 |
| | 阿里阿德涅的线——故事、手工和迷宫游戏 | 270 |
| | “故事骨架”——魔法斗篷 | 274 |
| **第十四章** | **性侵犯 / 性意识** | 276 |
| | 尤嘉和眼镜蛇 | 276 |
| | 毛毛虫 | 279 |
| | 公主和镜子 | 282 |
| | “故事骨架”——破碎的娃娃、狮子和鳄鱼 | 284 |
| **第十五章** | **害羞 / 孤僻 / 自卑** | 287 |
| | 害羞的小雏菊 | 287 |
| | 害羞的罗伯特 | 289 |
| | 孤独的知更鸟 | 291 |
| | 兔小丑 | 293 |
| | 小北极熊 | 294 |
| | “故事骨架”——巫师、仙女、美人鱼和人鱼王子 | 296 |
| **第十六章** | **骂人 / 大喊大叫 / 说傻话** | 298 |
| | 唱歌的蛇和跳舞的熊 | 298 |
| | 库里和笑翠鸟 | 300 |

男孩和白色的珍珠贝壳 303
琴鸟要学鹦鹉叫 306
吵闹的钟 307
“故事骨架”——假面人、猴子、龙卷风、狮子和王子们 308

**第十七章 如厕困难 / 尿床** 312
被藤壶覆盖的鱼 312
桉树 315
渗漏的屋顶 317
晚安，好好睡觉，祝福你 318
一个叫“彩虹”的娃娃 320
“故事骨架”——蒲公英、粑粑房子和大海花园 322

**第十八章 固执倔强 / 缺乏社交意识** 324
小鲱埒和它发光的石鼓 324
总是说“不”的挖掘机 329
农场里的一个朋友 331
薄雾中的长颈鹿推嘎 334
湖的守护者 338
一个贝壳礼物 341
金色的星星 344
“故事骨架”——房子受够了！ 351

第一部分

# 创作治疗性故事

# 第一章
# 故事创作的结构模型

本章内容主要就是和大家分享故事创作的结构模型。这个模型曾经帮助我和许多参加工作坊的朋友们为孩子们编写治疗性故事。我在前一本书中曾经对此做过概述，现在我们再谈谈这个话题，并在其中融入我在过去五年“不断创作的过程”中形成的观察和经验等。

我的目的是给大家提供一个创作故事的指南，但这绝不是“万能公式”。因为故事是鲜活的，绝对不能用框框架架加以限制，或对它们进行分门别类。在我编写故事和开办工作坊的过程中，我发现自己会再三地确定规则然后又不断地打破它们。

如果说真有什么固定不变的指南，那就是鼓励“直觉和好玩”。这就需要放手去玩——这是我们这些具有太多批判精神的成年人很难做到的事情。故事创作者需要开放、信任以及平静的心态，以自然而然的方式“让事情自然发生”，而不是过于刻意地“促使事情发生”。作为一名故事创作者，我努力让自己“感受”好的故事而不是理性地构思故事。

然而，描述这种直觉的过程是非常难的，就像描述水那样难。这个部分的第一章试图做出浅显的尝试，以便描述这个过程的大致形式，并让读者体验这个过程。

第二章则提供了一些想法和经验，以便开启读者的创造力，并且促使你们轻松地创作故事。

这两章内容都以我的上本书作为基本指南——详细信息请查看《故事知道怎么办》，我在此处不再赘述。我建议读者将这本书与我的第一本书配套阅读。

## 什么是治疗性故事

所有的故事都有疗愈或者治疗的作用。如果故事能够让人们笑或者哭——或者同时又笑又哭——那么大笑的人或者流泪的人就已经被疗愈了。民间故事和童话故事利用那些普遍性的主题和品质，产生了疗愈的作用。它们给予人们希望和勇气来面对人生的考验，确定自己有能力改变和成长。

戴维·苏祖基（David Suzuki）是举世闻名的环保主义者，他曾经指出，通过建立空间上的灵性联系，故事甚至能够“疗愈”我们的地球。例如，如果一个朴素自然的故事能够帮助孩子联系到当地的沙滩、河流或者森林，随着年龄的增长，他们就会越来越自觉地保护和爱护周围的环境。故事能够帮助我们培养并强化我们与环境之间的整体联系。

无论故事的内容是怎样的，听故事时所产生的真实体验都具有“疗愈”的作用。**经常讲故事能够培养和强化孩子们的注意力，并激发他们的想象力。**如今，对孩子来说，这些影响是具有疗愈作用的安慰剂，尤其是因为孩子们时常处于被动状态，会花大量的时间看电视或者DVD。故事能够激发孩子们用丰富的想象力来创造内在的图景，而电子媒介所展现的则是僵死的、没有创造力的图像，只能让观众被动接受，不能激发他们自己的创造能力。

除了这些常见的治疗性故事以外，某些故事还能够治疗或帮助治疗孩子们在某些特定情况下的行为。在本书，这些故事都统称为“治疗性故事”。

如果我们将疗愈定义为恢复健康，重建平衡，变得健全或者完整，那么治疗性故事就是让失去平衡的行为或者状况重新恢复平衡和完整。

治疗性故事能够亲切、轻松却非常有效地解决孩子的某些复杂问题。讲故事的形式提供了疗愈的手段，可以让孩子们从事充满想象力的活动，而不是训斥他们或直接指出他们行为中的问题。通过对故事主人公（们）的同情，孩子们获得了力量，从而能够克服自身的障碍，并找到解决问题的办法。

故事就像自然疗法或顺势疗法——类似天然的药物，它凭借孩子们自身的潜能来消除失衡的状态。有时候，接受故事疗法就像接受天然药物那样困难，因为尽管常识告诉我们，我们应该张开双臂欢迎它，但商业和科学的世界却对此大加反对。同样，唯物主义的思维模式也很难理解，为何利用想象力隐藏的无法估量的力量会比直接扭转问题效果更好。

幸运的是，这种情况正在慢慢地发生变化。很久之前，讲故事就被作为强有力的教育和疗愈工具，而现在也出现了振奋人心的趋势，这种古老的艺术形式正在逐渐复苏。人数不多但队伍越来越壮大的思想家们、研究人员、老师和从业人员，现在开始认可了那些富于表现力和想象力的思维和认知方式，这有助于恢复讲故事的艺术，并利用它取得治疗效果。

我的希望和愿景就是再次帮助老师和家长们运用故事的力量和想象力，辅导和引领社区中的孩子，通过孩子们最喜欢也最有效的方式——想象力——帮助他们发展自己的能力。由于它能够让我们感受到他人的经历，所以，这种能力能够将整个社区凝聚起来，建立最宝贵的人际关系。

## 编织故事的框架

在我的创作治疗性故事的结构模型中，其框架包含三个部分：隐喻、情节及解决方案。分别去理解和讨论这些内容是非常有帮助的，尽管在创作完整故事的过程中，它们会复杂地交织起来。

除了这里谈到的框架以外，还有创作故事的其他可取办法。本书中的某些故事并不是按照这种（或其他）方法创作出来的，而是依照它自身的直觉方式，所以请不要以为这是创作故事的唯一途径。它只能被视为编写故事的起点。它也可以帮助你解构现有的故事，然后最终创作出新的故事来。我鼓励读者们对自己最喜欢的民间故事或者童话进行这种解构练习，这也许能够让你更清楚地了解它们内在的结构和组织。

首先，在创作治疗性故事时，大家需要清楚自己的目的。用来疗愈挑战性行为的故事，不是为了将“坏”行为变为“好”行为，也并不是要“淘气”的孩子成为“好”孩子。相反，**故事的目的是尽力让孩子本人重新体验到完整或者平衡**。我们也需要认识到，就像所有的人类行为一样，孩子的行为是有前因后果的，也是相互关联的。如果孤立地看待任何特定行为，我们就几乎无法找到有效的解决办法（读者如果想深入地了解这个话题，可以参阅《故事知道怎么办》的“‘故事’和‘行为’”章节）。对于孩子们的挑战性行为，讲故事只是许多可能的方式或策略中的一种，它只是整张织布上的一根丝线而已。

在创作治疗性故事时，有必要仔细地选择隐喻并构思故事的情节，以便契合孩子们的状况或者年龄。编写故事千万不要怀有道德说教或引导孩子认错的目的，这一点无论怎样强调似乎都不过分！我们的目标是通过故事简单地反映发生了什么，通过故事的隐喻和情节，找到办法面对并缓慢地改变孩子的行为，并提供现实的解决方案。如果这个过程太重视成效的话，它不仅会过于理性，也会毫无效果。行为往往是深藏于我们生命中的内在习惯，只有让洞察力和充满想象力的图景慢慢渗入意志力的深处，渗入我们看不见的地方，在那里产生不可思议的变化，孩子的行为才可能会发生改变。

疗愈性的故事应该尽可能给听众留下自由的空间，让他们自己得出结论，通过这种方式，“故事的力量”就能够产生它自己的魔力。就像本·欧克里所说，让故事自己“无声无息地、隐秘地”发挥作用。

**我们很容易忘记故事的神秘性和强大威力。它们往往会无声无息地、隐秘地产生作用。它们会对整个心灵和自我产生影响。在改变你的同时，它们也将成为你生命的一部分。**

## 积极的解决方案

治疗性故事的解决方案就是让遭到破坏或者失衡的状况或者行为恢复和谐或平衡。虽然解决方案会在故事的结尾出现，但是在构思的时候，首先考虑这点通常是非常有益的。如果解决方案不明确，我们就很难知道如何加工这个故事的隐喻和情节。因此我决定首先讨论框架中的这个要素。

我们需要意识到，解决方案应该提供值得肯定的行为（affirmation），而不是引导孩子认错。例如，在故事《大象的鼻子》中，攻击性行为是失衡的行为，也是很难让坦博的兄弟姐妹们接受的行为，由于它整天横冲直撞，它们都尽力避开它。它们不知道它会用自己的鼻子做出什么出格的事情来。后来，坦博摔倒在光滑的岩石上。此时，无论它如何甩鼻子，都无济于事，它发现自己陷到了悬崖下面的水潭中，远离了自己的家人。在大象奶奶的帮助下，大象们将自己的鼻子和尾巴连接成了“绳索”，最终把坦博救出来了。这个故事同时用到了象征障碍和帮助的隐喻，提供了非常简单的转变情节，即将“用力量去伤害”转化为“用力量去帮助”。这个故事没有迫使小象为自己的行为感到内疚，相反，故事的情节非常自然地引导出积极的解决方案，从而恢复了平衡与和谐。

在故事《狼宝宝》中，狼妈妈的努力（她鼓励小狼加入狼群，学习狼族的生存方式）毫无所获。然而，小狼对任何东西都毫无兴趣的状态显然是失衡的，你可以想象一只狼只想坐在雪地里，爪子放在耳朵上，眯缝着眼睛的样子吗？在掉进猎人的陷阱的过程中，这种失衡的体验发展到了极致，后来，随着小狼被解救出来并自由地跟着狼群奔跑，这种失衡状态结束了。此刻的小狼有多么欣喜，听故事的人又会有多么欣喜呀！

不同的行为和状况似乎需要不同的方法。有时候需要非常直接的方式，例如，如果孩子不断说粗话或脏话，此时，故事中的解决方案就是用得体的“话”来替代脏话。在“唱歌的蛇和跳舞的熊”中，小蛇最终唱出了优美的歌声。

“彩虹马”这个故事体现了更复杂的方法。这是一个反歧视的故事，是为南非的孩子们写作的。这个故事引导听众感受偏激和骄傲所带来的冲突。慢慢地，冲突产生的小小乌云遮蔽住了整个天空，雨开始下起来，最后暴发洪水。由于这些马都需要找避难所，他们就聚集在高高的山洞里。最后他们放弃了他们彩虹色的鬃毛，来帮助金马编织翅膀，这样它就可以飞过天空，带回明媚的阳光。这个解决方案的转变性力量就是：通过个人选择而非外在惩罚或强制措施，将偏激的行为转变为接纳或者宽容的行为。

而在为单亲家庭的孩子创作的故事中，解决方法则没有这么明显。这种情况需要谨慎的思考：这种故事不应该提供超出现实生活之外的希望，也就是说，不要暗示父母还会重新走到一起！在帮助构思解决方案时，也许需要向当事人问些问题。父母双方是否会沟通并与孩子共处？是否一方从家庭中完全消失了？或许也有可能让孩子的父母听到故事中的信息并改变自己的行为，比如认识到教育的连贯性并将孩子的需要放在首位。或许我们可以编写这样的故事，小鱼儿的妈妈和爸爸生活在不同的岩池或者淡水湖中。小鱼儿可以穿过海草或者珊瑚，从这个岩池游到另外那个岩池。也许海草会唱一首特别的歌儿，当一方开车送孩子到另一方那儿生活时，他（她）可以唱这首歌，以便缓解孩子在这种交接过程中产生的焦虑。故事中也可以包括这样的比喻：强烈的阳光会透过水面，在不同的时间照耀着每个岩池。如果两个岩池距离太近不合适的话（或许父母亲距离很远，无论是实际距离还是情感距离），故事中可以让他们住在广阔沙洲的南北（东西）两极，或者两者之间有很多布满岩石的海岬或海滩（或者宽广的海域）。创造出这些不同的情节和解决方案不仅可以慰藉父母以及治疗师 / 老师们，同样也能治疗孩子。

如果孩子的朋友或家人因为患病而即将离开人世（或者已经离世），此时，并不适合编造患者慢慢康复、此后会幸福生活的故事。故事创作者具有重要的责任，应该让读者看到更大的画面，故事的解决方案应该将听众提升到比现实更高或不同于现实的地方。父母为他们的孩子编写故事时，极有可能会以自己的宗教信仰或哲学思想为出发点。因此，老师们或者治疗师编写故事时，需要考虑到孩子的家人的信仰。请参考故事《蝴蝶》《爷爷的月光斗篷》《彩虹鸽》《黄鹂鸟与樱桃树》等四个不同的例子。

故事无论简单还是复杂，最基本的要求就是结尾或者解决方案应该是令人快乐的或者充满希望的。在民间故事或者童话故事中，正义战胜邪恶是寓意非常深刻的主旋律，治疗性故事同样如此，世界各地的儿童需要听到这种充满希望的信息。对于那些结局令人沮丧的“真实”故事，我们只能慢慢地让孩子们知道。如果孩子年龄稍大些，进入到小学高年级或者高中，并且正在学习名人的生平，那么，此时可以让他们了解早期探险家们因为饥饿悲惨死去的无情现实，或者那些导致哀鸿遍野、令人绝望的战争故事。年龄大些的孩子可以接受悲伤或者悲惨的结局。但是挑选时要记得，无论是年龄大些的孩子，青少年还是成年人，都需要不时倾听具有“快乐结局”的故事，并从中获得满足和养分。尤其在治疗工作中，他们更是需要这样的故事！

**具有积极解决方案的例子**

| 故事 | 失衡的行为 / 状况 | 解决方案—恢复平衡 |
| --- | --- | --- |
| 影子巨人 | 贪婪和权力是主导力量。 | 体现爱的力量，团结的力量。 |
| 蚂蚁与风暴 | 在地震摧毁掉幼儿园和家园以后孩子们感到焦虑不安。 | 确保老师和父母会保护他们。 |
| 鼓槌 | 持久的喧哗。 | 控制音量、音质和节奏。 |
| 不完美的房子 | 过于完美；对不完美的事情感到焦虑。 | 更加放松；认识到事情不会总是那么完美，这并不要紧。 |
| 树袋熊一家 | 3 岁半的孩子仍然要吃母乳；妈妈筋疲力尽，不想这样；妈妈也想让孩子与父亲的感情变得更加亲密。 | 孩子不再热衷于吃奶；变得更加独立，乐意跟父亲进行新的冒险活动。 |
| 海洋游乐场 | 笨拙混乱的嬉闹。 | 更谨慎而有益的游戏。 |
| 蜗牛一家 | 离开家的焦虑。 | 满足于自己拥有两个家；高兴在两个家之间来来去去。 |

续表

| 故事 | 失衡的行为 / 状况 | 解决方案—恢复平衡 |
|---|---|---|
| 小矮人与金色的皇冠 | 害怕、缺乏信心和适应能力。 | 拥有了力量和勇气。 |
| 狼宝宝 | 习惯抱怨，对任何事情都不满意。 | 变得感兴趣和积极。 |
| 男孩与白色的珍珠贝壳 | 不能聆听；不停地说话。 | 学会聆听。 |
| 害羞的罗伯特 | 退缩、讲话缺乏信心。 | 能够自信地说话。 |
| 被藤壶覆盖的鱼 | 尿湿裤子；随地大小便。 | 敢用卫生间；体验到自由。 |
| 聪明的蜥蜴 | 持久受到戏弄；总是受害者。 | 战胜恶霸；获得自信。 |
| 弯曲的树 | 贪婪；缺乏爱心。 | 爱与分享的喜悦。 |
| 长翅膀的马 | 不安全，不积极。 | 获得自信和激励。 |
| 彩虹马 | 不能容忍差异。 | 接受差异。 |
| 总是说“不”的挖掘机 | 孩子热衷于说“不”。 | 孩子不再热衷于说“不”，变得更加顺从，更乐于合作。 |

## 隐喻的奥秘和魅力

简单地说，隐喻能够通过事物 A 说明事物 B，并借此扩充我们认识世界的方式，让我们的感知能力常常能够恢复生机与活力。

通过象征，隐喻直接与我们的想象力对话，避开了我们理性的大脑。通过这种隐喻的方式，我们能够探索理性思考背后或者超出理性思考之外的想法和力量。隐喻超越了固定范畴的限制，并超越了那些通常显得笨拙而臃肿的日常语言的限制，通过神秘而神奇的方式，提供了“更高明”或更全面的认知方式。

隐喻将我们熟知的概念组合起来，以便揭示更高层次的原型概念。这些更高的概念不能通过我们熟知的语言予以准确地阐释。它们是“无法名状的”，任何特定的语言都无法解释这些“观念性的存在（thought beings）”，抽象概念或逻辑的推理也无法理解它们。它们是诗意的直觉，通过熟练地运用我们熟知的概念，这些直觉融入了我们的思想和语言之中。

隐喻与明喻是非常不同的。明喻是拿事物 A 与事物 B 进行比较，用“好像”来突出它们的相似之处（“你的眼睛像星星那样明亮”），而隐喻则实现了神奇的转换，把事物 A 转换成了事物 B（你的眼睛是明亮的星星）。在明喻中，这种比较的运作过程与理性的大脑有关，是我们思考的过程；而隐喻则深深地进入我们心灵的想象空间，简而言之，它“触及我们的心灵”。事实上，我们可以在儿童的成长过程中看到这个现象。年幼的孩子生活在想象的世界当中，木棒之类的普通物品对他们来说，可以变成一把剑，一条蛇，一座桥，一根魔杖或者任何其他东西（有时候，在游戏过程中，它可能会变成所有上述事物）。当孩子们慢慢长大以后，他们会说事物 A“好像”事物 B，相比之下，他不再直觉地将隐喻物和被隐喻之物等同起来，而是开始学会将两者区分开来。

在《小王子》中，狐狸向我们讲出了一个简单的秘密：

“喏，这就是我的秘密。很简单：

只有用心才能看得清。

实质性的东西，用眼睛是看不见的。”

隐喻触及我们的心灵，并且“只有用心才能看得清”。正因为如此，隐喻长期以来都是神秘主义者、灵性导师、诗人、故事讲述者以及其他艺术表达方式所使用的语言。

我们现在来研究一个隐喻：花园。浏览世界各国古往今来的灵性著作和诗歌，我们就会发现，“花园”的隐喻几乎是没有界限的。然而这仅仅是比喻的无限源泉中的一副图景而已。

灵性导师和神秘主义者们在他们的教导中不断地使用类似的隐喻。孟加拉的灵性导师阿南达·玛以玛写道：广阔的花园在宇宙中延伸开来。所有的植物、人类以及更高级的精神实体以不同的方式存在于这个花园中。著名的黎巴嫩诗人纪伯伦说：没有爱的人生就像一棵不开花或不结果实的树。《圣经》中写道：“你们或以为树好，果子也好；树坏，果子也坏。因为看果子，就可以知道树。”

很多诗歌都会用花园来表达爱与美。在这些诗篇中，玫瑰的图像通常代表至高无上的爱。我曾经写过一首诗来表达我对母亲的爱，我在诗中写道：“玫瑰开满我生命的花园，她的歌声流淌过我生命的日日夜夜……这些花儿，芬芳而馥郁，她们来自于上帝的百宝箱。”这个花园中的玫瑰的隐喻，代表我对妈妈全部的爱，以及她这个慈母的美丽。

然而，“花园”的隐喻中并非仅仅指崇高的灵性，爱以及美丽。在《美丽的花园》这首诗中，吉卜林并没有详尽地描述花朵和美丽，而是揭示了这些花朵背后的辛苦劳作并发现“工具和盆栽棚……是花园里最重要的。”他写道：这样的花园不是通过坐在荫凉下歌唱“哦，多么美丽”而创造出来的，大部分的园艺工作需要跪着完成。

威廉姆·布莱克（William Blake）则在他的诗歌《爱的花园》中强调了

另外一点。他所表达的意象是物是人非和失落的天堂：这里没有芬芳的花儿，在他昔日玩耍过的绿地上，如今矗立着教堂……这里本该是鲜花盛开的地方，却到处都是坟冢和墓碑；黑衣牧师踱着步子……用荆棘捆绑住我的欢乐和渴望。

上述例子——尽管我们阐释得非常简洁而迅速——表明：隐喻在表达人类文化和沟通时扮演着重要而多变的角色。隐喻与想象力直接对话，通过感受而非理论或抽象推理来建立事物之间的联系。如果在讲述故事时融入隐喻，它就能够像在灵性著作和诗歌中那样，具备神秘的魅力，有时候非常微妙，有时候又非常强烈。隐喻通常可以通过鲜活而生动的相互联系具备活力，并从其他隐喻中汲取力量。根据故事的不同情节，隐喻可以被赋予不同的角色。例如，在一个故事中，“淡水湖”可能是误入其中的鲸鱼要努力克服的困境，而在另一个故事中，它又可以成为小船在暴风雨中的避风港。这恰恰反映了人生的多变本质和意义的动态变化，它们取决于具体的环境和状况。

## 象征障碍和帮助的隐喻

在创作治疗性故事时，隐喻是一个至关重要的要素，它有助于产生丰富的联想，从而吸引听众的心灵。隐喻是故事情节中的必要成分，通常既可能起到负面的作用（促使某种行为或局面失去平衡、困难以及引诱 / 诱惑），也可能起到正面的作用（帮助或引导这种行为或情况恢复完整或平衡）。后面“故事创作中的隐喻”表格中列出了部分例子，它可能有助于让我们想出创作故事的若干可行办法。

**例子一**

想象某个孩子经常说“脏话”，现在我们要为他编故事直接谈论这个问题：有个孩子经常骂人，但是当别人拒绝做他的朋友时，他就学会了不再骂人。如果我们在课堂上讲这个故事的话，由于这个故事缺少隐喻来激发听众们的想象力，可能就会有孩子打断老师的话：“约书亚就是这样的，他经常骂人！”我们甚至无法确定，这个缺乏隐喻的例子能否被称为故事。

现在我们用这个例子来创作一个具有隐喻的故事。我们可以先用“明喻”开头，开启故事编写的过程。可以将骂人的孩子比喻为具有毒牙的蛇。然后我们去掉明喻（“仿佛”“好像”），转而创造隐喻，然后把它引入故事中：

从前有一只漂亮的小蛇，住在舒服的大篮子里，它跟着这个国家最好的马戏团去旅行。这条小蛇会唱歌……（《唱歌的小蛇和跳舞的熊》）

现在，我们在故事中加入象征“障碍”和“帮助”的隐喻——小蛇在表演中越来越懒惰，观众（象征障碍）开始骂这只小蛇。小蛇开始学习他们的脏话，并且发现这样可以让自己得到关注，尽管这种做法并不可取。但是这种行为不符合马戏团的要求，马戏团领班让聪明而且会跳舞的熊（象征帮助）想个对策。随着故事情节的深入，接下来的暗喻（也象征障碍）是草织品，这个草织品成为小蛇生活的篮子的盖子。这样，篮子里面就变得黑暗无光，小蛇进入沉睡之中。当它醒来时，它必须竭尽全力地往外钻，才能够从厚厚的盖子中挣脱出来，重见光明，在这个过程中它褪掉了自己的蛇皮——那个过去的自己。这个故事的解决方案就是小蛇的“蜕变”，获得了新的皮肤，新的角色。旧的蛇皮不见了，小蛇穿着光彩夺目的新衣，非常快乐地唱歌跳舞，并与那只聪明的熊一起在马戏团里表演新节目。

这个故事情节用到了象征障碍和帮助的隐喻，向听众表明，我们可以放弃说脏话的习惯，转而正确地运用自己的语言能力。

**例子二**

这个故事是为一个5岁的男孩创作的，这个孩子经常动手打人。经过观察发现，这个男孩最喜欢的动物是大象，现在我们来看看，如何从明喻入手开始编写故事：一只打人的手就像野生大象甩来甩去的鼻子。

现在我们以此为起点，开始着手编造故事。从前有一只大象名叫坦博，他属于象群里面力气最大的小象。但是它总是用有力的鼻子横冲直撞。(《大象的鼻子》)

我们知道，5岁的孩子往往非常喜爱节奏和重复性的韵律。因此我们就用富有节奏感的韵律来强调这种行为，并在故事中重复多次：噼噼啪，噼噼啪，我的鼻子好强壮——谁都怕我，噼噼啪。

大象不断抽打的鼻子（通过节奏和押韵来强调）是个隐喻，象征着“障碍”或者“妨碍物”。故事情节的发展将我们带到悬崖绝壁处（也象征着障碍）的瀑布旁。在这头小象穿过瀑布的时候，他又想“噼啪噼啪地抽打”自己的兄弟，随后，它就从湿滑的岩石上掉到了悬崖底下的水池里。

现在，年迈的象奶奶（象征帮助）开始登场，她在此前试图引导坦博，不过坦博从来不听她的。现在它被困在悬崖底下的水池中，亟须救援。在接下来的故事情节中，象征“帮助”的隐喻就是大象们用鼻子和尾巴做成的营救绳索。这根由象奶奶和坦博的弟兄们共同做出来的“绳索”成功地将坦博营救出来。

这个故事中同时用到了象征障碍和帮助的隐喻，讲述了从“运用力量来伤害别人”转换为“运用力量来帮助他人”的简短历程。这个故事运用轻松而幽默的方式，寻找到了积极的解决方案，让不良的行为恢复了平衡。

**故事创作中的更多隐喻例子**

下面这个表中罗列了本书中某些治疗性故事所运用的隐喻。这仅仅是个指南而已，因为隐喻富于想象力，这常常让隐喻很难被归类。你会注意到在故事《蜗牛的家》中，“障碍”同时也是“帮助”：小蜗牛离开“温暖花盆”的隐喻象征着“障碍”，但是在故事的结尾，这个隐喻却象征着帮助，因为小蜗牛此时发现它有了两个家，一个是这个温暖的小花盆，另外一个则是砖墙中那个温暖的小窝。

隐喻在不同的故事中可以扮演不同的角色，这取决于故事发生时的背景。树袋熊妈妈的育儿袋可以成为象征帮助的隐喻，但在故事《树袋熊一家》中，它无疑是小树袋熊成长的障碍，也是母子关系中的障碍。当需要很多人共同完成某件事情时，可以用章鱼的触须在故事中象征帮助；而在故事《海洋游乐场》中，章鱼的触须就成了笨拙的障碍（这个隐喻象征着那些在玩耍时总会撞倒某些东西的孩子）。

在某些故事中，隐喻会扮演非常明确的、自觉的角色，但在另外的某些故事中，它们并不是非常明显。例如在《影子巨人》中，猫头鹰和许多其他鸟儿，开始着手寻找天空女王；在《彩虹马》中金马驱散了乌云，让太阳再次照耀着大地。猫头鹰和金马扮演的是主观的帮助性角色，与此相反，在《挖掘机总是说不》的故事中，象征帮助的隐喻完全是无意识的——在沙坑中玩耍的孩子天真地向挖掘机展示“怎样做一个挖掘机”。这些男孩和女孩所代表的帮助角色并不是有意识的，但是这已经足够让挖掘机摆脱困境，继续正常运转（这非常类似于总是喜欢说“不”的孩子）。

为了更好地体验和理解隐喻的用法，我建议大家读读民间故事或童话，以及本书中其他的故事，然后自己制作一个表格，辨别哪些隐喻象征障碍，哪些象征帮助。

但是我也要事先提醒大家，也许你会在故事中发现，某些隐喻无法被归入任何类别。在最近的工作坊中，我们有个非常有趣的发现，那就是：某些隐喻好像在扮演“过渡”或者“转变型”的角色。例如，在故事《唱歌的小蛇和跳舞的熊》中，小蛇在黑暗的篮子中沉沉睡去，这个黑暗的地方和象征性的睡眠在故事中扮演着过渡的角色。在《挖掘机总是说不》的故事中，农夫停下来喝茶，这也是一个过渡性的隐喻，这让解决方案能够从容地展现出来（而且它做到了）。在《男孩和白色的珍珠贝壳》的故事中，“沉入海底”的隐喻为这个男孩的大声吵闹提供了黑暗而平和的过渡阶段。

希望大家能够更深入地探索，对我而言，我也依然在不断地学习中！

**故事创作中的隐喻**

| 故　事 | 障碍物、妨碍物、诱惑物 | 帮助、指引 |
|---|---|---|
| 影子巨人 | 对地球、海洋和空气的破坏；巨大的石洞；巨人的嚎叫：贪婪是我的把戏，权力是我的外号。 | 天国女王、猫头鹰、鸟儿的歌声、羽毛的信息。 |
| 蚂蚁与风暴 | 大风暴、地面开裂。 | 柳树的帮助、树叶做成的船。 |
| 鼓槌 | 响亮的鼓声、“令人受伤”的鼓槌。 | 金色的织巢鸟、鼓槌、乐队。 |
| 不完美的房子 | 地板上的小门、隐藏的房间、没有钥匙的锁。 | 大木头箱子、羽毛、铺有羽毛的床、一夜好觉。 |

| 故　事 | 障碍物、妨碍物、诱惑物 | 帮助、指引 |
|---|---|---|
| 树袋熊一家 | 树袋熊妈妈的育儿袋、育儿袋中的母乳。 | 妈妈出门去寻找食物，树袋熊爸爸、掘土的爪子、掘土时的歌声、新隧道。 |
| 海洋游乐场 | 章鱼长长的触须。 | 大海中的花园；小鱼儿。 |
| 蜗牛一家 | 到花园的尽头去玩；离开温暖的花盆。 | 两个家：砖墙中暖和的小窝和温暖的花盆；皎洁的月亮、银色小道。 |
| 小矮人和金色的皇冠 | 贫困而贪婪的巨人、黑暗的洞穴。 | 蜻蜓之歌、金色的皇冠、玻璃罐。 |
| 狼宝宝 | 猎人的陷阱。 | 狼嚎；狼群的智慧。 |
| 男孩和白色的珍珠贝壳 | 风暴、失去平衡、掉入水中、沉入水底。 | 珍珠般的白贝壳、海洋温柔吟唱的歌声。 |
| 害羞的罗伯特 | 布满灰尘的架子、盗贼。 | 机器人跳舞并唱歌（有力而清晰的节奏）。 |
| 被藤壶覆盖的鱼 | 暗礁里的洞穴、藤壶、“藤壶”玩笑歌。 | 友好的大龙虾、摩擦舞。 |
| 聪明的蜥蜴 | 强壮的大象。 | 鼹鼠、地洞。 |
| 弯曲的树 | 土地饥荒、贪婪的村长。 | 树被压弯了；许多水果、好奇的儿子。 |
| 长翅膀的马 | 陡峭的悬崖、龙、黑洞。 | 聪明的老奶奶、刀、长笛和银色的发辫、蛋以及蜂蜜蛋糕、满月、飞马。 |
| 彩虹马 | 各种不同的颜色分类、彩虹色的马鬃、乌云、洪水。 | 温暖的洞穴、闪光的天使、织布机、金马、彩虹色的翅膀。 |
| 挖掘机总是说“不” | 挖掘机热衷于混乱的节奏（无法运转）。 | 男孩和女孩非常享受玩沙子、一杯茶（思考的时间）。 |

## 选择隐喻的小窍门

### 选择与特定行为直接相关的隐喻

在为某种特定行为编写故事时，可以为这种行为的主要特征寻找具有类似特征的动物、鸟雀、昆虫或物品，从中获得隐喻的线索，例如：爱打架的河马（或许不宜用花儿或者蝴蝶来隐喻爱打架的孩子）；喜欢攻击的大象（打人的行为）；砰砰大响的鼓槌（长久的喧哗）；害羞的雏菊（退缩的行为）。

也能够用那种反常的例子。例如，如果想用故事帮助孩子克服懒惰，认真学习，可以从一只懒惰的小蜜蜂开始讲起（蜜蜂通常都很勤劳，这是个异常的反例），然后再讲述这只小蜜蜂是怎样克服各种障碍的，最后，这只蜜蜂变得非常勤劳，并开心地去创造。

### 从孩子们非常喜欢的事物中选择主要的隐喻

为特定的孩子创作故事之时，可以利用孩子们所喜爱的动物或者玩具来构思隐喻，或者从他们周围的环境中寻找线索。这个孩子热爱马、小白兔、海豚或火车吗？这个孩子生活在河边，森林中或者城市的高楼大厦中吗？孩子在家中或者学校中的哪些自然环境和日常体验可以用来作为隐喻呢？

如果知道孩子最喜欢的颜色，甚至也可以在这里派上用场。我在第一年的教学经验中认识到了这个简单的事实。当时我迫切需要构思一个故事来帮助一个 5 岁的男孩，在讲故事时他常常会吹灭蜡烛并将其他孩子从座位上推开。我需要设法吸引他的注意力，并帮助他安静下来，让他听我讲故事而不是四处捣乱。有一天下午，他的妈妈问我是否知道哪里可以买到金色的布匹，下周是她儿子的生日，她想为她的儿子制作一件金色的斗篷。她补充说，金色是他最爱的颜色。知道了这条线索以后，我开始寻思我收集起来的民间传说和童话故事，并找到了这样一个故事：故事中有一棵大树，这棵树上有一个充满魔力的大门，但是只有用金钥匙才能打开这扇门。记住了这个故事以后，我准备在下周采用木偶戏表演的方式来讲述这个故事。我制作了一把金钥匙（从硬金卡片上剪下来），并将它作为道具藏在故事桌的篮子里面。在创意游戏期间，我平静地将这个男孩叫到一旁，告诉他放钥匙的位置，并问他是否愿意在木偶戏表演中做我的助手。我向他解释说，我需要他在讲故事的过程中替我保管篮子，并在需要打开魔门的时候将金钥匙递给我。在讲故事的过程中，他破天荒地首次在集体活动中坐在座位上纹丝不动（腿上放着小篮子），从那之后，他开始积极而专注地聆听故事。那把金钥匙所打开的，不仅仅是树上的魔门！

多年之后，我也使用了类似的方式，当时，有个孩子喜欢在讲故事的时候搞些丑八怪动作（当其他孩子都坐着听故事的时候，他经常头手倒立）。这个孩子非常喜欢小丑，因此我找了这样一个故事：在故事中，顽皮的丑小鬼玩了很多好玩的戏法（翻跟头、头手倒立等），我在木偶戏表演中用小玩偶来表演这些戏法。这个孩子完全被这个木偶戏吸引住了，这似乎让他摆脱了那种顽固的行为，帮助他安静地聆听故事。当然，在游戏时间，我给了这个孩子足够多的机会去玩小丑的戏法。

### 从孩子们的课堂话题／内容或他们自己的生活中选择隐喻

如果要为全组或全班的孩子编写故事，我们可以从孩子们的课堂主题或当地学校或家庭环境中寻找隐喻的线索。也许孩子们正在学习历史，他们也乐于了解那些身穿盔甲的骑士们和他们的英勇事迹。在关于欺负别人的故事中，可以加入（隐形的）魔力盾牌或护身王冠。也许孩子生活在海边的小镇上，刚刚在退潮的时候去过海滩，发现了正在暗礁洞口四处张望的章鱼。在家中或学校中的创意游戏时间，需要利用想象力来帮助孩子们集中注意力，并让喜欢捣乱的玩耍者安静下来，所以父母或者老师们可以用海洋生物的隐喻来编写故事，例如，有只章鱼长有很长的触须，老是喜欢碰翻东西，后来，有只小鱼帮助了它。

### 选择幽默或者夸张的隐喻

在构思隐喻的时候，并没有又快又可靠的规则。记住，故事并不是非常讲究“规则”！有时候幽默很有帮助。例如，如果想通过故事来纠正孩子过度兴奋的破坏性行为，可以用“红色旧帽子”的隐喻，随着越来越多的动物们住到潘雅的房子里，氛围开始慢慢变得焦躁不安，非常混乱。最后赶来的动物是土狼，当它到达时，它（采取有趣而夸张的方式）极好地平复了这种心情。土狼坐在帽子上，并发出“嗬嗬”的大笑声，因为它以为自己将所有的朋友都坐扁了。但所有的动物们从帽子旁边的小孔中钻出去了，土狼上当了。故事的转变（和其中的隐喻）采用简单而幽默的夸张方式，引领听众感受到了混乱的状态，然后又重新恢复了平静和轻松感。将这种故事改变成戏剧表演可以增强治疗的效果。

有时候，由于隐喻远远偏离了挑战性情况，故事可以引发孩子的兴趣。韵律诗“帽子的一天”表达了这样的画面：就像马匹上的骑手那样，帽子骑在孩子的头上：“我在外玩耍，我的帽子要骑马……我的头就是那匹马，骑着马儿去狩猎！帽子骑在我头上，跟着我跑在大路上……”大人们可以换成这种亲切而幽默的方式提醒孩子“记得带上帽子”，而不用絮絮叨叨地唠叨个不停。

### 隐喻的发散思维

在选择隐喻的时候，可以设法延伸你的思考。这就需要你在思维中更多地“打破条条框框”。记住以上的小窍门以后，我建议读者列个单子或制作思维地图（也称为“头脑风暴”），将众多的想法记在纸上，然后就可以玩啦！你也许会惊讶地发现，这些想法会怎样获得生命力，并在彼此之间建立充满想象力的联系。

内罗毕心理学家（我将他叫做巫医）就是通过这种方式来为一位 7 岁的女孩编造故事的。这个小女孩在学校中模仿成人的性行为，因为她的妈妈是一位性工作者，她们住在小小的木屋里，只有一个房间。这个女孩看到妈妈的“工作”，也看到男人离开时会把钱留下。然后妈妈会用钱来买食物。于是这个女孩决定，她也要模仿妈妈的行为，为家里挣钱。

巫医讲述的这个故事的主要特征就是做简单的选择。这个女孩来做心理辅导时常常会带着她仅有的玩具：一只破旧的泰迪熊。他决定用熊妈妈和小熊来讲故事。于是，在工作坊中，他将“熊”画到了纸上。他是这样开始的：从前有一只熊妈妈和一只小熊，他们住在森林中的小屋里。但是用什么隐喻来象征性行为呢？他在开始时列出了许多非洲动物，然后他灵光一现，选择了鳄鱼（或许也可能是鳄鱼从纸上向他扑过来的吧）。

在这个故事中，鳄鱼还需要一条河。*从前有一只熊妈妈和小熊，它们住在河边森林的小屋中。为了让小熊能吃到鱼，熊妈妈必须跳入鳄鱼密布的河中去捉鱼。*接下来，河马也从纸上跳出来。不管怎么说，河马也生活在非洲的河流中。但是，菲利克斯想让河马成为“帮助者”，他有些担心这可能会让孩子感到有点害怕，于是他想寻找更好的主意：用“看上去像河马后背的魔法岩石”来代替。这是个绝佳的帮助者，当小熊试图跳入河中的时候，它需要拯救小熊。这块魔法岩石托着小熊离开了妈妈的工作地点（充满凶恶鳄鱼的河中），帮助它又平安回到河岸，并给它指路，让它前往森林，找到可以采集蜂蜜和水果（孩子们最喜欢的食物）的地方。

我永远都不会忘记，当巫医在这个工作坊中分享自己的想法时，大家有多么激动。随后，全部参与者展开了讨论，想出了小女孩长大以后给她讲故事的点子：这个魔法岩石将会帮助这只小熊来制作一只独木舟，这样它就能够安全地渡过这条河，来到安全的区域捕鱼（参与者们对独木舟的作用产生了分歧：有些人认为它暗喻避孕套，还有些人则认为它暗喻着更广义的自我保护，例如，知道如何说“不”）。

巫医没有及时将完整的故事记录交给我收集在这本书中，但他在电话中说，他觉得这个故事向这个小女孩有力地表明，她依然是一个“孩子”。这是他始终期望的也非常有价值的效果。

还有个发散思维的例子，曾经有若干人在讨论如何为一个6岁的男孩创作故事，这个孩子总是将大便拉到裤子里，不愿意使用马桶。这个孩子非常喜欢大海，于是大伙儿追随这条线索，想出了“被藤壶覆盖的鱼”（暗指被弄脏的裤子）和“洞穴”（代表厕所）的隐喻。这条鱼不愿去淡水湖边上的洞穴去学习“摩擦舞”。最后，在友善的大龙虾的帮助下，他学会了摩擦舞，这帮助他除去了始终长在他的鱼皮上面的藤壶。这样，这条小鱼就可以和朋友们在淡水湖中自由地游来游去了。（《被藤壶覆盖的鱼》）

## 选择隐喻时的注意事项

当我的著作在中国出版以后，我在北京举办了故事工作坊。工作坊期间，有个家长向大家坦言，他曾经给自己 3 岁半大小的孩子编了个故事，鼓励他刷牙。故事中说，如果不用牙刷将小虫子（细菌）弄掉的话，它们就会在晚上爬出来咬牙齿。毫不奇怪，这个故事吓坏了他的孩子，这个家长意识到，他使用的隐喻应该更具有创造性，更能够积极地解决问题（也许小虫子喜欢游泳，需要每晚用牙刷将它们收集起来并冲进水槽中）。或许，对这么小的孩子来说，他可以为这种情况采取不同的创造性策略（比如一首刷牙歌），同时，父母自身也要率先做出积极的表率。

**可能惊吓到孩子的故事是绝对不合适的。故事应该帮助孩子变得强大有力，让他们具有面对未来的勇气和认识能力，而不是让他们感到害怕。**

上面的分享引发了父母们更多的讨论。另外有个家长也分享了她为儿子创作的故事。她的儿子始终想要从自己的耳朵里掏出耳屎（她已经带儿了去医院检查过，他的耳朵是正常的）。在她的故事中，一只蜡做的兔子生活在耳朵里面，它需要先睡一会儿，睡好之后再从耳朵里面跳出来。她发现自从她讲了这个故事（只讲了一次）以后，自己的儿子就开始做噩梦……我的耳朵里有个兔子！于是她再也不讲这个故事了！我们讨论了若干可供选择的其他隐喻，最终确定用一片小精灵大小的树叶来讲故事，这片树叶最终会从“耳朵树”上掉下来（灵感来自于工作坊窗外落下的秋叶）。这个妈妈后来谈到了这个方法的效果——现在这个男孩不再挖耳朵了。

另外有个家长也分享了她为鼓励女儿练习钢琴而创作的故事。在这个故事中，有个音乐小仙子住在钢琴里面，当钢琴响起来的时候，她就会出来跳舞。然而，这个隐喻却“适得其反”，因为她的女儿仍然不练习钢琴，却只想打开钢琴，看仙子是如何跳舞的。我们在回顾这个故事时认为，选择其他的隐喻将会更有效果，也许可以是一个“看不见”的音乐小仙子（强调她的“不可见”），当音乐响起来的时候，这个小仙子喜欢在房间里面跳舞。当然，在用创造性的故事来鼓励钢琴练习（钢琴练习也许更适合于年龄大些的孩子或青少年——参考“关于道德伦理的问题”）之前，需要考虑到孩子的年龄和发展阶段。

## 制造张力——情节

**就像在射箭之前会往后拉弦那样，故事越具有张力（情节），箭（解决方案／积极的输出）就会越直接射入听者的心中。**

故事的情节是治疗性故事结构中的发展环节。随着故事的发展，精彩的情节能够创造“张力”，让故事充分展开，逐渐形成“失衡”的行为，然后又找到了健康的解决方案，摆脱了这种失衡的行为。对于年幼的孩子来说，故事情节中通常只需要简单的事件和很小的张力，而对于年龄大些的孩子们，事件可以更详细些或更复杂些，并随着情节的发展产生更大的张力。

象征“障碍”和“帮助”的隐喻往往紧密地交织于情节之中。张力或者冲突（使劲儿往后拉弦）在故事情节中通常是通过引入象征“障碍”的隐喻而实现的，而解决方案则是通过象征“帮助”的隐喻来实现的。

在构思治疗性故事的情节时，在选择好隐喻以后，下面这些步骤可以帮助我们编造故事：

1. 确定故事采取什么样的“运动”：

• **线性运动**的故事：首先是失衡的行为，然后形成了平衡。例如，在《玫瑰鹦鹉和草莓园》这个故事中，玫瑰鹦鹉缺乏自信和独立；然后，通过一系列的事件，它获得了自信和独立。

• **迂回运动**的故事：首先是平衡的行为，然后陷入失衡的状态之中，接着又恢复了平衡。例如，在故事《唱歌的小蛇和跳舞的熊》中，小蛇开始能唱出美妙的歌声，后来，它开始对马戏团的观众说脏话，再后来，通过系列的转变性事件，它又重新唱出了美妙的歌声。

2. 确立故事的“骨架”（概要）或者主要事件的顺序。然后加入“肌肉”（细节）。这个方法可以让你更容易地实现自己的想法，并可以根据需要更容易地修改故事的情节。如果你在刚开始时就将每个细节写下来，你就不太可能修改自己的想法（即便这些想法似乎并未达到效果），因为你已经在细节上耗费了大量的时间。在本书的其他章节，有些练习会教导读者如何创建“故事的骨架”。

然而，在我自己写故事时，我经常会忽略上面的两个步骤。相反，我可能会在脑海中形成一副清晰的画面（或者多个画面），而且，这些画面早就和故事情节中象征障碍和帮助的隐喻联系起来了。接下来，我只需要加工字句，给故事的情节填充“肌肉”。这种情况最近就发生过。当时，我与部分挪威朋友谈到了2011年发生在挪威的悲剧，许多年轻人在岛上度假营的枪战中失去了生命。朋友们谈到，在此后的特殊纪念日（玫瑰游行活动）来临之际，成千上万的市民聚集在挪威的乡镇和城市里，每个人都带着一束玫瑰。在我的脑海中，我想到玫瑰花丛中长出来了一根又长又尖的刺，但它长错了地方。这根刺戳入美丽的花朵中，并让玫瑰枯萎了，但是，在玫瑰花瓣凋谢的地方，又长出了许多新的玫瑰。我觉得没有必要去设计故事情节，于是就立刻坐下来，创作了《玫瑰与刺》的故事。

在创作故事的任何环节，都没有可靠的终南捷径！

## 年龄不同，情节不同

治疗性故事就像民间故事和童话，可以根据故事的复杂度来进行分类。通常对于很小的孩子来说，主题或情节温和的故事较为合适；而情节复杂、起伏波折的故事，则适合于年龄大些的孩子。

对于 3~4 岁的孩子们来说，可以在故事情节中重复相同的经历，或反复吟唱相同的歌谣或韵律诗，从而制造故事的张力。在故事《亲密的拥抱》中，喜欢抱怨的孩子学会了咒语，以便消除牢骚具有的魔力，这些咒语在故事中重复了很多次，因而产生了故事的张力，并鼓励听众（爱抱怨的孩子）边说“跺跺脚，转个圈”边这样做：

吸气又呼气，使劲儿鼓鼓地吹，
用力跺脚再转个圈，
吸气又呼气，使劲儿鼓鼓地吹。

在故事《小罅坪和它发光的石鼓》中，离队的小蚂蚁刚开始并不想融入团体之中。

我讨厌排着队走，我不想跟上节奏，

我只想坐在太阳下，坐在太阳下敲鼓。

她努力想找到新朋友，但是当她发现每个新朋友都不合适的时候，她就再三发牢骚。这个重复的小韵律就创造了故事情节的张力。

走开走开，让我独个儿待着，

你和我唱歌的时候声音太吵了。

当孩子们听到第四次的时候，他们就非常渴望找到积极的解决办法，希望为小罅埒找到合适的玩伴，这些玩伴不会太吵、太慢、太快或者太大。当然，最后，小罅埒认识到，她非常想重新回到她的蚂蚁朋友们中间，于是她开始唱出不同的曲子：

我想走在朋友们的队伍中，

我想跟上朋友们的节奏，

我不想坐在阳光里，

我想和朋友们边走边敲鼓。

也可以同时运用重复和一连串的新人物来制造张力（通常称为“堆叠式”故事）。此时，故事的情节在单个的、可展开的画面中不断发展，于是重复就成为了故事结构中的关键要素。故事《田鼠潘雅》就是这样的例子：一只小老鼠发现了一顶旧帽子，然后，它就将这个帽子变成了自己的家；接着青蛙楚拉也加入进来了；后来又接二连三地来了几只动物，它们都生活在这个帽子里面。随着众多动物汇聚起来，故事的结尾（土狼的把戏）就变得更加重要，也更有分量。不同文化背景中也有些类似的故事，例如《咬老鼠》《老鼠和手套》。如果没有这些人物的组合，这个故事就只会叙述一件微不足道的事情：“一只老鼠发现了一顶旧帽子并住到了里面。”

为年龄大点的孩子准备故事时，故事的“情节”通常需要更加复杂，需要有某种程度上的探索活动，具备若干转折点、挫折或任务。在故事《长翅膀的马》中，故事的曲折起伏让听众深深地沉浸于故事的场景之中。如果这个男孩在森林中最先见到的老奶奶帮助他实现了梦想，那么，这个故事就很难有情节了。这样，故事就结束得太快，太简单，也就不成其为故事了（这也反映了当下社会的现状，孩子们的愿望太容易被马上满足）。相反，老奶奶给了这个男孩三件东西：一把锋利的金属刀、一只木笛，以及她的一缕银发。于是，这个男孩开始探险，在这三件礼物的帮助下，他翻过陡峭的悬崖，驯服巨龙，最后抓住缰绳，骑上了飞马。

为了让孩子们的性格具有弹性和力量，需要让今天的孩子们去聆听和感受这些复杂的故事情节，否则人生就会显得过于顺利，就无法培养出孩子们的忍耐力。

许多著名的童话故事都具有更丰富的情节，例如《灰姑娘》《白雪公主》《白玫瑰和红玫瑰》。本书中也有这样的例子，如《弯曲的树》《彩虹马》《聪明的蜥蜴》等。

编写故事的情节通常是故事中最困难的环节，但是，如果你对故事情节有所认识——“从失衡恢复到平衡”——并且找到了可以运用的隐喻，你至少就入门了。

我建议大家多读些儿童故事，以便感受不同（简单或复杂）故事中的张力和情节。尽量浏览或者搜集各种不同文化背景创作出来的民间故事。大家也可以在许多网站搜索到大量的优秀故事。

## 小道具的价值

许多治疗性故事都会使用小道具或者玩具，从而给故事赋予更多的力量。有时候治疗性故事适合采用这种做法，但并不总是如此。大多数故事情节传递的信息非常简单。然而，有些故事和情况显然需要在讲述故事时使用道具或者玩偶，而且，有些时候讲完故事以后，可以让孩子们将道具当做玩具、装束或首饰。

内罗毕曾经有个学校在清早发生了抢劫事件，事后，我的同事塞尔维亚・娜迦吉为班上的孩子们创作了“小矮人和金色的皇冠”这个故事。创作这个故事的目的是想告诉家长、孩子和老师们如何共同重建这个幼儿园，并给予他们面对未来的勇气和信心，不被任何困难吓倒。根据故事情节，班上的每个孩子都需要一个道具，这个道具是一顶王冠，用金黄色的纱线手工编织而成。无论在家还是在学校，孩子们都能够戴着这顶王冠（甚至也可以戴着它入睡），这是一个增强故事效果的绝妙办法。而且，当父母和老师帮助孩子们制作道具时，这对他们也具有治疗作用。

有个孩子的妈妈说，为了帮助孩子断奶，她首先给自己3岁半的孩子讲了《树袋熊一家》的故事，然后，她用小小的树袋熊填充玩具（一个小树袋熊，还有两只大树袋熊象征爸爸和妈妈）将这个故事表演出来。孩子此后经常玩树袋熊玩具，这个妈妈说，孩子多次向她问起与这个故事相关的若干问题，例如，“当树袋熊宝宝长大的时候，它就不再吃奶了，对吗？”道具似乎帮助这个故事产生了效果。类似地，对于《大象的鼻子》这个故事，无论在家还是在学校，都可以利用道具来表演大象是如何用鼻子将重物举起来的，这样的做法会非常有效。如果孩子们能够看到大象奶奶并不滥用自己的大鼻子，而是用它将小象带到安全的地方，这就能够帮助孩子们更深地理解这个故事。

当那个经常尿裤子的 6 岁孩子聆听过《被藤壶覆盖的鱼》以后，我们建议孩子的父母用崭新而干净的毛毡缝制一条小鱼，并将小鱼加工得酷似故事中的鱼儿。也许可以把小鱼系在项链上让孩子戴上，或者缝在缎带上，并让孩子将它放在上衣口袋里。这样就能温和地提醒孩子，这是一条干净而幸福的鱼儿（没有沾上藤壶）。

娜迦吉曾经创作了《桉树》这个如厕故事，并发邮件给我，讲述她是如何使用玩具小木屋和橡果娃娃来延伸故事情节的。她说，她 3 岁的儿子“非常喜欢这些小玩偶，我们也一起和这些玩偶玩耍。我可以利用这些玩偶为道具，为他表演故事中的情节或行为。当我看到他通过简单的故事摆脱了恐惧和焦虑以后，我感到这真是太不可思议了。”

讲过这个《桉树》故事以后，我们再来看娜迦吉使用道具的另一个例子：

让我的小儿子洗澡是个麻烦事：他不喜欢玩水，也不想洗脸。现在，在晚上的睡前故事中，我就让橡果宝宝们在回家时穿过森林，然后回到小木屋，回到橡果妈妈身边；他们回家时有个惯例：上楼去开开心心地洗个澡，然后又爬几节楼梯，上床睡觉。橡果们在洗澡时还唱着歌儿：

洗刷刷，泡泡沫，

泡泡飞，泡泡破，

现在快去冲掉它，

这里冲那里冲……

现在开始洗头发！

我给儿子讲过这个故事以后不久，他洗澡的时候就不再小题大做了，相反，他开始开开心心地洗澡。不久，我甚至还听到他在洗澡的时候开始唱歌，我也能听见水哗哗流下来的声音。我发现他拿着杯子，将水从头上淋下来，洗干净自己的头发。现在他自己洗澡已经好几年了。

可以采取如下几种方式来使用道具：

- 故事结束以后将道具送给孩子做礼物；
- 在讲故事时和孩子玩道具；
- 用道具给多个孩子讲故事（当成木偶戏表演出来）。

上述方式并不是说，你需要去玩具店购买道具。简单的自制物品就可以产生不可思议的效果。可以用毛毡缝制的小帽子代表象征“帮助”的小精灵或者小棕仙；用染色的木制盾牌代表受到欺负的孩子的“护身符”；用星形小项链来帮助孩子克服他/她对黑夜的恐惧。

使用自然界中的简单物品也具有不可思议的作用。白色的珍珠贝壳可以帮助躁动的孩子学习倾听；橡果或者果壳可以作为木偶戏中的小人儿；而闪亮的水晶石可以作为很好的吉祥护身符。我鼓励大家在大自然中搜集道具，用它们来激发自己创作故事的灵感，并在讲述故事时使用它们，比如：果壳做的小船、贝壳、坚果、橡子、羽毛、浮木，甚至刨花。自然界的这些物品的图案、形态和质地，为故事的主题和道具提供了无限的创意。

## 关于道德伦理的问题

在我写这本书的时候，有人在北京的工作坊中向我提出了一个探究性的问题：故事在什么时候是治疗性的？在什么时候是操控性的？然后，提问的家长非常勇敢地分享说，她为自己最近编写的故事感到愧疚。她想和老公安静地吃顿饭，于是就让 4 岁的女儿去隔壁房间看电视。女儿抱怨说，电视节目中有个卡通人物非常吓人。这位妈妈从女儿 T 恤衫上的母牛图案中获得了灵感，于是编了个故事，说这头牛会保护被吓坏的孩子，然后，她把她送回房间继续看电视。十分钟以后女儿从房间出来说："母牛保护不了我！"然后（非常幸运！）电视被关掉了，孩子也跟着父母共同吃饭。

这个例子向我们提出了道德问题，需要我们审查自己为孩子编写故事的动机。

《牛津英语词典》在定义"操控性"（形容词）这个词时，认为这个词与他人相关，是指"不道德地控制或者影响某个人或某种情况"。这个定义和我们在本章开头对"治疗性"所做的定义（"恢复健康，产生平衡，变得合理或健全）形成了鲜明的对比。

如果我们承认如下前提：治疗性故事有助于让失衡的行为或者情况恢复平衡，那么，在创作故事之前，我们首先要问的问题就是，是否有失衡的情况出现呢？如果没有，那么，我们也许能够操控某种行为或者情况，而不是帮助或者治疗。在上面的例子中，孩子并没有出现“失衡”的情况。孩子被电视中的可怕形象吓到了，这完全是非常自然的现象。失衡的恰好是这位家长的动机，幸运的是，当她在工作坊中分享这个例子时，她意识到了这点，并从中汲取了教训。

类似地，如果故事是为了促使孩子“跳过”成长中的正常阶段，这种故事就属于“操控性的”（例如，为2岁半的孩子尿床编写故事，或者如果孩子年龄太小，还不能认真学习、练习音乐或者参加锻炼活动，此时为鼓励他们这样做而编写故事）。通常这样的故事是不会起作用的，因为孩子还没有发展到能够做出“改变”的阶段。所以，我建议成人在写“治疗性故事”之前先要研究清楚儿童的成长阶段（肉体的、情绪的、社交的、智力的）。

然而，现在的许多儿童故事，包括各种文化传统的神话故事以及童话故事，都是为正常儿童编写的，很少针对孩子的失衡行为。这些故事的核心价值具有“品格培养”的目的，往往会让孩子做出某种改变，消除不得体的行为或状态，具备得体的行为或状态。因此，对家长和老师们来说，它们是非常宝贵的道德资源，可以引导他们来“培养”孩子。

出于同样的原因，本书中的故事尽管是为某些特定情况而创作的，也可以在正常情况下使用，因为这些解决办法具有改变的力量，能够激发孩子自我改变的欲望，改变各种不得体的行为，同时，听众也可以在充满想象力的情节中学习优秀的品质。

如果成年人想给孩子写故事，我建议大家在构思故事情节之前先问问自己：“这个故事是否在弘扬核心价值？”如果答案是肯定的，我们就知道，这个故事不是操控性的，它能够指引孩子向积极的方向发展，因此，它不仅是为我们创作的，也是为孩子们创作的。

## 针对不同情况来改编故事

作为编写故事的人，我非常乐于与其他人分享我发现和创作的某些特殊故事。有时候，针对具体情况，故事的内容可能需要稍稍做些修改。

如果读者在本书中发现某个故事很适合自己的情况，但是需要在某个地方做些小小的改动，此时请使用“诗的破格”做法，但是要力求保持故事的完整性。（在我的第一本书《故事知道怎么办》中，我深入探讨了保持故事完整性的重要性，尤其是那些相关的童话故事。）

本书中的部分故事是由经典故事改编而成，例如《怕热的河马》《弯曲的树》《小贩和帽子》。下文再来看看经过改编以后的其他故事。

### 改编过的树袋熊的故事

最近，有个女士给我写信讲起了一个故事，她用这个故事来帮助孩子在自己的小床上睡觉。她参加过我在新加坡举办的工作坊，在工作坊中，她的朋友们创作了“树袋熊”的故事。

虽然这个故事是为其他目的而创作出来的（为了给 3 岁半的孩子断奶），这位妈妈觉得这个故事也许能够帮助自己（帮助快满 3 岁的孩子与父母分床睡觉）。于是她对故事做了些小小的修改，然后讲给自己的儿子听。她写信时告诉我说：“故事的作用棒极了！”

另外一位妈妈想给自己 3 岁的孩子写一个断奶的故事，于是她把树袋熊这个主要角色改成了袋鼠。她写信给我说，她女儿不知道树袋熊，但是她开始玩一个小游戏：爬到妈妈的膝盖上喝牛奶，而且称自己是“袋鼠宝宝”，称妈妈是“袋鼠妈妈”。因为袋鼠也有育儿袋，和树袋熊很像，因此，对于这个家庭来说，选择袋鼠非常恰当。

《布娃娃》的故事也经过了修改，以便适应不同的情况。我最初创作这个故事时，治疗对象是内罗毕SOS儿童村的孤儿西尔维娅。后来我对这个故事做了修改，以便适应另外两种情况：有个老师突然去世了，我们需要为这个班级的孩子创作一个故事，于是有了《来自天堂的布娃娃》；有个孤儿经常尿床，于是有了《一个叫"彩虹"的娃娃》。

为了适应不同情况而修改现有的故事有两个很大的好处。首先，它是获得积极治疗效果的捷径；其次，它可以让我们尝试更多的想法。要想自己创作故事，修改现有的故事是必要的垫脚石！

## 修改故事的结局

在我的工作坊中，曾经有个家长分享了自己的烦心事：她8岁的女儿在学校里听到朋友讲过的故事以后，就开始做噩梦。这个故事讲的是，有个小丑趁着照看婴儿的人睡熟之际，偷走了摇篮里面的婴儿。我给丈夫讲了这件事情，他认为，这个形象可能来自恐怖电影中的小丑。后来我联系了这位家长，建议她重新改写这个故事，让故事的结局变得积极/喜悦。我想这样或许有助于消除她女儿的噩梦。当天晚上，为了睡得踏实，我甚至不得不为自己编写这个故事的结局。

一星期之后我收到了下面的邮件：

非常感谢你的点子，你让我为女儿玛丽改编这个小丑故事的结局，我编写的结局是这样的：小丑是这个婴儿的叔叔，也是当地医院的医生。他回家时是从后门进来的；当他听到婴儿在哭时，就抱起孩子来哄她。后来，他们俩在隔壁的卧室睡着了。孩子的父母回来的时候真相大白。结局非常快乐。我告诉玛丽，她的朋友没有将故事讲完，我后来知道了整个的故事。她考问了我几个问题，然后确认故事的确是这么回事，这个结局让她感到万分高兴。这无疑让她放松了心情，驱散了故事带给她的恐惧。

修改恐怖故事的结局是非常有趣的事情，也非常不同于自己从零开始创作故事（也比后者更容易些），我想它或许可以帮助更多的父母……

上述例子需要考虑当时的背景。这个 8 岁的女孩没有听到完整的故事，故事的内容来自于剧情并不适合于这个年龄段孩子的恐怖电影。这位妈妈通过修改故事的结局，给予了女儿很大的帮助。

如果孩子听到的是情节健康并具有积极解决方案的童话或治疗性故事，情况就非常不同了。故事中也许会有障碍（甚至可怕的情节），但是这些障碍被克服了。如果这些情节被拿掉了，便没有障碍需要克服了，那样也就不会有任何积极的作用。

纵观历史上不同文化传统中的儿童故事，我们可以发现，每个经典的儿童故事都有一个简单的问题需要解决。通常，问题越小，越适合年龄小的孩子，而困难越大或者越“邪恶”，则更适合年龄大点的孩子。但是在所有的故事中，都会有某种程度的张力，他们构成故事情节中的必要元素，就儿童的健康发展而言，各种不同的氛围和挑战提供了必不可少的“心灵训练”。甜蜜或者多愁善感的现代故事则缺乏这种挑战。我们往往容易回避情节很激烈的故事（在这些故事中，正义最终战胜了邪恶），以便保护我们的孩子，但是这样做就可能无法充分培养他们的能力，让他们无法在将来克服恐惧，并承受人生的全部现实。

在这里，最重要的原则就是“美好的结局”。我相信，我们有责任为孩子们（尤其是年幼的孩子）寻找（或者创作）那种克服了种种困难却最终获得积极、公正、美好结局的故事。

## 简单自有其好处

### 简单的兔子故事

在内罗毕，有个印度妈妈离婚了，但她希望能够很快再婚。她想告诉她4岁的女儿，有个男人向她求婚了。她选择采用兔子（女儿最喜欢的动物）的简单故事来传递这个信息。在睡前故事时间，她用红床毯搭成布景，并用玩具兔子表演了这个故事的情节。这个故事讲的是：兔妈妈和兔宝宝必须和兔爸爸道别，去另外一个地方生活。在旅行过程中，他们遇到了一个新的兔爸爸，并邀请她们到自己的家中去。于是妈妈问孩子：“你觉得她们是不是应该说，‘我们愿意到你的家里去住’？”

这个妈妈选择的故事非常简单，也非常直接。这跟现实情况相差并不太远。但是庆幸的是，她如愿以偿了：女儿非常高兴地跳起来并叫道“是”，而且此后多次让妈妈讲这个故事。你也许认为这个妈妈在冒险（如果女儿说“不好”怎么办），但是，她也许已经预备好了克服这个问题的方法，比如再讲一个其他的故事。

当情况或孩子们的年龄不需要讲述很复杂的故事时，我有时候会选择那些情节简单的故事，例如在故事《独木舟女孩》中：独木舟女孩在寻找一个愿意跟她玩并照顾她的朋友……但是在哪里可以找到这样的朋友呢?

这个简短的故事是写给白人社区中的黑人孩子的，利用黑皮肤的布娃娃来培养他们的文化认同感。(在以黑人为主的社区中，这个故事的人物就需要反过来。)这个故事的想法来源于我为儿子创作的《云朵男孩》(参见《故事知道怎么办》)。虽然这个故事极其简单，但是它对我的儿子和家庭产生了非常积极的影响。

这本书中也列举了其他的简单故事(这些故事几乎都完全无视我建议的框架)，例如《闪亮的星星》《彩虹色》和《孤独的知更鸟》。重要的是，这些小故事达到了治疗的效果。

要检验布丁的好坏，我们就需要亲自品尝；要检验治疗性故事的好坏，就需要观察孩子在听完故事之后的行为变化!

由于这种简单直接的故事只向听众提供了想象力很简单的故事情节，所以它有时并不奏效。但是，有时候它是有效的！永远不要低估这种简单的力量!

### 简单的“草莓诗”

有个家长曾经带着疑问到工作坊找我：如何让她 4 岁的女儿不要在草莓成熟之前吃掉草莓园所有的草莓呢？她发现对她而言，创作故事的任务太艰巨了，于是我鼓励她写一首诗。于是她写出了下面这首诗。后来，她告诉我，这首诗非常有效(女儿不再碰还没成熟的草莓了)。实际上，当全家人在花园里工作时，这首诗成为了他们日常吟诵的内容。

草莓啊，草莓，你的斗篷就要红啦，

我要为你制作一张小床。

用暖暖的干稻草铺满地，就像森林里那铺满树叶子的地面。

地面的土呀是甜甜的味道，把你的小脚丫轻轻盖起来。

草莓呀，草莓，春天快来了，

品尝美味的时刻即将来临！

本着简单的原则，我在这本书中收录了几首“治疗性”的诗歌（它们没有算在101个故事中）。你将发现，它们就像点缀着故事草坪中的雏菊，例如：《小木棒会唱歌》《帽子的一天》《小北极熊》《季节》。

有时候，朗诵一首诗就足以抵得上讲述一个故事了！

## 适合所有年龄的疗愈故事

### 毛毛虫，小兔子，瞪羚，海豚和隐藏的子弹

并不是说每个故事都只适合于某个固定的年龄。有时候，为孩子创作的故事或许能够起到改变成人的效果。这通常都是意料之外的，有时候很微妙，有时候又很强烈。

我曾经为年幼的孩子们创造过一个简单的自然故事：有一头棕白相间的小斑马（就像所有小斑马那样），它想赶紧长大，变成黑白相间的颜色。这头小斑马试过各种方式，想要将自己身上的棕色斑纹变成黑色（例如：在黑泥中打滚，用烧焦的黑色树枝将毛发擦黑，甚至站在树荫下面），但最后还是放弃了尝试。然后，它加入朋友们中间，跟它们一起玩耍，在草原上吃草，

并开心地承认自己是一只小斑马。我把这个故事发表在我在内罗毕曾经工作过的学校的周报上。过了几天，有个曾经参加过我的父母教育课堂的家长，从学校的停车场向我飞快地跑过来，心情非常激动。“我刚读到了《棕色小斑马》的故事”，她说，“现在我明白了：我们的孩子需要慢慢度过童年的时光！”

一些其他的例子，也具有非常强烈的作用，在这本书中的开始部分已经交代过了，其中还包括《三口锅》，以及《不完美的房子》等等。

## 适合于成年人的故事

然而，除了那些会对成人产生意外效果的儿童故事以外，有时候成人也迫切地需要创作故事来专门解决自身的问题。我在工作坊中经常遇到这样的情况，而且我经常惊讶并欣喜地发现，所有年龄段的人都能够运用我的故事创作框架。虽然这本书中的疗愈故事是为孩子创作的，但似乎也有必要简单地介绍治疗成人的方法。

几年以前，在悉尼南部的工作坊中，发生了一件非常感人的事情。当我为一小群参与者列举有待解决的“挑战性行为”时，有个成年女性举手发言，她想为在公园里遭到陌生人性侵犯的 3 岁孩子编写故事。几位参与者深受触动，加入到她的创作小组中。等到讲述故事的时候，他们分享了《毛毛虫》的故事。这位女士在所有人面前承认，这个故事是为她自己而写的，并感谢小组成员的贡献和支持。她承认，自从她在 3 岁遭遇到性侵以后，她终生都承受着这种“孤独感 / 隔绝感”。她自己此前从感情和心理学角度上回顾过这个问题，但是，这个“毛毛虫”的故事帮助她在更深的层面接受了这段经历而无需去追问它。大家怀着敬佩而惊讶的心情聆听她的发言，听她描述这个故事中的意象和新观点怎样让她领悟到自己生命中更深层面的意义，并创造了奇迹和变化。

当我在内罗毕为无国界医生组织开办工作坊时，也发生了一件感人的事情。除了三十多名治疗专家 / 心理咨询师以外，还有些艾滋病病人也参加了这个工作坊。在喝早茶的时候，一位年轻人走过来告诉我，他不久就会离开人世，因此他想要创作自己的人生故事。他问我，他是否可以在工作坊期间做这件事情。我说当然可以！当天剩下的时间里，我发现他坐在角落里，手里拿着笔，在笔记本上写着东西，他的脸几乎都凑到了笔记本上（他的视力正在衰退）。工作坊结束时，我坐在他旁边听他朗读自己的故事：他创作了一个关于兔子家庭的故事。他说，选择兔子作为隐喻让他能够自由地表达真实发生过的全部事情。他觉得自己能够非常自由地描述他的爸爸是如何殴打妈妈的（他不必谈自己的父亲，但是他可以讲兔爸爸的故事），他的妈妈是如何死于艾滋病的，他是怎样离开家流浪街头的（在故事中就是“兔子独自在旷野中”）。故事的结局令人感动，因为另外一个兔子家庭（无国界医生）发现并收留了他。这个家庭给了他许多的爱与关怀。

此外，还有一个年轻女人创作的成人故事。她想要克服自己在工作中的“胆怯”，于是她写了一个丛林故事，丛林里有很多动物，一只老虎（欺凌弱小者）蹿出来想要抓住它们。在故事里有一只胆小的瞪羚，在银色月光的帮助下，它布置好陷阱，抓住并制服了这只老虎。

退而言之，如果工作坊的参与者极其迫切地渴望创作故事来改变某种家庭情况，这时，偶尔也可以在故事中直接谈到这种情况，以便“改变”他们的丈夫或妻子的观点。我不知道这些故事的效果（抱歉），但是我知道有人已经发现，创作这样的故事能够起到宣泄作用。我此刻想到的例子就是：有个年轻的妻子想要创作故事来激励她的丈夫每天晚上洗碗。在她创作的故事中，她让碗碟具有了生命：哦，它们多么希望另外某个人的手来触摸它们呀！我得抱歉地说，我从来没有发现这样的故事有什么效果，但是在整天的课程结束时，她分享的“故事骨架”（基本叙事结构见下面的章节“故事骨架”）为自己和小组带来了许多的欢声笑语。

## 适合青少年的疗愈故事

我多次感受到，疗愈性故事框架也可以帮助青少年。这是通过我与心理咨询师或者心理学家的合作间接发生的，而且通常需要创作出各种感人的、独特的、微妙的故事情节。曾经很偶然地，一名 16 岁的澳大利亚土著女孩对某个故事产生了强烈的共鸣，她曾经多次试图自杀；故事中的珍珠项链后来作为礼物赠给了这个女孩，这增强了故事的治疗效果。后来，听说这个故事让她意识到，自己拥有很多美好的东西，这增加了她的自尊心。我不知道完整的故事，但是“故事骨架”（见下面的章节）是这样的：

女孩来到海滩上，在阳光下睡着了，她梦到了海豚（当地的图腾）。海豚遇到了麻烦，它被困住了，它越是挣扎就越陷越深，海水越来越黑。海豚意识到自己遇到了海面浮油。后来海豚停止挣扎并浮出水面，在岸边洗干净自己。女孩醒来发现沙滩上有一颗闪亮的珍珠，将珍珠系在细线上，然后戴到了脖子上。珍珠变成了她的护身符。

选择这些隐喻需要“跳出框架”的思维。曾经有一个 14 岁的中国女孩，她的父母离异了，而且父母双方都不想带着她生活。治疗师给她讲了一个“脐橙”（在中国，这种水果以甘甜可口而远近闻名）的故事。在故事中，一个脐橙在运到市场的途中从火车上掉到了荒芜的杂草地上，刚开始时，脐橙以为它的人生被毁掉了，但是后来它发现，它在自己的种子中找到了“重新成长”的力量。

另外还有一个治疗专家与病人共同创作出来的长篇故事。这个治疗师的病人是一个 17 岁的男孩，这位男孩曾经开车撞到树上，致使自己的三位朋友失去了生命（他们都喝得酩酊大醉）。这个故事叫“隐藏的子弹”，在这位治疗专家参加我的工作坊期间，他产生了创作这个故事的灵感，然后，在男孩参加治疗的过程，这个治疗专家慢慢地将故事情节向前推动。

这个故事写的是一个带领士兵打仗的上尉。所有的士兵都牺牲了，只有他幸存下来，但是有一颗子弹射入他的身体太深，以至于没有任何医生能够发现它。这个上尉回家以后，开始继续寻找它并转换这颗“隐藏的子弹”（代表内疚和自我憎恨）。这个寻找过程涉及许多任务，包含探望并照料他的战友们的家庭……

故事的疗愈力量是无穷无尽的！

# 第二章
# 让故事的生命力流淌出来

如今，我在各行各业遇到越来越多的人都渴望采用充满想象力的方法，来平衡大多数教育和学习体系中占据主导地位的理智与理性方法。我们中的大多数人就如同“杨梅干”，需要用故事和隐喻将想象力变成味美多汁的梅子。

在我们成人繁忙的生活中，我们的想象力非常容易“干涸”。就像我们的肌肉，如果很少运用想象力的话，它就会变得萎缩。如果要重新恢复它们的力量，我们就需要多锻炼。多数小学和初中的学习内容都以科学和理性思考为中心，我自己的学生生涯无疑就是这样的，直到今天，基本上仍然还是这样。最近，我收听到了广播电台给数学界年轻的“诺贝尔奖获得者”所做的访谈节目。这个年轻人说他在学校时，尽管他在数学和科学领域特别聪慧，但是他的创造力几乎为零。他说，他多么希望接受过充满想象力的教育！他举了一个例子来说明他童年时如何缺乏创造力，当老师要求大家创作一个关于“家”的故事时，他列出了家中每个房间的全部物品，然后开始计算它们的个数！

要想激发我们的创造力，首先可以通过阅读故事或诗歌，然后可以试着创作故事或诗歌。如果你的想象力就像“杨梅干”，建议你首先在这本书中挑选十个故事，然后每天读一个。虽然这些故事主要是为孩子们创作的，你也许会发现，这些隐喻和充满想象力的情节也可以滋养成年人的灵魂。如果这个办法有效的话，建议你继续读更多的短篇故事，例如来自不同文化的民间故事和童话故事、自然故事、诙谐故事、荒诞故事等。许多不同类型的故事都可以孕育你的想象力。《指环王》等幻想小说，也是提供创造力的丰富源泉。也可以参加故事讲述或故事创作的课程，并参加讲故事的活动。

大自然母亲也是启发成人想象力的美好源泉。在我构思故事的时候，我会从大自然中找到最好的灵感。当我处于创作的瓶颈期时，我会在森林中或者灌木丛中漫步，或者沿着海滩散步，或者在公园或者花园中小坐片刻，这些经历会激发我的想象力。大自然可以让我们精神焕发，净化我们，激励我们，滋养我们。**尤其是当我为小朋友们写故事的时候，为了完全敞开自己的心灵和思想，我发现自己经常需要沐浴在大自然的奇迹和美丽之中。**

## “故事骨架”

在本书的故事部分，每个“行为类别”末尾的练习或许可以帮助你去创作自己的故事。顾名思义，“故事骨架”就是故事情节的概括或“骨架”，读者可以在其中自由地补上细节，加工字词，最后变成完整的叙事。

许多“故事骨架”的灵感都来自工作坊中的讨论。每个骨架都包括故事情节的轮廓，你可以在其中加上隐喻的“衣服”，让它变得有血有肉。有些非常简练，有些已经部分完成，有些则提供了几种可能的情节和结局。

这些练习甚至能够帮助编故事的老手。最近，我的继女伊菲在脸谱（FaceBook）上发出了一条求助信息："最近我 3 岁半的孩子让我很不开心。他正处于'不，我不想'的阶段……我感到非常挫败！我觉得自己需要发挥创造力，有什么好建议吗？"我当时正在肯尼亚，这促发了我写故事的愿望。我坐在笔记本电脑前，想着如何下笔，后来我想起来，我正在构思这本书的"故事骨架"的练习内容，其中有个《挖掘机总是说不》的故事。这个故事的最初想法来自于悉尼的工作坊，当时大家想要找到新颖的办法，来帮助一个调皮的总是说"不"的 4 岁孩子。他们已经完成了故事的简单轮廓，并创作了简短的韵律诗："挖掘机总是说不，所以什么都长不出！"我借用了这个故事骨架，然后补充上细节，把它变成了一个完整的故事，故事中包含了我的孙子哈里森本人的若干事情，比如他爱草莓、挖土机，喜欢在沙坑里面玩等。当天，我将这个故事发给伊菲，她马上欣喜若狂地把这个故事变成了一本图画书，每天给哈里森讲故事的时候用。

但是请各位记住，这仅仅是些建议而已。创作故事时，可以选择许多不同的隐喻和情节。非常欢迎大家给我写信，分享你们完成的故事，并讲讲它是如何帮助自己应对挑战性处境或行为的。也许我可以将它们收集在下一本书中，让这些故事迅速传遍全世界！

## 想象力练习

除了尝试上述的"故事骨架"练习之外，下面提供了若干更多的建议，可以帮助大家让故事的生命力流淌出来。

从儿歌或者幼儿园韵律诗入手……然后把它变成故事。这是学习故事写作的极好办法，你将会惊讶地发现，这样来创作简单故事简直易如反掌，为那些很小的孩子创作故事时尤其如此。

**例子：《我们围着桑树丛转啊转》（孩子们非常喜欢的歌／游戏）**

桑树女士（或先生）居住在大片桑树丛下面的小圆房子里。一天早晨，她觉得该洗洗窗帘了。她爬到高处，把窗帘从钩子上逐个解下来（可以在这儿编一首歌或者韵律诗，然后用桑树歌的调子把它唱出来：“瞧，就是这样摘窗帘”；或者“一个个，取下钩，一个个，钩连钩”）。然后她把窗帘放到了盆里，加入水，打上了肥皂，开始搓洗起来（“就是这样洗窗帘，揉窗帘，搓窗帘……”）。在窗帘洗好并拧干以后，桑树女士把窗帘晾在绳子上，并用衣夹夹起来（“就是这样晾窗帘，一个个，夹得牢，一个个，夹绳上”）等等。也可以将这个故事讲得更丰富些；接着太阳出来了，风儿刮起来，把窗帘慢慢晒干；然后桑树女士又把窗帘从夹子上解下来，把窗帘收进家中，熨平，又把它们挂回窗子上。

如果孩子最心爱的玩具需要清洗，而孩子又不肯让别人拿走这个玩具，那么，诸如此类的故事就具有治疗的价值。此时，可以在这个桑树女士的清洗物品中加入泰迪熊或布娃娃，或者用它们来代替窗帘，勾画出清洗和晾晒的画面。

**例子：“小小蜘蛛”（广受欢迎的幼儿园韵律诗／动作韵律诗）**

一天早晨，小小蜘蛛想要去看看外面更大的世界，于是它离开了自己灌木丛下面的家，爬过了花园……（可以用散步歌或韵律诗）然后它来到了一栋房子的墙边，爬到了喷水管上（用小小蜘蛛韵律诗的第一部分，重复两遍）。然后它又爬过了房顶……（用散步歌？）然后一阵强风吹来，将乌云吹到花园上空，雨水把小小蜘蛛从屋顶上冲下来，掉到了出水管上，然后左摇右摆、晃晃悠悠地掉到了地面上。刚刚落地，它就马上飞快地爬回灌木丛下面自己的家中，开心地享受着家中的安全与舒服。后来太阳出来，将雨水晒干了，小小蜘蛛又爬到了喷水管那里！

如果孩子们在散步时淋雨并感到不开心，或许可以给他们讲诸如此类的故事。或者，也许老师或者父母需要带着孩子们躲雨并等雨停，这时就可以用《小小蜘蛛》的小故事或长故事来打发时间。这样就会让孩子们集中注意力，同时也会让孩子们知道“太阳还会出来的”，从而消除他们的焦虑感。

本书中有些故事就是通过对现有韵律诗和歌曲的改造而来，并受到了它们的启发，例如：《吵闹的钟》《小鳟埒和它发光的石鼓》《鼓手男孩》等。

我鼓励大家挑选孩子最喜欢的韵律诗或者歌曲，然后将它们变成小故事。这个过程可能会让人产生极大的满足感。这样的故事可能只是非常好玩，令人开心——但这是大有益处的！或者你可以设法将这个练习与治疗目的联系起来，例如，如果你的孩子挑食，而你想鼓励他/她尝试新的食物，此时可以利用《矮胖人》的故事。你甚至也可以利用诗歌的破格方法并改变故事的结局：也许矮胖人最后被修好了，因此它可以被拿到集市上卖给小孩子当早餐吃。或者，也许它掉进了煎锅中，被炒成了炒蛋……这样的故事可以被归为“无意义的故事”——这种类型的故事是为孩子们准备的，成人们万万不可过于较真。这种类型的故事利用了孩子处于萌芽状态的幽默感，甚至可能会违背幼儿故事中“幸福结尾”的黄金法则。无意义本身恰恰意味着“没有定律”。

对于年龄稍稍大些的孩子，我们可以在民谣里面寻找灵感，如：《强盗》《哈瓦沙》《蝴蝶的球和蚱蜢的盛宴》或《跳华尔兹的玛蒂达》。澳大利亚经典电影《来自雪河的人》的故事就来源于同名民谣。有趣而毫无厘头的诗歌也是灵感的来源。我们在这里略举几例：《他们坐着筛子去大海》《猫头鹰和猫咪》《怀肯、布林肯与诺德》等。

观察自然界并搜集大自然中的小道具来唤醒故事的灵感……自然界中的图案、节奏和象征物能够为我们创作治疗性故事提供灵感，成为源泉。

**例子一**

通过观察澳大利亚春天 / 夏天的花园，我创作了故事“鸡蛋花的礼物”，这个故事是为了安慰 4~6 岁的孩子学会等待，并在做事时有耐心。大自然母亲提供了这个故事的全部灵感，此外，大自然母亲也让我创作出了与澳大利亚夏季圣诞节的氛围相应的故事。在春天里，我的花园里非常忙碌，到处都是小蜜蜂们、蝴蝶们、花儿们。而与此形成鲜明对比的是，鸡蛋花则始终在非常安静地等待，直到临近圣诞节之时才会盛开。

在这个故事中，花儿们、蜜蜂们以及蝴蝶们（按顺序）围着鸡蛋花树的褐色枝杈们开始跳舞，并唱着：

鸡蛋花小孩儿，来吧，来吧，来跳舞，来玩耍
春天已经来啦，世界多么明亮，多么快乐！

但是鸡蛋花小孩儿依然在安静地睡觉，风儿轻轻地对花儿们说：

鸡蛋花儿正在等，等着好日子将花开

鸡蛋花儿正在等，等着金光照进来

最后这个特殊的时刻来临之时，班级中好动的孩子们变得极其安静，大家几乎能够听到鸡蛋花儿开放的声音！所有人都在等着倾听这个特殊时刻的声音。

**例子二**

我喜欢和一群孩子（3~8 岁）玩一个倾听游戏，在这个游戏中，我们会围坐成一圈，传递一个大贝壳，并唱着这首歌：“贝壳啊贝壳，你得走呀走，从这走到那儿；哦，多么美丽，哦，多么美丽，你现在在哪里？”令我不断感到惊讶的是，甚至最闹的孩子也愿意安静地等在那里，这样他们就能捧着贝壳，听大海母亲的声音。

曾经有人请我给一个喜欢“吵闹”的 9 岁孩子写一个故事，据他的老师说，这位男孩永远都不会闭嘴，我马上想到在故事里用上贝壳，并由此创作了《男孩与白色的珍珠贝壳》的故事。这个故事将孩子带到了大海安静的深处，在那里他发现了一枚白色的珍珠贝，这枚贝壳带领他返回到了海面（并救了他的生命）。从这以后，这位男孩无论去哪里都会带着这个贝壳。他将贝壳放在他的天鹅绒书包中，每天，他都会把贝壳从书包里拿出来，放在耳边，倾听……他能够听到海洋唱着轻柔的歌儿，讲述着这枚贝壳怎样救了他的生命。

> 讲述往事故事……它们虽然简单却具有惊人的治疗效果，而且它们也是讲故事的捷径。

在写这本书时，我代人照看着两个小孩（一个 5 岁女孩和一个 7 岁男孩）并遇到了挑战。我发现每晚都很难让他们安静下来，无论我做什么，他们都会不停地打架和争吵。最后到了上床睡觉的时间，他们甚至会在床上依然争执不休；于是我决定给他们讲我小时候的故事。

我采用他们意想不到的方式吸引住了他们的注意力。为了避免他们又为了想听或不想听哪个故事而发生争吵，我告诉他们“我不打算讲故事，我打算做一件不同的事情”！然后我和他们分享了我童年记忆中最特别的事情，我称它为“星期六”。我讲述了小时候哥哥和我每个星期六经历的冒险，讲到在冒险中我们两个人之间始终都和和气气的。他俩似乎都安静了下来。第二天晚上照顾他们的时候，他们在门口遇到我时，就喊到：“你还能给我们讲那些不同的故事吗？”

往事故事也是我们讲述和创作故事时的途径，而且每个人都有一个故事百宝箱，这些故事在我们的生活中是非常独特的，它非常吸引小孩子的耳朵!

我 7 岁的孙子托什成长到了试图将每个家庭成员都联系起来的阶段。刚开始时，他发现自己很难理解我以前嫁给了他的爸爸的爸爸，因为他只是知道我是他的祖母，是约翰的妻子！为了帮助他弄明白这个问题，我给他讲了奈杰尔（他的爷爷）和我在 70 年代环游世界的故事，以及他爸爸小时候的家庭生活。他听得非常专心，非常感兴趣（远远超过了我给他讲的其他故事），此后有段时间，每逢我们在一起的时候，他都会让我给他讲些"真实"的故事。

本书的供稿者娜塔莎·汉德再次证实了往事故事的治疗价值。在"你小时候的大事儿"中分享家庭往事能够在家人分离期间有效地消除孩子的焦虑。娜塔莎写道："通过故事，我试图将女儿与我们的童年回忆联系起来，给我们带来团结感。由于她的父亲不在家中，当他不在女儿身边时，我就用故事来让她感受到父亲的存在。"

创建你自己的故事包或者故事盒子（可以用旧箱子）。不要进行任何理性思考或规划，闭上眼睛，然后将手伸进包或者盒子中，从中挑选几样东西出来创作你的故事……这种练习纯粹要依靠想象力！

准备一个书包或者盒子，然后将各种有趣的东西放在里面。用这些东西来产生故事的火花……它们可以是：金色的羽毛、玻璃弹球、珍珠项链、银戒指、闪亮的硬币、光滑的鹅卵石、贝壳、旧钥匙、玩具雕塑（人物、动物、鸟儿、鱼、昆虫等等）、小乐器、小茶壶、蓝色的天鹅绒布条、透明的薄纱、贝壳和果壳以及其他来自大自然的小玩意……可选的物品是无穷无尽的。

在二手货店铺也会获得"故事盒子"中的许多物品，如：手工制作的镜子、手套、用过的药瓶、旧的纽扣、用过的圣诞节装饰物、各种织品杂物等。只要是能够勾起回忆或者产生灵感火花的物品都可以。

你可以单独一个人做，或者和大伙儿聚集起来共同练习：事先定好取几件物品（我建议不要超过三件），然后找个人从盒子里取出来，然后把这些东西交给另外一个人，让他用这些东西来编小故事。

在这种练习中考虑到若干因素是非常有益的，如时间、地点、季节等。尤其是如果旨在创作治疗性的故事，听众的年龄段是我们需要考虑的重要因素。

此外，还有个非常有趣的游戏：跟家人、朋友或同事们等围成圈坐下来，开始传递“故事包”或者“故事盒子”，然后每个成人从其中拿出一件物品。他们必须在故事中用到这件物品，并推动故事的情节向前发展。这最终也许不是一个形式完美的故事（但也许是），但是这样可以让所有人都能发挥创造力，让大家相互鼓励，从而激发每个人的想象力。同时，这样的活动也非常好玩。

## “故事包”的故事

提到“故事包”，我不得不感谢我的南非科萨族朋友诺曼格斯·玛扎姆·玛波波斯，她在 2011 年 2 月离开了人世。我在南非工作时，她在开普敦市外的贫民窟工作，属于教师培训工作的先驱。当时我们都受雇于 CCE（创意教育中心）。我在 1996 年和她相识，在我的跨文化研究项目中她是我的“诤友”。诺曼格斯是出色的故事家，向我分享了很多美妙的故事。实际上，她本人的人生就是一个令人惊讶的故事，在她的故事里充满了勇气、果断、灵活和慷慨。能够结识她并听她讲故事，是我人生中非常幸运的事情。她在南非可怕的种族隔离中幸免于难，始终对南非怀抱着希望，相信它能成为真正的彩虹（即多元文化的）国家。

诺曼格斯具有开放的视野，她让我这个澳大利亚白人当老师，给南非学生讲故事，这逐步加深了我对非洲的情谊。用她自己的话说：

忘掉你是一个澳大利亚白人，将你自己视为人类的教育者，在全世界分享故事。你是上帝派来的。这是你的任务——孩子们刚出生时手中就有宝藏，你就是通过故事来打开这座宝藏的钥匙。

在开普敦的培训课程中，我帮助老师们制作“故事包”，并在包中装满各种小玩意儿。这些“故事包”挂在幼儿园小房间的角落里，因为他们的大多数小教室并没有华美的储藏架。诺曼格斯担任我的翻译，这些手工创意启发了她，她很快找到了创作“故事包”儿歌和故事的灵感，然后，她将它们讲给我的学生们听（我已经将她口头讲述的故事整理成文字并收录在这本书中）。我相信，她所选择的隐喻非常贴近她真实的人生经历——“成束的黏湿的海草”象征着她家乡的荒凉的贫民窟，“故事宝藏”则象征着她对南非未来的坚定希望。

### “故事包”中科萨人的歌

鱼妈妈在为她的孩子们寻找宝藏，这些宝藏就是各种故事。

### “故事包”里的故事

从前，有一位鱼妈妈，她的孩子众多，她也非常爱护他们。这个鱼妈妈想要为自己的孩子们寻找一些美丽的珍宝，于是她到海底去找贝壳和白色珍珠，因为她听海洋妈妈唱过关于它们的歌儿。但是，尽管她找了很久，也花了很多工夫，她在哪里都找不到这些美丽的珍宝。在她生活的地方，似乎只有成束的黏湿的的老海草，以及海底的泥沙和粗糙的石头。

鱼妈妈决定去找聪明的老海龟，这只海龟总是在海洋里游来游去，知道大海的所有秘密。当她找到老海龟时，她向他谈到了自己的困难。

想了很长时间之后，老海龟说："如果你按照我告诉你的去做，你就会把你所拥有的东西变成珍宝。你去搜集些海草，将它们编成结实的提包。编好以后，捡些小石头放在包中，然后拖着这个包到海面上，在那里，你会看到太阳照下来的金光。你要逮住这些金光，将它们装进提包里，再把提包紧紧地系好，这样就可以带着提包回家了，三天之内千万不要打开这个包。然后，当你打开它时，你会发现包中为孩子准备了许多美丽的珍宝。"

鱼妈妈按照老海龟说的去做了。她花了很长时间去搜集海草，编织提包，然后装上石头。她非常艰难地把这个包拖到了阳光闪耀的海面上，然后又非常艰难地把装满金色阳光的包系紧并拖回了家。

当她回家以后，所有的小鱼宝宝们自然都围着这个包游来游去，想要知道里面装着什么东西。整整三天，这个包都没有被打开过。三天之后，当鱼妈妈打开它的时候——你们猜猜她在里面找到了什么？

金色的阳光对这些石头施加了魔法，这些石头被变成了故事宝石，许许多多的故事宝石，这都是为她的孩子们准备的。从那天开始，鱼妈妈每天都会从故事珍宝包中取出故事讲给她的孩子们听，没有什么比这更好的礼物啦！

老海龟真的太聪明了！

第二部分

# 101 个治疗性故事

在这个部分，我搜集了 101 个故事，用来应对常见的挑战性行为或状况。为了便于读者阅读，这些故事被分为 16 个类别，并附上相应的故事，用于应对各种可能的情形。将它们分成这些类别是为了便于读者参考，但我们绝不鼓励读者用它们来给各种行为贴上“标签”。

- 生气 / 攻击 / 打人 / 抓人 / 咬人
- 担忧 / 不安 / 害怕
- 欺凌 / 排斥 / 嘲弄
- 死亡 / 濒死 / 疾病
- 不尊重 / 不关爱（对自己 / 他人 / 事物）
- 破坏行为 / 焦躁不安 / 过度兴奋
- 不诚实 / 偷偷摸摸
- 离婚 / 分居 / 混合家庭
- 挑剔 / 抱怨
- 不宽容 / 缺乏对自己和他人的接纳
- 缺乏信心 / 韧性不够
- 性侵犯 / 性意识
- 害羞 / 孤僻 / 自卑
- 骂人 / 大喊大叫 / 说傻话
- 如厕困难 / 尿床

• 固执倔强 / 缺乏社交意识

在这 101 个故事当中，部分故事来自于他人的供稿，部分故事是我自己的作品，还有些故事是由对民间故事和童话故事改编而成。很多故事曾经被运用过并获得了不同程度的成功，这些故事的使用情况也被记录下来了。其他的故事则是为这本书最新创作或改编出来的。请大家登录网站 www.healingthroughstories.com，非常欢迎大家给我写信，介绍自己使用这些故事的情况以及 / 或者自己编写的治疗性故事。这些故事主要针对 3~10 岁的孩子，当然，有些故事也非常适用于青少年和成人。每个故事都标有适用年龄和目的。

## 故事骨架

每个故事类别都包含有故事的骨架，可以提供一个或多个故事思路。这些“故事骨架”可以作为读者创作故事时的练习内容。每个故事骨架包含了故事情节的大纲，如果读者愿意，可以用隐喻这件“衣服”来充实它并完成整个故事。以上这些仅仅是我的建议。可以选择许多不同的隐喻和情节来创作故事。

故事之井具有无穷无尽的资源，本书中的这些故事只是汲取出来的一小桶水而已。在本书第一部分“创作治疗性故事”的启发下，我希望读者可以探索出更多的灵感。

## 阅读或讲述

到底是给你的孩子讲故事还是读故事，这个由读者自己决定。除非你天生就会讲故事，通常情况下，讲述故事需要成人付出更多的努力，因为这首先需要成人来了解这个故事，但是某些“跳板”也许会有好处：讲一部分内容再读一部分内容；在讲故事时按照故事情节的发展顺序画一些画；或者讲故事的时候用一些小玩偶当道具（参见《故事知道怎么办》第5章，里面介绍了如何准备与了解故事，以及如何使用道具和玩偶来帮忙讲故事）。口述故事的优良传统让讲述者和听众之间产生了更直接的接触，因为此时没有来自书本的干扰。澳大利亚本土故事家莫林·沃森说，讲述出来的故事会通过不同的方式打动听众。我多次体会到这一点：通过眼睛、声音以及手势，讲述者编织出了看不见的丝线，并能从始至终“牵动”着听众的心灵。讲述者的这种“牵动”能力有助于培养和加强听众的专注能力，并提高儿童的学习能力。在《故事跟你说晚安》这本著作中，南希·梅隆犀利地洞察到了这个过程的价值和效果。

尽管“讲述”的方式无疑能更生动、更亲切地分享故事，但是讲故事和读故事都是表达或呈现故事的重要方式。两者都各有其价值。尤其是在今天，随着“屏幕”媒介主导着孩子们的生活，对孩子来说，成人给他们讲述或者阅读故事成为了一种美好的祝福。有时候，尤其是一对一的情况下，故事书可以作为分享故事的桥梁，让成人与孩子并肩而坐，或者让他们坐在成人的膝盖上，从而能够产生非常亲密的感受。

如果你乐意采用本书中的某个故事，你可以自己（或让孩子）来给故事绘上图画，将它变成一本图画书，然后再将这本新近制作出来的故事书读给孩子听。

# 第三章
# 生气 / 攻击 / 打人 / 抓人 / 咬人

## 鼓槌

这个故事来源于在内罗毕举办的小组工作坊，当时需要找个治疗办法，帮助一个经常打人的 6 岁孩子。小鼓和鼓槌似乎能够很好地暗喻这种“攻击”行为。这个故事将孩子的“打人伤人”行为变成了“打鼓取乐”行为。在这个故事的结尾，我也加入了三个音乐游戏，这些游戏我已经跟许多孩子玩过多年，他们的年龄从 2~8 岁不等。

从前有一个小镇，这个小镇因为音乐会而远近闻名。在这个小镇上住着一位小男孩，他非常喜欢打鼓，因此很想加入在音乐会上表演的乐队。

乒乓！乒乓！乒乓咚咚！我这样打鼓！

但是这个男孩总是将鼓敲得太响，太快——他总是非常使劲儿地敲鼓，节奏太快了——因此，他并没有被乐队选中。

男孩感到非常生气，也非常难过。他将鼓踢破了，然后离开了露天集市，走进森林里。哦，他是多么生气啊！他气得用自己的鼓槌使劲儿地敲打那些树木。

乒乓！乒乓！乒乓梆梆！我这样打树！

哦，他是多么生气啊！他气得用自己的鼓槌使劲儿地打那些石头。

乒乓！乒乓！乒乓当当！我这样打石头！

很快，男孩对敲打树木和石头失去了兴趣。他想打飞过他身旁的蝴蝶，但蝴蝶幸好及时掉头飞走了！他又想去打蹦蹦跳跳的小青蛙，但是青蛙也及时掉头逃走了！他又想打路旁正在睡觉的小乌龟，但是小乌龟的壳太硬了，它竟然没有任何的感觉，仍然不动声色地睡大觉！

后来，飞来一只金色的织巢鸟。织巢鸟的嘴巴里衔着许多小木棍。男孩看着织巢鸟回到自己的鸟巢，用这些小木棒开始造自己的小房子。男孩惊讶极了，他发现织巢鸟非常熟练灵巧，于是他开始用鼓槌打出织巢鸟做鸟窝的节奏和动作。

滴答滴，滴答滴，滴答滴，我就这样敲呀敲。

过了一会儿，鸟窝做好了，男孩离开了那只织巢鸟，他开始从森林中往回走。他一边走一边继续敲打刚才的节奏：

滴答滴，滴答滴，滴答滴，我就这样敲呀敲。

当他走到集市附近时，乐队的领队听到他回来了。领队心想，这就是我们乐队所需要的音乐呀。于是，他邀请男孩带着鼓槌加入乐队。

滴答滴，滴答滴，滴答滴，我就这样敲呀敲。

在那一年的音乐会中，男孩用他的小鼓槌演奏出了非常美妙的音乐。他不断练习音乐，并在生日时得到了一个新的鼓。现在他可以轻松地创作出美妙的音乐了。

咚咚，咚咚，咚咚锵，我就这样敲打鼓！
滴答滴，滴答滴，我就这样滴答滴。
咚咚咚，滴答滴，鼓槌打鼓滴答滴！

## 有个男孩将身体当鼓敲

可以将手谣（hand rhyme）和手指谣（finger rhyme）当成诗歌来吟唱，或者将它谱成曲子，然后重复几次，将下文中的歌谣内容分别换成“男孩”“女孩”“老师”“妈妈”“爸爸”等。

有个男孩将身体当鼓敲，
滴答滴，滴答滴，哒姆哒，哒姆哒，

他将膝盖当小鼓敲呀敲，
滴答滴，滴答滴，哒姆哒，哒姆哒，
有时用他的胳膊肘，有时又用他的小小手，
滴答滴，滴答滴，哒姆哒，哒姆哒，
他敲过了脚趾又敲头，
滴答滴，滴答滴，哒姆哒，哒姆哒，
这个小男孩喜欢将身体当鼓敲，
滴答滴，滴答滴，哒姆哒，哒姆哒。

## 谁想敲这只大大的鼓

可以将下面这个音乐游戏当成诗歌来吟唱，或者谱成曲子。这个游戏要用到鼓，可以用真实的鼓（非洲金贝鼓最适合）或大南瓜或倒放着的易拉罐。如果跟很多孩子玩，你可以每次选两个孩子，然后在歌词中唱到两个人的名字：例如，“卡蒂和杰森想敲这只大大的鼓”，后面紧跟着唱“他们可以大声敲”等。

谁想敲这只大大的鼓？
卡蒂想敲这只大大的鼓，
卡蒂可以大声敲，
卡蒂可以小声敲，
卡蒂可以快快地敲，
卡蒂可以慢慢地敲。

## 我走走走

很多年以前（1976年），当我在接受教师培训时，我学会了这个开心的音乐游戏。每天的晨圈时间非常适合玩这个游戏：给每个孩子发一件乐器，老师带着他们绕圈子，孩子们边演奏乐器边做动作。我在这种游戏中使用过非常简单的乐器，比如果壳（用来摇晃）和小木棒（轻拍）。小朋友们很快就学会了在创作音乐时要注意哪些事情——规则就是，不能用乐器伤害他人，也不能用乐器猛敲地板。如果发生这种情况，这些乐器将会被收回到篮子里面。

我走呀走呀走呀走，然后转过身子来；
我走呀走呀走呀走，然后安静地停下来；
我把声音低下去，我把声音高起来；
对着大地敲起来，对着天空敲起来。
我走呀走呀走呀走，然后我再坐下来。

## 小河马的新牙齿

这首故事诗的想法来自于内罗毕的小组工作坊，当时需要找到新奇的方法来帮助一个3岁的小女孩，她每逢难过时就会咬别的孩子。由于这个年龄段的孩子无法长时间集中注意力，所以这首诗有大量的重复和节奏。当时工作坊建议大家采取表演简单的木偶戏的方式，向一个或多个孩子讲述这个故事（可以将孩子们的玩具当作木偶）。

在中国，老师们和父母们多次使用过这个故事，并将它改编为“熊猫宝宝的新牙齿”，并选用“松鼠宝宝”和“小猴子”作为熊猫宝宝的好朋友。但是在故事的最后部分依然保留了小乌龟这个角色。

小小河马长出新牙齿，
它不知道如何使用它，
小小河马喜欢新朋友，
却经常失去了他和她！

小小斑马来找它玩，
小小河马咬了它的手，
小小斑马不想留，
小小斑马快快地溜！

小小长颈鹿来找它玩，
小小河马咬了它的手，
小小长颈鹿不想留，
小小长颈鹿快快地溜！

小小狒狒来找它玩，
小小河马咬了它的手，
小小狒狒不想留，
小小狒狒快快地溜！

后来小乌龟来找河马玩，
小小河马咬了它的背，
哎哟，小乌龟的背太硬！
哎哟，小小河马吓得往后退！

聪明的小乌龟留下来，
教会小小河马用新招：
“快来咬这些嫩嫩的草，
河马吃草真美妙。”

小小河马学会了，
用牙齿吃草好香甜，
朋友们都来这里玩，
都想留下来玩一整天！

## 丛林里的聚会

这个故事的灵感来自于内罗毕的小组工作坊，当时，工作坊需要创作一个故事来帮助一个喜欢扔东西的 6 岁小女孩。

从前，丛林里所有的动物朋友们决定举办一个聚会，他们想要共同创作音乐，每个动物来的时候都必须带一件乐器。

斑马带来了一些黑白相间的鼓槌棒，黑斑羚带来一支棕色的长笛，大象带来了一支长长的灰色小号，水牛带来了一个白色的大号角。

小猴子也想参加这个聚会，可是它想不出来带什么乐器，于是它决定换个法子来找些乐子。它爬到了聚会地点旁的高高的椰子树上。

哇，我在树上看到了那只斑马，如果我用椰子砸它该多好玩。

每当猴子这么说时，它都会扔一个椰子，想要砸中一只正在演奏音乐的动物。

哇，我在树上看到了那只黑斑羚，如果我用椰子砸它该多好玩！

哇，我在树上看到了那头大象，如果我用椰子砸它该多好玩！

哇，我在树上看到了那头大水牛，如果我用椰子砸它该多好玩！

可是所有的动物们都不想跟它玩这样的游戏，但是它们不知道该怎么办才好。

后来长颈鹿想出来一个好办法。它悄悄地将头伸到椰子树中间，用长长的舌头把猴子从藏身的地方举起来。长颈鹿想把猴子带到河边，然后把它扔到水里。

但是头脑灵活的猴子，手中仍然死死抓着一个椰子，开始将椰子当成鼓来敲，并同时大声唱着：

我的手里有个椰子，如果我拿它当鼓敲，我是否可以留下来？

动物们当然希望有一位鼓手加入这个聚会啦！于是大家邀请猴子留下，把椰子当成鼓敲起来。然后所有的动物朋友们在音乐聚会中都玩得非常开心。

## 小木棒会唱歌

这首诗（或者称作故事“种子”）适合于那些热衷于玩枪的孩子们，以及那些喜欢用木棍来伤害或者攻击他人的孩子们。可以用这个办法来鼓励3~8岁的孩子们正确地使用木棍。

我是你的新朋友，
我是小小魔法棒，
请你快快帮助我，
让我玩出新花样。
很多朋友都像我，
站在高高大树上，
左望右望你会发现，
原来有这么多小木棒！

长木棒可以建帐篷住，
小木棒可以造房屋，
又能修路做篱笆，
你还能想出啥用途？

两个木棒叉起来，
上帝的眼睛也能做出。

沙中挖坑少不了我，
画画玩乐也要用我，
你也能跨过我们的身体，
用我将篮球滚来又滚去。

你抓鱼时要用我编网，
旗子和标语都放在我身上。
两根木棒会唱歌，
拍着节奏啪啪响，
我也能当鼓槌叮叮咚咚响。

头戴袜子我就变成马，
你可以在屋里骑着我溜达，
你也可以骑我在外面跑，
跑呀跑，我俩一起把险冒！
跑过一座座山，很远很远。

## 小袋鼠

**这个故事来自于新加坡的小组工作坊，是为一个老是喜欢打人的 4 岁男**

孩创作的。

在很远很远的地方，曾经住着两个好朋友：一只小袋鼠和一只小野狗。

它俩每天都跟家人出来，在水坑喝水时见到对方。它们很喜欢待在一起：一起滑到泥泞的岸边，拍打水花，在水坑旁边的柳树林里面捉迷藏。

但小袋鼠开始长得越来越大，也越长越强壮，它开始用袋鼠爪子打它的好朋友。它觉得这样很好玩，甚至边打朋友还唱着歌儿：

打呀打，我每天都打，我喜欢这样打你跟你玩。

小野狗觉得这并不好玩，它开始慢慢地躲着朋友。而小袋鼠就会追赶小野狗，并唱着：

打呀打，我每天都打，我喜欢这样打你跟你玩。

最后小野狗的家人找到了另外一个水坑，它们开始每天去那里喝水，这个水坑旁就只留下小袋鼠自己，再也没有朋友了。它开始去打那棵柳树，嘴里还唱着：

打呀打，我每天都打，我喜欢这样打你跟你玩。

但是当它用手打老柳树时，它发现树干太硬了。哎哟，好疼啊！小袋鼠再也不玩这个游戏了，因为它不想让自己受伤。

时间一天天过去，雨季来临了。雨不断地下着，小袋鼠一家再不用去那个水坑喝水了，因为它们在任何地方都能找到水，到处都有水，岩石的小凹槽里有水，高高的草叶上也有水流下来。

后来，雨终于停下来了，大地变干了。小袋鼠全家只好又回到那个水坑找水喝。但是事情发生了很大的变化，雨季的雨水冲洗过岸边的许多小柳树，它们东倒西歪地躺在泥泞的岸边。柳树妈妈正在哭泣，希望可以得到帮助。

小袋鼠用有力的双手将这些小柳树们一棵棵地拉起来，带着它们来到离岸边更远的地方，远离那片湿滑泥泞的地方。然后，它在肥沃的褐色泥土中挖了些坑，把这些小柳树一个一个地种在坑里，为它们建造了安全的新家。

这让它感到非常开心！突然之间，它不想再用双手打任何东西了，但这反而让它感到非常满足、快乐，此前它从未体验过这种感受。

从那以后，柳树妈妈和小柳树们就成了小袋鼠的好朋友。它们邀请小袋鼠一家睡在它们阴凉的树荫下，舒舒服服地度过了炎热的夏天。

后来，许多小水坑都变干了。小野狗一家又重新回到了小袋鼠生活的水坑那里，在漫长而炎热的夏天里，它们共同享受着柳树带来的荫凉。

小袋鼠和小野狗又重新在一起了，这让它俩感到非常高兴。它们一起在泥地里滑行，一起拍打水花，在新长出来的柳树下乘凉。当风吹来时，柳枝就会垂下来，抚摸着它们的后背，柳叶也会唱着沙沙声的催眠曲，让它们安稳地进入梦乡。

## 亲密的拥抱

**这个故事的作者是阿尔费拉·费雪，是在新南威尔士州莫维伦巴的创意**

训练工作坊中创作出来的，旨在帮助一对姐弟（分别是4岁和3岁）。他们立刻就喜欢上了这个故事，笑得很开心，不断地要求反复讲。他们喜欢故事中那些傻乎乎的话，那种幽默感也是让姐弟俩和平相处的最佳方式。这个故事就像一颗种子那样在孩子心中发芽，让他们寻找充满爱意的解决方法。可以鼓励孩子们学习故事中的语言和动作，比如“用力跺脚再转个圈”，借此将消极的行为转换为积极的行为。

从前，有一个小男孩和一个小女孩，他们和爸爸妈妈住在一起，他们的家离大山特别近，在山顶能够摸到天上的云彩。这个男孩和女孩亲密无间，他们常常玩得很开心。

可是有一天，当他们玩得正高兴的时候，有个喜欢恶作剧的精灵出现了，它经常喜欢对人们施加魔咒，这次，它把男孩和女孩变成了两个完全不同的孩子，分别叫臭脾气男孩和坏脾气女孩。他们开始彼此抱怨，然后，他们俩都感到非常厌倦，很不开心。于是他们去找他们的好朋友“亲密的拥抱”，希望他能够帮助他们解除这个魔咒。

“亲密的拥抱”住在他们家的后花园里，住在一个非常可爱的小房子里，这个房子画满了彩虹的颜色，房子里有一扇门，只有通过魔法歌谣才能打开这扇门。

臭脾气男孩和坏脾气女孩清楚地说出了魔法歌谣：

乱套了乱套了，

老泥巴泡泡，

快点出来玩呀，

亲密的拥抱。

门打开了，“亲密的拥抱”从房子中开心地跳出来，见到了两个朋友。他紧紧地拥抱了他们。

两个小朋友告诉他，他们生活得不开心。于是“亲密的拥抱”教他们说咒语，以便解除这个魔咒：

吸气又呼气，
使劲地鼓使劲地吹，
用力跺脚再转个圈；
吸气又呼气，
使劲地鼓使劲地吹。

他们说着咒语，用力在地上跺脚，又转了个圈：

吸气又呼气，
使劲地鼓使劲地吹，
用力跺脚再转个圈；
吸气又呼气，
使劲地鼓使劲地吹。

然后，魔咒被解除啦，他们和“亲密的拥抱”开心地玩了起来。直到太阳落山，他们才回家吃晚饭。

## 水手男孩

这个故事来源于内罗毕的小学老师培训项目，旨在帮助一名8岁的男孩，这位男孩经常在教室里和校园里破坏东西。男孩所在的部落位于肯尼亚西部，他小时候是在维多利亚湖边长大的，因此他对捕鱼非常熟悉。

从前有一家渔民住在一个大湖的岸边。每天，爸爸都会出去捕鱼，而妈妈则留在家里照顾他们的房子和花园。他们家里只有一个小男孩。

多年来，男孩跟妈妈非常幸福地在家里生活，在花园和岸边玩耍。现在，这个男孩长大了，他觉得可以跟爸爸出海捕鱼了，但是爸爸告诉他，还需要再等几年才行。

每天，男孩都会看着爸爸去捕鱼，但是就是不带着他，于是他变得越来越生气。有一天晚上，当他的父母睡着之后，男孩蹑手蹑脚地来到了海边，在皎洁的月光之下，他开始破坏爸爸的渔船。首先他把渔网打了很多结，然后他发现了爸爸的鱼刀，“哦，哈哈！”他想到，“我可以用这个搞出更好玩的事情来！”他开始愤怒地戳爸爸的水壶，把它戳得到处都是窟窿，水从窟窿里不断地冒出来，流得船板上到处都是。然后他用刀戳船桨，并将船桨的把柄砍得伤痕累累。他用尽浑身的力气，想把这把刀弄坏。

正当男孩忙着砍啊戳啊的时候，突然一阵强风吹起来，顿时一个巨浪打到了岸边。巨浪掀起了小船，带着男孩飘到了湖中。男孩对此毫无办法，最后，他在船舱里面睡着了。此时，海浪在他的周围咆哮。

第二天天亮以后，天空非常晴朗。风停了，阳光闪闪。小男孩醒过来，朝四周望去，他发现自己和小船已经离海岸线非常遥远了。他非常口渴，但是船上的水壶已经空了，他找不到水喝。男孩也非常饥饿，他想，“或许我可以捕一条鱼来吃”。但是渔网被打了很多死结，根本没法捕鱼。男孩试图用船桨将船划到岸边去，可是船桨的把柄被他砍得到处都是疤痕，还没有划几下船桨就断了。离岸边还那么远，这把折断了的船桨还能有什么用呢？

后来男孩向船舱里看去，看到了他昨天晚上想要弄坏的那把刀。他把刀拾起来，然后高兴地看到，刀虽然被他弄弯了，但是并没有被弄坏。肯定是他还没来得及弄坏渔刀，就被巨浪冲进湖里了！

他发现自己可以将刀尖插进渔网上的那些结中，然后，他慢慢地将这些结解开了。很快，他就能用长长的渔网将断开的船桨绑起来，船桨又变得很结实了。

他双手划着修好的船桨，划了很长的路程，往家的方向划去。当他靠近岸边的时候，他看到爸爸和妈妈正在岸边等着他。爸爸在水中游了过来，并把船拖回到了浅水区。妈妈抱起男孩，将他带回家，并给他换上了暖和又干净的衣服。然后，妈妈给男孩一大碗燕麦粥吃，又给他喝热茶，最后，把他放进了暖暖的被窝里。爸爸妈妈看到他安全归来都非常开心。

男孩同样非常高兴，因为自己安全回到家了！头天晚上的事情就像一个噩梦，很快，伴着妈妈唱的催眠曲，他舒舒服服地睡着了，睡得非常沉。

## 长满刺的豪猪

这个故事的灵感来自于新加坡的小组工作坊。当时，WCNC 托儿所的老师们需要想出新颖的方法，帮助一位 3 岁半的孩子，她经常用手抓其他的小朋友。她的父母不想剪掉孩子的指甲。针对这种状况，老师们用这个故事成功地帮助了这个孩子，让她能够小心地使用自己的双手。

从前，豪猪和它的朋友们在森林里散步。那天天气晴朗，它们决定去河边野餐。

它们走在路上的时候，豪猪推开它的朋友们并冲到了前面，因为它想最先到达岸边。无论什么时候，无论它和朋友们去哪里，它都想最先到达。但是它不知道，当它推开每个朋友的时候，它手上的尖刺都会戳伤它们。

当豪猪冲到了前面，它就使劲儿地跑啊跑，一会儿就不见了。当它到达河边时，转过身找它的朋友们，但是没看见它们的身影。豪猪又返回森林，在路的这边看看，那边找找。最后，它终于找到了它们，它们正在灌木丛里采摘厚厚的、亮闪闪的叶子呢。

“你们在这里干什么呀？”它问朋友们。

“我们正在为你制作一件很特别的外衣呢。”它的朋友们回答说，“这样你的尖刺就再也不会戳伤我们了。”

朋友们把这件厚厚的叶子外衣穿在豪猪的身上，直到亮闪闪的绿色叶子盖住了它身上全部的尖刺。

然后，朋友们非常开心地来到了河边，它们坐在岸边，美美地享受了一顿丰盛的野餐。

## 用双手做好事的流浪小矮人

作者道恩·川特注：我的幼儿园中有一位5岁的男孩，他常常掐或者打其他的孩子，而且总是在乘人不备的时候这样做。最初我给他的双手擦“善良手霜”，但是没有奏效，于是我就写了这个故事。我每天给孩子们讲这个故事时，都会轮流让每个孩子扮演小矮人的角色。我有一只精致的水晶碗，碗中装满了水，这个小矮人需要在“善良之井”中洗手。有一天，这位5岁男孩问他可不可以当小矮人。碰巧他当时刚刚爬过松树，手上粘有褐色的东西，于是他就把自己的双手洗得干干净净的！讲过这个故事之后（我每天都讲这个故事，讲了有两周的时间），他就不再掐人和打人了。

从前，在很远很远的地方，有一个矮人国，他们的国王非常强壮、严厉，但也非常善良。这些勤劳的小矮人们也很强壮健康，他们都非常开心地为国王工作。

每天早晨，这群小矮人都会去轻轻触摸植物小苗的根，以便唤醒它们。然后他们开始挖土，为他们的国王寻找水晶。在他们结束了勤劳的工作以后，国王总是会让小矮人们吃到可口而又营养丰富的食物。他也会为他们的勤劳和忠诚而亲切地向他们致谢。

在这个王国里，一切都是那么美好，直到有一天，从另外一个王国来了一个小矮人。最初，大家都很欢迎他，因为他显得勤劳而善良。但是过了一段时间，他就变得越来越不友好了。每当要唤醒小苗的时候，他不是轻轻地触摸它们，而是使劲儿地拔它们，严重地伤害了这些苗。当小矮人们去挖水晶的时候，他会跟在他们后面，趁着别人不注意的时候，他就会推搡走在他前面的小矮人，将他们推倒在地。当那些善良的小矮人们找到水晶之后，他就会抢走水晶，因为他自己不想辛勤地劳动。

这些善良的小矮人实在是受够了，最后，他们决定再也不理这个小矮人了。

与此同时，这个小矮人也开始感到有些不对劲，可怕而奇怪的事情发生了——他的双手在发生变化，变得僵硬了！每当他拔植物伤害它们的时候，他那双柔软的双手都会变得越来越硬；每当他捏甲虫的时候，他的双手就会变得越来越硬；每次他推倒朋友时，他的双手就会变得越来越硬。甚至双手的颜色都变得非常可怕！日子一天天过去，他的双手变得越来越糟糕。最后，他找到了国王，说："这是怎么回事呀，这是怎么回事呀，快让它停止吧，求求你救救我吧！"

聪明的老国王沉默了一会儿，然后说："我可以帮助你，但是在我帮助你之前，你必须许诺，从今天开始，你会用你的双手去做好事。你必须发誓，你只用双手来做好事。""我发誓，我发誓"，小矮人说，"我应该怎么做呢？"

老国王告诉他："每天你必须去大山深处的水井，那儿坐着一位老奶奶；你必须请求她用善良之井的水洗干净你的双手。每天请求她给你洗手，直到你的双手又变得柔软，充满了善良和友好为止。"

于是，这个小矮人每天都去大山深处的那口水井旁，那个老奶奶每天也都会非常耐心而亲切地为小矮人洗手。老奶奶边给他洗手边唱着歌儿：

小小手儿真柔软，亲切善良有礼貌。

老奶奶将小矮人的手洗了很多天，每次洗时老奶奶都会唱：

小小手儿真柔软，亲切善良有礼貌。

刚开始的时候，小矮人觉得这完全是浪费时间：他的手仍然非常僵硬，颜色也非常可怕。但是随着时间慢慢过去，小矮人发现他的小手开始发生了变化；刚开始几乎觉察不到，但是现在双手不再那么僵硬了，颜色也发生了变化。小矮人能够感到他的双手充满了善良和友好，他真的感觉到了！

慢慢地，老奶奶为小矮人最后一次洗手的日子来临了。她非常庄重地擦干了小矮人的双手，然后用善良而老迈的双手握了握小矮人的双手，就跟小矮人告别了。

小矮人直接回到了国王那里，非常真诚地感谢他的帮助。“不用谢，”老国王说，“现在，你必须履行自己的承诺，只用你的双手去做好事。”

你知道吗，小矮人确实是这么做的！他从这个王国旅行到那个王国，随时随地都尽力帮助他人。而且无论他到了哪里，人们总是会讲起这个用双手做好事的流浪小矮人。

## 红色浆果和灵巧的松鼠

这个故事来自于新西兰惠灵顿的治疗性故事工作坊，劳拉·乌尔塔多·罗伯特写的。劳拉注释说：这个故事基于我帮助自闭症孩子的亲身经历，我在新西兰帮助这个孩子达八个月之久。

他当时10岁了，但是发育迟缓，看上去就像六七岁的样子。当时我在用沙包来帮助他练习投掷或者抓抢动作，或者将沙包在他身旁绕来绕去，做出各种不同的动作，但是，他完全学不会这些动作。他的手和手指只能做出他学来的“脏话”的手势，这种手势完全吸引住了他。经过了几堂课之后，他的妈妈对于他的举动感到非常难为情，就问我如何才能让他停止这样的行为。这就是我创作这个故事的缘由！在治疗过程中给他洗脚和按摩的时候，我会将这个故事给他讲两遍，他非常安静而细心地倾听着。当他听了几次这个故事之后，他带给我一张纸，上面写有他对如何正确使用自己双手的想法："我用我的双手给予、拍掌……"从那之后，消极的行为改变过来了！

这个故事帮助了这位男孩去爱护自己的双手，学会如何用它们去做积极的事情。而且，在他后来的绘画中，他画了一个有手的人！（而在这之前，他画的人都没有双手。）男孩爱上了这个故事，并记住了这个故事。他的妈妈也非常感激。

从前，有一只鸟妈妈和一只黄色的小鸟宝宝。它们住在篮子状的鸟窝里。这个鸟窝是用小树枝和树叶做成的，上面还铺有柔软的羽毛。这个舒服的鸟窝挂在一棵高高的橡树的顶上。它们非常幸福地住在这个鸟窝里面，小黄鸟跟着妈妈学习如何自己觅食，如何飞翔。

随着它一天天长大，小黄鸟已经能够敏捷地飞出鸟巢到森林中玩了。有一天鸟妈妈对它说："再过几天，我们就找不到食物了，冬天很快就要来了。我必须飞出去找些食物回来，但是这会花上好几天的时间。所以你可以在家附近玩，但是千万不要去那边的黑树丛里。"它将自己的鸟喙转向西方，"因为那个树丛非常茂密，你独自去到那里玩儿很危险。"

但是小黄鸟正忙着给自己梳妆打扮呢，没有看见妈妈指给它看的幽黑树丛。然后，它自豪地觉得自己已经独立了。明亮的阳光鼓励着它去探险，去觅食，并开心地在森林上空飞来飞去。它发现了一条小溪，在那里喝了些水，并看到泥土中有些小虫子。但是它说，"我必须去更远的地方看看"，然后它开始飞得更高更高。它兴奋得在天空中打着旋儿。后来，它突然意识到自己忘记了回家的路。

尽管阳光非常耀眼，它还是能够辨认出红红的浆果，想到可以大吃草莓，它的嘴巴就开始流口水了。阳光那么明亮，它没有发现，妈妈让它不要去的树丛其实又黑又深。怀着兴奋劲儿，这只小雏鸟想要采集更多的浆果，但是，有个巨大的网缠住了它的双脚和翅膀，它努力地想要挣开，却无法脱身。它陷入沉默之中，开始感到恐惧，它也想到了妈妈，想到了妈妈说的话："不要进入那片黑丛林……"但一切都太晚了，现在它只能使劲儿唱歌，大喊救命了。

它的声音很尖，它唱了许多次，期待妈妈恰好就在附近，能够听到它的求救声。碰巧，浆果丛附近有几颗胡桃树，因为冬天马上就要来了，有几只小松鼠正在树上采集坚果。其中一只小松鼠听到小鸟的叫声以后，决定去看看怎么回事。它蹦蹦跳跳地穿过树林，来到浆果树丛附近，发现这只小黄鸟被网缠住了。小松鼠说："别害怕，我来帮助你，我的手很有力量，我的爪子可以帮你解开这个网。你是怎么被罩进里面去的呢？"

小黄鸟说这是它第一次出行，它被这片红红的浆果林吸引住了。阳光太耀眼，它没有注意到这个网。小松鼠说："相信你的新朋友吧，不出几分钟，你就可以自由啦！"然后小松鼠又补充说："现在天快黑了，等到明天早晨太阳出来之后再回家吧。在胡桃树上有很多树洞，你可以在里面安安心心地睡个觉。"小黄鸟笑了，它的心儿又充满了欢乐，恢复了自信。它结交了一位新朋友，这个朋友有一双乐于助人的友好的双手。

乐于助人的双手可以做很多事情！如果我轻轻地温柔地挥动手指，我可以感受到不同的事情，比如妈妈的温柔，或者我可以友好地轻拍弟弟的肩膀。

如果我想用我的手做些好事，我可以用锤子等东西帮妈妈的忙，我甚至可以用手掌来揉面团。

是呀，我的双手，就像松鼠的手掌那样，是我的好朋友。我可以用它们来给予和接受礼物 / 帮助。我的双手是我的好朋友！

## 小小铅笔

梅勒妮·特纳创作了这个故事，她说：嗨，苏珊，我参加过你在莫鲁亚举办的工作坊。我们谈过我 5 岁的儿子比宾的事情。老师说他“字迹潦草”，他出于不满，就把铅笔折断了。当我的丈夫读到这个故事的时候，我解释说，故事里面的男孩实际上暗喻老师，里面的铅笔则暗喻我们的儿子，他听后流出了泪水。他记得自己小时候在学校中也经历过这样的事情：由于他的作品完成得不够好，老师就将它扔进了垃圾桶中！

我把这个故事交给了比宾的老师，让他在班上讲给孩子们听。我告诉老师不要让儿子知道是我写的，这样他就不会知道这是在写他。第二天，当我帮助比宾做家庭作业时，他讲起了他做的作业，“妈咪，我刚写了一个很漂亮的‘A’。”我说，“太好了，看来你和你的铅笔成了非常好的朋友。”然后他就给我讲起老师在课堂上讲的小男孩与铅笔的故事，并且给我讲到了故事中的歌儿，并努力地回想歌词。我说：“哦，听上去真是一个很好的故事，我想我应该将它记下来，这样我就可以在家里讲给你听。”

后来我将这个故事和它的效果告诉了其他老师，结果她们也要这个故事的文本，讲给二年级的学生们听。我感到非常自豪！像这样“躲在幕后”创作真是太有意思了，令人振奋和满足。

从前，有一支小小铅笔，他住在学前班的教室里面。小小铅笔很爱呆在教室里面，因为老师们总是会讲故事，而听故事是小小铅笔最喜爱的事情了。

小小铅笔梦想着将来能创作一个自己的故事，一个充满冒险并具有神秘感的美妙故事，就像它最爱听的故事一样。

等到学前班的孩子们开始学习书写字母的时候，这样的机会来了。小铅笔实在是太兴奋了，因为它知道这是学习创作故事的第一步。班级中的每个孩子都分到了铅笔罐中的一支铅笔。小小铅笔被分给了班上的一个男孩。这个男孩正在学习如何写字，他学起东西来非常迅速，已经学会了如何读字母，实际上他总是喜欢非常迅速地完成所有的事情，但是，这个男孩并不知道，学习书写字母需要花很长的时间来练习。

这个男孩拿出小小铅笔，紧紧地握在手中。他以最快的速度在作业纸上写完了字母。但是当老师检查完孩子们的作业以后，她看到小小铅笔写出来的作业字迹潦草。因为小男孩对小小铅笔催促得太紧太急，在这种情况下，小小铅笔只能写出很潦草的字迹。

于是男孩必须在作业本上重新完成作业。他对小小铅笔非常生气。因为他必须重写，这样，他在班上就不能最先完成作业了，也就是说，他不能最先去玩接下来的游戏了。“这次，”男孩想到，“我必须催促这只铅笔，让它听从我的指挥。”他猛地抓过小小铅笔，更紧迫地让它在纸上工作，但是，小小铅笔不喜欢受到强迫，也不喜欢被那样使劲儿抓着，于是，它只好在纸上乱画，于是男孩越发逼迫它，让它更快更努力地工作，直到小小铅笔终于忍无可忍，断成了两截。

老师很不高兴！当孩子们去吃午餐的时候，她拿走了折成两段的铅笔。其中一截还可以用，老师把这截铅笔削好，将它放到了铅笔罐里。

那天晚上，当孩子们回家睡觉之后，小小铅笔感到非常伤心。它只想创作一个关于自己的故事，充满了冒险和神秘，但它的梦想并没有实现。它应该怎么办呢，怎样才能让小男孩明白他需要温柔地引导小小铅笔，而不是使劲儿地按着它或催促它呢？怎样才能让男孩知道，为了写出漂亮的字母，它需要更多的时间在纸上滑动呢？

小小铅笔想出了一个主意。它从铅笔罐里跳出来，跳到了一张四四方方的纸上，用工整好看的字体写下了一首歌：

用你的小手轻轻握着我，
我会在纸上轻轻地降落，
温柔地在纸上将我来引导，
就像在舞台上看我把舞跳，
带着我慢慢跳，轻轻跳，
看着我跳舞静悄悄，
跳出圆圆的圈，直直的线条，
你会写出字母来真美好！

第二天早晨，当孩子们来到教室时，发现这个男孩的课桌上有一张小纸条，正是小小铅笔昨晚写的。男孩读到了那首歌，马上就明白过来，原来这是小小铅笔送来的消息。字条上的字写得那么整洁而优美，男孩将这张纸条放进了自己的书包里，因为他想把它带回家，并把它挂起来，这样他就总能看到它。等到要练习写字的时候，他就知道自己该怎样做了。

男孩花了很长时间，才学会按照歌中所说的方法握住小小铅笔，但是因为男孩温柔地对待小小铅笔，并给了它足够的时间，他们很快就成为了最好的朋友。男孩每逢写字需要帮助的时候，他就会轻声地对自己唱这首歌儿。在小小铅笔的帮助下，男孩能够写出非常工整好看的字母了，就像歌中那样。最后，男孩和小小铅笔写了一个充满冒险和神秘感的美妙故事……但是，那是另外一个故事了！

## 大象的鼻子

这个故事的灵感来自于悉尼的工作坊，是为了帮助一个5岁男孩而创作的。这个男孩老是用手打人。大象是这个男孩最喜欢的动物。在讲述这个故事时，最好能够用木偶戏的方式将它表演出来，道具可以选用玩具大象，这样能够让“营救”——用象群的鼻子和尾巴做成绳子——的场景产生视觉上的逼真感。

也可以将这个故事中的主要角色变为猴子，并以猴子家庭为背景来展开，故事的效果也会很好，因为猴子的手臂和尾巴也可以做成“营救”的绳子。

从前有一只大象名叫坦博，它在象群里力气最大。但是它总是用有力的鼻子横冲直撞。它会抽打树木，撞击在路上遇到的任何小动物。由于它整天都这样横冲直撞，它的兄弟姐妹们都离它远远的。甚至连那些落在象背上的鹤嘴锄（ox-pecker）也离它远远的。它们不知道坦博会用它的大鼻子做什么。

坦博在做这些坏事的时候，它还会大声喊叫，以便所有的动物都能听见它的声音：

噼噼啪，噼噼啪，
我的鼻子好强壮，
谁都怕我噼噼啪！

年老的大象奶奶不断地提醒坦博要小心行事。“可以用你的鼻子来帮助别人，而不是伤害别人。”她告诉这位年轻又鲁莽的孙儿。

但是坦博并不将大象奶奶的话放在心上。它继续横冲直撞，跟象群在一起的时候也会大声喊叫：

噼噼啪，噼噼啪，
我的鼻子好强壮，
谁都怕我噼噼啪！

有一天，在寻找新水源的路上，象群来到了布满岩石的峡谷中。大象奶奶缓慢而小心翼翼地带着大家经过瀑布，沿着悬崖峭壁向前走。坦博和其他小象跟在它的身后，但是坦博忙于用鼻子抽打它的兄弟，不小心绊了一脚，跌倒在瀑布的最高处。然后，它的肚皮就开始贴着湿滑的岩石不断向下滑，向下滑，最后滑落到了下面的深潭中。

现在，坦博独自待在瀑布底下，这让它感到非常害怕。它不断地用鼻子在四周抽来抽去，努力想要站出来，但是岩石实在是太滑了。无论它用多大的力气，都无济于事：

噼噼啪，噼噼啪，

我的鼻子好强壮，

谁都怕我噼噼啪！

同时，在悬崖的最高处，大象奶奶已经开始想办法营救坦博了。它的象鼻子大大地派上了用场。它用鼻子紧紧地卷着坦博的兄弟的尾巴，然后把它慢慢地放到了悬崖下面。当它的兄弟被放到潭水边时，它伸出自己的鼻子，够到了坦博的尾巴。慢慢地，慢慢地，坦博发现自己被拽出了深潭。然后慢慢地，慢慢地，它又被倒拉到悬崖峭壁上。

慢慢地，慢慢地，大象奶奶强壮的长鼻子和坦博兄弟强壮的小鼻子将坦博拉到安全的地方。大象们的鼻子和尾巴成为了营救它的绳索。坦博简直不敢相信发生的一切！

从那天开始，坦博知道了，它不应该像从前那样使用自己的鼻子。现在，它走路的时候，开始唱新的歌儿：

举东西，托东西，

抓东西，拉东西，

我的鼻子真厉害！

我能举，我能托，

我能抓，也能拉，

每天我都很厉害！

唱着这首新歌，坦博发现了使用鼻子的新方式。现在，它可以用自己的鼻子做好多事了：它可以够到很高的地方，把美味的树枝拉下来吃；也可以把挡在路中的大原木移开，以便那些小象宝宝能更顺利地通过并跟上它们的妈妈；当它走在河中时，可以用鼻子吸水并把水喷在后背上。

有时候，为了好玩，坦博和兄弟姐妹们就会把尾巴和鼻子连接起来，排成长长的直线往前走。

如果你去非洲丛林中旅行，并看到大象们这样使用自己的鼻子，那么，这兴许就是坦博，它正在和家人排成长长的队伍向前走呢。

## “故事骨架”——骑士、龙和公主

### 骑士和龙

这个故事来源于霍巴特的工作坊，是为一个 10 岁的男孩创作的，他总是发脾气，并乱扔 / 毁坏东西。现在我们将这个故事“骨架”介绍在这里，以便读者对它进行加工。这些“骨架”非常有价值，可以在它的基础上创作“探险”故事，乃至于创作具有多个章节的故事书。

两位强壮的骑士出门旅行，但是，他俩在路上总是在不断地争吵谁是最棒的骑士。他们比赛谁能将剑扔得最远（结果他俩的剑都不见了）；他们又比赛谁的马跑得最快（结果两个人的马在比赛以后都没有回来）；他们又比赛谁的盾牌最结实（将绝壁上的石头砸到盾牌上，结果两个人的盾牌都被砸坏了）。

就这样，两个骑士没有了剑，没有了马，也没有了盾牌。他俩来到了河边，弯腰喝水，两个人从水中的倒影中看到，自己的身后各自站着一条龙。但是当他们站起来四下张望的时候，龙却不见了（注：龙象征着他们的暴躁与愤怒，它只会在倒影中出现）。

骑士们开始踏上了回家的漫长旅程。在路上，他们需要去寻找食物和庇护所。当其中一个人腿疼的时候，另一个人就扶着他走路；一个人生病了，另一个人就去寻找药草来治愈他。最后，他们回到了国王的城堡。当他们经过城堡的护城河时，他们站在桥上往水中看去，发现倒影中已经没有了龙的踪影。

### 公主与河

这个故事来源于内罗毕的工作坊，是为一个经常打兄弟姐妹的5岁女孩创作的。我们将故事的“骨架”介绍在这里，以便读者来充实它，将它加工成为一个完整的故事。

故事说的是一位公主，她住在河流附近，她的小妹妹也是个公主，住在河的对面。妹妹总是向她招手，喊她过去一起玩儿。但是这条河非常深，水流也很湍急。公主试图骑马过去，马儿感觉到危险，不乐意跳进河中。然而公主非常想穿过这条河，于是她就抽打那匹马，马就暴跳起来，不再往前走。公主这样试过很多次，但这匹马每次都不肯过河。

最后，一只聪明的猴子告诉公主：“小公主，当你骑马过河的时候，低头看看水中，河水会告诉你怎么过河。”于是公主采纳了猴子的建议，骑到了马背上，当进入河中的时候，她低头去看河水，惊讶地看到了自己的双手正在鞭打马儿。于是这次她用手抓住缰绳，轻拍马背，慢慢地引导着马儿，终于过了河。当她到达对岸后，她跟自己的妹妹开心地玩儿了一整天。从此之后，两位公主每天都可以共同玩耍，因为姐姐已经学会如何渡过那条又深又险的河流了。

# 第四章
# 担忧 / 不安 / 害怕

## 影子巨人

“贪婪是我的把戏，权力是我的外号”……这个故事是为那些经历过洪水、森林火灾、海啸、地震以及人为灾害的孩子们创作的。

多年以来，创作治疗性故事的工作让我去过很多国家，在旅行过程中，越来越多的人请求我为“全球危机”创作治疗性故事，这些人来自非洲、亚洲、英国、美国等各个地方。在创作这个故事以前，海地和新西兰发生了地震，墨西哥海湾发生了石油泄露事件，澳大利亚发生了洪水和火灾，日本发生了海啸及核灾难。人们越来越关注化学污染和食物紧缺，发展中国家尤其如此。我希望运用丰富的想象力，向小学和中学的孩子们讲述这个故事，促进他们讨论和思考。一位澳大利亚的环保主义者认为这个故事的内容“简单却深刻”。

以前（但不是很久以前），地球上曾经生活着一只极其强壮、庞大又深具破坏力的怪物。

非常神秘的是，没有人见到过这个巨人，但是，当这个巨人在地球上走动时，许多人都感觉到了它巨大的阴影，因为它所到之处，什么都会被破坏掉。因此人们称它为“影子巨人”。

这个巨人始终非常忙碌，从白天到晚上，从晚上到白天，它在世界上来回穿梭，把它巨大的阴影留给了大地、海洋和天空……地面上出现了深深的黑色裂缝，黑色的海浪和岸边的泥沙吞噬了万物，溪谷和高山都被烧得焦黑一片，浓浓的雾霾笼罩着一切。

没有人知道这个影子巨人从哪里来，也不知道它到底住在哪里，也没有人知道它会在何时何地再次运用它那可怕的力量。

每样东西都遭受到这个巨人的破坏，世界上的人、陆地上的动物或海洋里的生物都是如此。万物都无法幸免于难。即便天空中的鸟儿常常飞得很快，能够逃脱它的魔掌，但它们也慢慢地受到了天空中无所不在的黑色雾霾的伤害。

天国女王住在云端之上的高高的银色宫殿里，她从她的信使，也就是小鸟那里，听说了这些可怕的事情。她越来越担心这个影子巨人和它对地球所做的这些坏事。她发出邀请，召集全世界的所有鸟儿召开一次会议。

开会的当天，女王坐在她的银色宝座上。她穿着光滑的彩虹衣裳，光彩照人。她的四周围绕着许多鸟儿：它们来自世界各地，颜色、形状和大小各不相同，有些鸟儿来自陆地，有些则来自海洋，有些鸟儿在白天里飞翔，还有些则在夜间飞翔。

女王耐心而又专注地聆听着每只鸟儿的发言，这些鸟儿都亲眼目睹过影子巨人造成的各种破坏。当所有鸟儿都讲完之后，女王开始说话了：

“肯定有办法可以打败这个统治地球的黑暗势力。每个敌人都有它的缺陷！鸟儿们，请回去吧，努力找找这个影子巨人生活在什么地方，这样你们就可以发现它的缺陷。然后以最快的速度向我报告……我们不能错失时机！”

于是这些鸟儿就回到了各自的家中，充满警惕地观察着这个巨人破坏时留下的踪迹，试图追踪到它生活的地方。一天一天，一周一周，一月一月，时间就这样过去了。

鸟儿们这样寻找了几乎一年，直到有一天，一只猫头鹰找到了女王想要的答案。它飞入非常深的山洞里，想要找些吃的，然后，它沿着隧道进入一个非常大的岩石洞里。

在这个洞里面，有一个巨大的、黑色的、正在低声咕哝着的模糊身影。它没有具体的形状，实际上，每当它发出声音的时候，它的大小和形状都会发生变化。有时候它就像一只触须众多的巨大乌贼，几乎填满了整个巨洞，其他时候，它又会变成像熊的可怕身影，并在岩洞里面恼怒地用力跺脚。

猫头鹰躲在岩洞中的角落里，远远地注视并倾听着全部的动静，它天生就擅长做这种事情。过了一会儿，这个巨人开始重复发出咕噜声：

不管你是谁，
无论是什么，
大大小小我都要吞掉，
贪婪是我的把戏，
权力是我的外号。

最后，这头可怕的黑暗生物把自己蜷缩成了巨大的球形，倒下睡着了。

猫头鹰不动声色地迅速飞出这个幽深的山洞，然后它开始长途跋涉，飞到了天国女王的宫殿。当它越飞越高的时候，它不断地唱着巨人的那首歌，这样它就不会忘记了。

不管你是谁，
无论是什么，
大大小小我都要吞掉，
贪婪是我的把戏，
权力是我的外号。

当天国女王听到猫头鹰讲述的这个故事以后，她确信，猫头鹰已经找到了影子巨人的家。当她听到巨人唱过的这首歌之时，她马上意识到了巨人的缺陷：这个影子巨人只关心它自己——它只想让自己获得权力！

于是女王召集来所有的信使。“飞到世界各地去，将下面这个信息唱给所有的人听。如果它们团结一致，彼此关爱，那么，它们肯定可以慢慢地打败这个伤害地球的黑暗影子。”这个信息就是：

爱的力量，团结的力量，可以打败自私的巨人！

世界各地的鸟儿，各种颜色、形状和大小的鸟儿，陆地和海洋的鸟儿，以及白天飞翔和夜晚飞翔的鸟儿，都开始飞向四面八方。它们飞翔的时候，就唱着天国女王要它们捎给地球的信息。

直到今天为止，鸟儿们依然在唱着这首歌。有时候它们甚至会洒下自己

的羽毛，让它们轻轻地飘到地面上。当人们发现这些美丽的羽毛落在地上、花园里、街道上、森林中、海边……他们就知道，这正是送给他们的信息。他们会捡起这个羽毛，惊讶于它们的形状和美丽，然后想起来，这是天国女王送来的信息。

爱的力量，团结的力量！

鸟儿们所唱的这首歌中的智慧，正在缓慢而确定无疑地发生着作用，帮助人们去战胜影子巨人的黑暗力量。

## 玫瑰与刺

这个故事是苏珊·佩罗为挪威的孩子们创作的，并得到了挪威阿伦达尔市的埃尔德比约格和迪特尔·保尔森的帮助（请参考第一章中讲到情节张力时提到的背景内容）

很久之前，曾经有一位王子和公主，他们住在一个城堡里面，城堡四周是美丽的花园。在这个花园中盛开着各种各样的花儿，其中最漂亮的要数玫瑰丛了。这丛玫瑰和其他的花非常不同——它有一朵非常美丽的红色玫瑰，这朵玫瑰从来不会凋谢。而且它有非常光滑的绿色茎干和枝条，没有一根刺儿。

四面八方的人们都赶来欣赏这朵奇葩……一只没有刺的玫瑰花，而且从来不会凋谢！每天王子和公主都会经过这个花园，停下来感谢这朵奇妙而美丽的玫瑰。

然而，在这丛玫瑰的最深处，在茎干的最底部，藏着一根尖尖的长刺，正在迫不及待地想要长出来。这根刺在玫瑰丛中已经长了很长时间，慢慢地，慢慢地，它开始往上生长。当它从绿色茎干中往上生长时，它碰到了木质的树皮，这些树皮太硬了，这根刺很难穿透它们。

然而有一天，这根尖尖的长刺长到了玫瑰丛的顶端，在这里，那朵芬芳的红玫瑰正在阳光下摇曳绽放。这可是这根刺最容易钻出来的地方！于是它从红玫瑰的花心不偏不倚地穿出来，出现在光天化日之下！

当这根刺从红玫瑰的心房钻出来时，所有的花瓣都开始颤动并凋谢在地。当王子和公主又来到花园时，他们惊呆了！他们那朵最美丽的红玫瑰死去了，所有的花瓣都凋谢了，玫瑰的枝干和茎也都枯萎了。在午后的阳光中，留下的只有那根银色的刺，它高高地指向天空。

王子和公主很快叫来了园丁，把这株玫瑰从泥土中挖出来。然后，他们回到城堡去哀悼这朵凋谢的美丽红玫瑰。那个晚上，浓浓的雾霾笼罩着花园。

然而，第二天早上，雾霾消失了，天空变得非常明净。当王子和公主从窗子里往外看时，他们看到了最奇妙的景象：在玫瑰花瓣凋谢的地方，新的玫瑰长起来了，它们长得又高又壮，上面开满了红色的玫瑰花苞。

当太阳升上天空，每朵红玫瑰都在阳光中绽开了它们的花瓣。各种各样的玫瑰都有，它们散发出不同的香味，颜色也各不相同，有黄色、橙色、蓝色、紫色、粉红色、红色和白色等等。于是，王子和公主走入了花园，他们的心中充满了快乐和希望。人们也从四面八方赶来，感谢这些奇妙而美丽的玫瑰。

## 蚂蚁与风暴

在2008年，四川成都发生了里氏8.0级大地震。成都华德福学校的楼房受损非常严重，幸好没有成人或者孩子在地震中受伤。学校关闭了很长时间，许多家庭在校园中搭起了帐篷，直到他们修缮好自己的家园为止。幼儿园的孩子们及时地从教室中疏散出来，但是他们目睹了墙壁的倒塌，感受到了大地的晃动。在成都华德福学校的故事讲述课程中，我鼓励教师们完善下面的故事，以便帮助年幼的孩子理解和应对创伤性事件。学校操场中央有个水池，年幼的孩子们非常喜欢在这里玩耍，并在池边寻找昆虫和鸟儿。教师们在故事里用到了这个意象。他们觉得，如果用简单的木偶戏将这个故事表现出来，会有助于缓解孩子们对地震的焦虑。

从前，有很多蚂蚁居住在池塘附近长满小草的房子里。这个池塘周围种着许多柳树，小蚂蚁们在垂柳的树叶之间来回玩耍，柳树也给蚂蚁的家带来了荫凉。蚂蚁们在这个地方生活得非常开心。

有一天，山谷里突然来了一场大风暴，大风吹进了草房子的大门和窗子。风实在太大了，吹得大地都在颤抖，蚂蚁们全部的房子都顷刻之间倒坍在地上！

幸运的是，蚂蚁妈妈事先得知了风暴来临的消息，它及时带领所有的孩子们从房子里面爬出来，来到水池旁边。好心的垂柳把许多叶子小船放到了水面上，距离池边很近。蚂蚁们一个挨一个地爬到了叶子船上，在水面上漂浮着。蚂蚁妈妈们为孩子们唱着催眠曲，它们整晚都非常安全地待在叶子船上。

第二天早上，它们醒来的时候，风和雨都停了，地面也不再颤抖，太阳闪着光芒。叶子船飘到了水池边，蚂蚁们爬上了地面。然后，蚂蚁妈妈们带领大家开始忙碌地重建家园。

很快，一切都恢复了以前的样子。蚂蚁宝宝们又开始在柳叶之间来回玩耍，柳树又重新给它们小小的新房子带来了树荫。蚂蚁们在这个地方生活得非常开心。

## 闪闪发光的河

2011年1月，布鲁斯班发生了一场非常大的洪灾，在此期间，我写下了这个故事，以便为昆士兰州的灾后重建工作尽上绵薄之力。教育部的教学与学习分部将这个故事作为材料，发布到洪水之后开通的博客上。ABC布鲁斯班网络的播音员说，她6岁的女儿在经历了洪水之后，好几个月里都不想喝水，因为她觉得“水很坏”……于是我把这个故事发邮件给她。后来她回复我说，她给女儿讲了这个故事，并说“这个故事疗愈了孩子”！

这个故事在改编以后被翻译成了若干菲律宾语言——塔加路族语和米沙鄢族语——然后，菲律宾南部社区将它讲给每次雨季都会遇到洪水的孩子们听。

从前有个镇子，坐落在蜿蜒狭长的河流的岸边。居住在镇子上的人们非常爱这条河。河水在阳光下闪闪发光，许多船儿慢悠悠地在河上划来划去，自行车和汽车在岸上自由穿行，孩子们在岸边的公园里自由地玩耍。到了晚上，月亮、星星和镇子上的灯光都倒映在河水中，呈现出一种银河般的静谧。

居住在镇上的人们非常自豪，因为这条河日夜都在闪闪发光。

每年的某个特殊时期，由于下雨，这条河的颜色会变深，水位上涨，水流也变得急促。但是当雨停下来的时候，河水就会平静下来，变成从前的样子，清澈而又闪闪发光。

然而，有一个星期，下了很大的暴雨，河水越涨越高，漫过了河堤，涌进了镇子。褐色的泥水冲进了房子、商店和学校，许多人从自己家里跑出来，在市政府的大厅里面并排铺下许多床，睡在那里。

当雨停下来之后，太阳又出来了。褐色的河水慢慢地从房子、商店和学校中退去，然后再慢慢地从街道上退去，回到了河中，最后流到了海洋里。当褐色的泥水退下去以后，到处都是淤泥。人们花了好多的时间和精力，才清理掉这些淤泥。过了很长时间，河水才慢慢地恢复到原来的颜色，再次变得闪闪发光。

然而，当褐色的河水冲进来的时候，小镇上的人们发现了另外一种光芒。那就是好心的陌生人眼神中闪耀出来的光芒。这种光芒来自于这个地方和许多遥远地方的人们伸出的援助之手。

这种光给镇子上的人们带来了更多的希望。人们带着这束光度过了充满泥泞的那些岁月。

他们带着这些光，直到这条河再次在阳光下光芒闪闪。

他们带着这些光，直到月亮和星星以及街道上的灯将河水映射出银河般的静谧。

## 金色的笛子

**这个故事的灵感来自于内罗毕工作坊中的讨论，当时，有个7岁的男孩**

刚刚参观了鳄鱼农场，此后他就不敢在晚上入睡（在此之前他从来不会害怕晚上睡觉）。

从前，有个非常快乐的男孩，他名叫祖罗，整天喜欢在花园里玩耍。他最喜欢的就是那个有很多金鱼的大池塘，每天他都会在池塘边待几个小时，观看这些金鱼游来游去。

但是有一天，一只大鳄鱼游进了大池塘，吓走了所有的金鱼。祖罗看到以后非常惊讶，也非常害怕。他飞快地跑回家，告诉家人发生的事情。祖罗的爸爸找来了会捉鳄鱼的人，把鳄鱼抓住，并将鳄鱼送回它原来生活的大河里。但是从此之后，祖罗再也不敢出去了，再也没有看到过金鱼们。

有一天，祖罗的爷爷来看他，想带着他去花园玩儿，但是祖罗不肯去。于是爷爷走到了大池塘边，拿出他的金色笛子吹奏起来。当他吹笛子的时候，祖罗在窗子旁边偷偷地向外看。爷爷吹得太好听了，当笛声响起来的时候，金鱼们立刻浮出水面，开始在池塘中欢快地游来游去。

祖罗飞快地从房间里跑出来，来到爷爷身边。看到金鱼之后，他是那样快乐！从那天开始，爷爷开始教他吹笛子，祖罗从此知道，他也有办法让金鱼出来跳舞了！

## 星星孩的旅行

这个故事创作于 1986 年，在每个学年开始的前几周，我会将它讲给学前班的孩子们听。25 年后的今天，老师们依然在讲这个故事（经常通过简单的木偶戏表演出来），因为这个故事能够舒缓孩子们的焦虑情绪。经常有家长说，孩子们在回家以后会给他们讲这个故事，并渴望回到学校，反复看这个木偶戏。许多父母也经常把这个故事作为睡前故事讲给孩子们听，让他们在睡觉时不做噩梦。这个故事适合于3~5岁的孩子。

从前，有个星星孩住在星星的天国中。他爸爸是伟大的太阳国王，妈妈是月亮王后。小星星孩整天会和他的星星哥哥和星星姐姐一起玩儿，生活得非常快乐。

但是偶尔，星星孩会在天国中看到下面的世界：他可以看到山川和河流、森林、海岸以及海洋，那里有许多未知的东西等待着他去探索。他会经常想："如果我能够去那个美丽的地方旅行，那该多好呀！"但是每次他问爸爸妈妈的时候，他们总是说："亲爱的孩子，现在还不是时候。你现在还太小，不能自己去旅行。"

有一天，爸爸妈妈把他叫到跟前说："是时候啦，亲爱的宝贝，现在你已经长大了，可以独自旅行了。我们有个礼物要给你，它在旅途中可以帮助你。"

月亮妈妈给了他一个圆圆的月亮船，在旅行的时候，小星星孩可以坐在里面，晚上可以躺在里面睡觉。他的爸爸，伟大的太阳国王，给了小星星孩一块金色的帆，这个帆是用太阳发出的光芒做的。"这是个太阳帆，"爸爸说，"它会保护你，即使在风暴中和最黑的夜晚。"

然后，星星孩跟爸爸妈妈道别，他爬到了这只带着金帆的月亮船上。然后穿越星空，追随着阳光的光束，滑向下面蓝色的水域。

**划呀划，划着我的小小船，带着我划过星空，**

随着金色的阳光，划呀划，划着我的小小船。

当他的小船划到了天空与大海交汇的地方，黎明公主正在那里等着他，她张开双臂接过他的小船，然后轻轻地放入蓝色的波浪中。

划呀划，划着小船在水中，划呀划，划着我的小小船。

经过了许多白天和黑夜，金色的帆指引着方向，月亮船轻轻晃着伴他入眠，黎明公主每天也都会迎接他。

终于，星星孩来到了一个小岛上。他将小船停靠在长长的海边，这里有金色的沙滩，还有很多石头围起来的小池塘和成荫的绿树。

星星孩将小船留在池塘中，然后沿着沙滩向前走。没走多远，他又遇见了一个小池塘，水面上漂着一枚粉白色的大贝壳，贝壳里面坐着许多小小的孩子，长得和他一模一样。

“哈罗，你好！”孩子们非常热情地欢迎他，“我们正在海螺船上玩呢，你愿意跟我们一起玩吗？”于是，星星孩愉快地接受了邀请，他爬到了海螺船上，跟他的新朋友开始了新的探险。

## 海贝的歌

这个故事是由苏珊·佩罗和菲利帕教会为澳大利亚东海岸孩子们的深冬庆典而创作的。这个故事捕捉到了下面这个自然现象：每年的冬天，许多鲸鱼都会经过东海岸游往北方，在温暖的海水中产下幼鲸。这个故事适用于

**4~8 岁的焦虑不安的孩子，可以作为睡前故事讲给他们听。故事中还有一首温柔的催眠曲。**

很久以前，有许多鲸鱼生活在世界上最冷的海洋，海面上到处漂浮着厚厚的冰，成群的企鹅蜷缩在一起相互取暖，海狮们把自己包裹在兽皮中躲避寒冷的大风雪。

恰好在这个时节，鲸鱼妈妈们的身体越来越胖，越来越大，它们马上就要生宝宝了，它们需要找到温暖的水域来生下宝宝们，并让宝宝们在那里玩耍，安全又暖和。但是鲸鱼们不知道怎样才能在这片冰冷的海洋里找到温暖的地方，于是它们决定去拜访智慧的海洋国王，寻求他的帮助。

它们往下不断地游啊游，鲸鱼们通常都不会游得这么深，但是这次它们不断往深海中游，游到了海洋最深、最黑的地方，最后来到了海洋国王的宫殿。在这里，它们找到了国王，他正坐在王座上，珍珠做的王冠戴在他海草般的蓬松头发上。

“我可以帮助你们找到温暖的海水，”老国王说，“但首先我需要你们的帮助。你们看到我宫殿顶上的那盏灯笼了吗？它的灯光越来越暗，需要更多的金光。你们可以把这盏灯带到海面上吗，只有你们鲸鱼可以到达那里。你们把这盏灯充满金色的阳光，这样它就能重新变得非常明亮，在漫长的冬夜照亮我的宫殿。”

鲸鱼们同意了老国王的请求，它们开始将这盏大灯拉下来，这盏灯由巨大的贝壳做成，上面还镶有珍珠做的窗子。鲸鱼们开始飞快地往上游啊游，直到游到水天交接的地方。在那里，在巨大的冰块之间，它们看见，夏天留下的最后那束阳光仍然在和海浪跳舞，于是，它们逮住了这束阳光，将它放入灯笼里面。

当最后这束阳光消失以后，海洋和天空开始变得越来越黑，但是，在这盏灯光的指引下，鲸鱼们找到了返回宫殿的那条路。它们不断地往深处游啊游，身后拖着这盏巨大的灯笼。老国王非常高兴地迎接它们，也非常高兴自己的宫殿里再次闪耀着这么明亮的金光。

“好了，现在该我帮助你们了。”他说着，慢慢地走到他的百宝箱前，拿出一枚闪闪发光的白色贝壳。“这是一个神奇的海贝，它会带着你们找到要去的地方。你们只要照着它唱的魔法歌儿去做就行了。”

于是海洋国王把这只海贝放入宫殿外涌动的海水中。海贝逐渐向上浮起，越来越远。鲸鱼们使劲地听着，它们听到了一首温柔的歌声：

跟着魔法贝壳走呀，
听它唱温柔的歌吧，
带着鲸鱼们往前游呀，
找到温暖的水啊，
听它唱温柔的歌吧。

鲸鱼们谢别了海洋国王，跟着这个充满魔力的贝壳往前游啊游，沿路都倾听着它温柔的歌声。海贝漂到了冰冷的海面上，转身向北漂去。它在大海中游了许多个日日夜夜，始终都唱着这首歌儿。鲸鱼们排成笔直的队伍，跟在贝壳的身后向前游，向北，再向北，经过了许多海滩、礁石密布的陆地和灯塔。

他们跟随着魔法海贝的歌声，游过了许多个日日夜夜，将冰冷的海水远远地抛在后面。现在，海水变得越来越暖了……直到有一天，海贝漂到一片美丽而温暖的海湾，这里的海水那么蓝，那么清澈，金色的阳光可以照耀到海底闪光的沙子。

游入这个温暖清澈的海湾以后，鲸鱼们立刻知道，它们可以在这里生下宝宝，并让宝宝们在这里玩耍，安全又暖和。

魔法贝壳的工作已经完成了，它把自己埋到了海底闪光的沙子里。在漫长而漆黑的冬夜结束的时候，老国王查看他的百宝箱，发现那里躺着一枚白色的魔法贝壳，正在轻轻唱着新的歌儿……

## 蜜蜂

作者塞尔维亚·娜迦吉注：这个故事是写给一位4岁半的小女孩的，她的朋友们离开了我们的幼儿园和肯尼亚。这些朋友们和这个女孩以前都住在同一条街道上，从她1岁半开始，朋友们就和她在这个幼儿园中上学。她是家里的独生女，这些孩子们就像她的兄弟姐妹。她的妈妈说，在朋友们离开以后，孩子有时夜里睡不着觉，或者会哭着醒来，问妈妈为什么朋友们都搬走了，是不是只有她被留在了这条街道和幼儿园中。她也想到其他国家去。

讲过这个故事几周以后，这位妈妈回来说因为这个蜜蜂故事的帮助，现在孩子睡得踏实多了；虽然她的朋友们都走了，她依然很难过，但是她现在盼望着新朋友的到来。确实，这个街区很快来了一个新朋友，并加入到了这个幼儿园，她们很快成了好朋友。我记得听到这个女孩说“许多蜜蜂飞走了，现在这个蜂房里有了一只新的蜜蜂！”后来，当孩子们离开幼儿园时，我们就讲这个故事和他们道别；它帮助了那些留下的孩子们，也帮助了那些离开的孩子们。

从前，在很远很远的地方，有个非常特别的蜂巢。蜜蜂们住在那里，每天从全世界各个地方采花蜜，来酿造整个世界上最甘甜的蜂蜜。

每天早晨，蜜蜂们醒来以后，就会一起飞到花园里，在花丛里寻找最甘甜的花蜜。蜜蜂们从容地飞到花园中的每朵花儿面前，无论花儿有多大，它们都不嫌弃它。

我们是忙碌的小蜜蜂，我们忙着酿蜂蜜，
我们忙着采花粉，在阳光灿烂的日子里。

蜜蜂们的小胳膊上沾满了花粉和花蜜，当花粉太重了的时候，它们就会飞回这个特别的蜂巢，把胳膊上的花粉刮下来。它们一起唱着蜜蜂的歌，一起搅拌、混合，直到这些花粉和花蜜变成了世界上最甘甜的金黄色食品。

而每当有蜜蜂受伤或者生病不得不待在家里的时候，其他小蜜蜂也会抽些时间在蜂巢里照顾它们。

因为制作出了甘甜的金黄色蜂蜜，这个特别的蜂巢变得非常出名。世界上其他地方的蜜蜂们听说了这个特别的蜂巢以后，也想酿造出这样甘甜的金黄色蜂蜜。它们该怎么办呢？

美丽的蜜蜂妈妈听到后，决定帮助它们实现这个愿望。每过一段时间，有些蜜蜂就会离开这个特别的蜂巢，到其他蜂巢那里去，这样它们就可以帮助新蜂巢中的蜜蜂们酿造甘甜的金黄色蜂蜜了。

留下来的蜜蜂们开始有些担心，它们担心，如果不断有蜜蜂离开的话，过不了多久这个蜂巢就再也没有蜜蜂了。但蜜蜂妈妈许诺说，每逢有一两只蜜蜂离开，就会有新的蜜蜂加入进来。这样，这个特别的蜂巢就会始终忙碌不停，唱着嗡嗡的歌儿采蜜，并将花蜜搅拌混合起来，酿造出世界上最甘甜的金黄色蜂蜜。

从此之后，这个蜂巢里的蜜蜂们就非常快乐，它们一起飞进飞出，采来最甘甜的花蜜和花粉，直到轮到它们飞出去帮助其他蜂巢为止。

我们是忙碌的小蜜蜂，我们忙着酿蜂蜜，
我们忙着采花粉，在阳光灿烂的日子里。

## 玫瑰鹦鹉和草莓园

创作这个故事有两重目的：鼓励一个焦虑不安的5岁孩子开始自己动手做事情，同时促使孩子的家长不再围着孩子团团转，或者动辄大惊小怪。最初的想法和韵律诗来自于悉尼的故事工作坊。故事里原来是一只猫头鹰，但是因为猫头鹰不吃水果，所以我把猫头鹰改成了玫瑰鹦鹉[1]。

玫瑰鹦鹉妈妈住在老树洞的大鸟窝里。它有一个孩子——小玫瑰鹦鹉，它整天为了这个孩子忙得团团转。虽然小玫瑰鹦鹉已经学会了飞翔，也确实长大了，但它不想动手做任何事情。小鹦鹉整日都不想离开家，什么事都不

1　玫瑰鹦鹉：澳大利亚鹦鹉，中等大小，尾巴很长，羽毛五颜六色，非常漂亮。

想做。

当小鹦鹉饿了的时候，它就会大声要吃的。妈妈就会说，跟我一起飞吧，我会告诉你怎样找到美味的浆果。但是小鹦鹉坐在窝里大声嚷嚷着：

我不，我就不，我现在就要吃！

于是鹦鹉妈妈就会把吃的带回家。当小鹦鹉渴了的时候，它又会大声要水喝。妈妈说：跟我一起飞吧，我会告诉你怎样才能找到水喝。但是小鹦鹉坐在窝里大声嚷嚷着：

我不，我就不，我现在就要喝！

于是鹦鹉妈妈就会把水带回家给它喝。

有一天，下午最热的时候，妈妈正在鸟巢里睡觉，这时，另外一只小玫瑰鹦鹉飞来了。它发现小玫瑰鹦鹉正坐在妈妈的身旁哭闹着："我饿啦，我现在想吃东西呀！"但是玫瑰鹦鹉妈妈睡得太香啦，什么都没有听到。

这个新朋友围着这个鸟窝，拍着翅膀，对小玫瑰鹦鹉说：

跟着我飞，跟着我飞，你就会找到甜草莓。

小玫瑰鹦鹉回答：

我不，我就不，我现在就要吃！

但是这个新朋友好像没有听到它说的话，拍着翅膀围着鸟窝转，继续说：

**跟着我飞，跟着我飞，你就会找到甜草莓。**

小玫瑰鹦鹉仍然继续哭喊着：

**我不，我就不，我现在就要吃！**

这次，新朋友没有等它，也没有继续说话。它不停地向前飞，穿过灌木丛，飞向了草莓园。

小玫瑰鹦鹉继续坐在鸟巢里，有点儿不知所措。草莓可是它最喜欢吃的东西了，而这个新朋友竟然没有等它就自己飞到草莓园去了！

现在只有一件事可做了。小玫瑰鹦鹉站起来，竖起了它的羽毛，起身去追那个新朋友，它穿过那片灌木丛，直奔草莓园而去。

哇，这里的草莓真是又红又甜呀！而且这里还有更多的浆果，数都数不过来呢！小玫瑰鹦鹉和它的新朋友吃得饱饱的，它根本想象不到自己会有这么开心。

要离开的时候，两只玫瑰鹦鹉又额外摘了不少浆果，然后穿过灌木丛，飞回玫瑰鹦鹉妈妈身边。

整个下午，两个好朋友都玩得非常开心。

鹦鹉妈妈醒来时，非常惊讶地发现鸟巢里多了好多成熟的红草莓！

## 小船和海豚

这个故事的灵感来自于新西兰的故事工作坊。当时，一个 4 岁半的小男孩来到学校以后不肯跟父母道别。老师们建议这对父母用毛毡给孩子制作一只小海豚，让孩子装在口袋里，陪他度过学校中的全部时光。这个故事中的海上冒险经历可以补充更多的细节，同时，当小船跟着海豚出海和返回的时候，也可以让小船唱一首旅行歌。

从前有一只小船，它停靠在安全而平静的海港里。

小船有个特别的好朋友——一只银色的海豚。小海豚天天都来看小船，围绕着小船潜水玩，并给小船讲自己在广阔大海中的冒险故事——鲸鱼竟然像游轮那样大，海上还有很多彩色的鱼儿，以及各种不同的海鸟。

小船每天都能看到其他船只在海洋里来回穿梭，于是，它也非常想跟它们去冒险，但是，它不知道离开这个安全的港湾以后会怎样。

一天，小船将自己的想法告诉了小海豚。小海豚许诺说，它会带着小船出海，然后再带着小船安全地回家。于是小船跟着小海豚出海了，它们沿途感到非常开心。小船看到了很多新奇的东西——鲸鱼们就像游轮那样大，海上还有很多彩色的鱼儿，以及各种不同的海鸟。

小船还发现，它特别喜欢随着风儿起起伏伏，而且有时候，风儿会让小船在回家时走得非常快，以至于小海豚需要努力地游啊游，才能跟得上它。

从那以后，小船每天都要出海旅行。而等到晚上的时候，风儿和小海豚都会带着它回家。

## 不完美的房子

这个故事是为一个10岁的男孩创作的，他总是担心事情不够尽善尽美。在这个故事中，他需要承认故事的结局是完满的，或者按照自己的想法来完善它。将故事中的主人公改成女人以后，就可以将它讲给女孩子听。但是这个故事并不只对小孩子有用，我有个成人朋友在听完以后，觉得这个故事就是讲给他听的！

从前，有个非常完美的男人，他住在非常完美的房子里，过着非常完美的日子——至少他自己这么觉得！每天他都会做些完美的事情，比如打扫地板呀、擦拭架子上的灰尘呀、洗衣服呀或者把靴子擦得锃亮呀等等。

当他在做这些事情的时候，他还会唱一首非常完美的歌儿：

我的人生必须那么完美，我的房子必须这么漂亮！

这个完美男人的生活中没有任何瑕疵，也没有任何不妥的事情。但是唯独有一个小小的不足：他总是担心事情不够完美，所以他晚上总是睡不好觉。

有一天，他把地毯掀起来，想去打扫地毯下面的灰尘，这时他发现地板上有一扇小门。他推开这个小门，发现有个楼梯通往这个完美房子的地板深处。他从来都不知道这个房间下面竟然有这样一道门！于是，他举着火把，非常小心地走下楼梯，想去看个究竟。令人惊讶的是，这个地下房间里面空空的，只有一个大木箱放在地板中央。箱子上有一个木头盖子，有一把大锁锁住了箱子，却没有钥匙。

这个完美男人想尽了各种办法，想把这个箱子打开，但是这把锁头太结实了，怎么都打不开。他只好把箱子留在这个房间里面，爬上了楼梯，继续过着完美的生活。还有许多灰尘需要打扫呢！

许多天过去了，这个完美男人依然忍不住想知道，那个大木头箱子里面到底藏着什么东西。事实上，因为想着这件事儿，他晚上几乎睡不着觉。最后他又拿着火把和锤子，从楼梯上爬下来，来到了地下的这个房间。无论如何，他都要打开这个箱子！他用锤子使劲儿地砸锁，直到将锁头砸坏，盖子终于打开了。

在火把的照耀下，这个男人发现箱子里有个非常旧的枕头，这个枕头非常大，有他整个人那么大！枕头在箱子里面被紧紧地压了很久，现在它膨胀起来，迅速恢复了原形。

这个枕头有个裂缝，在恢复原形的过程中，裂缝中飞出了成千上万片小羽毛。它们飞入了他的鼻孔（阿嚏！）而且沾满了他全身，从头顶直到脚趾。它们从楼梯口又窜入了他的大房子，飞满了所有的房间。它们又从窗子和门飞出了房间，遮住了他的花园！

羽毛，羽毛，到处都是羽毛！男人拿着他的大扫帚，衣服弄得脏兮兮的。（阿嚏！）他到处追赶着这些羽毛，但是这些羽毛在空中飞舞着，飘得到处都是。男人又跑到屋外，拿着花园里的耙子，不停地追赶着羽毛，但是这些羽毛在空中飞舞着，飘得到处都是。

追赶了很长时间以后，这个男人感到筋疲力尽了。最后，他躺到了沾满羽毛的床上去睡觉。令他感到惊讶的是，这是他平生中睡得最舒服的一觉。

（注：讲述者或听众可以用不同的方式来结束这个故事，比如“第二天早晨，当这个男人醒来的时候，他突然有了一个好主意……”或者，将故事

讲到这里就结束了。)

## "故事骨架"——不完美的汽车 / 不完美的花园

在新南威尔士州南岸的塔斯马尼亚岛和中国的工作坊中，几个小组讨论了来自孩子们的挑战，这些孩子通常是小学和更大的孩子（甚至包括成人），他们总是担心事情做得不够完美。许多不同的小组针对这个主题创作了若干故事，故事传递出来的信息是：将事情做好就行了，并不需要做得"完美"。我把两个小组所完成的"故事骨架"介绍在这里，以便读者充实其内容，创作成完整的故事。

### 不完美的汽车

一个机械师用许多零件做了一台敞篷小汽车——他不停地修修补补，琢磨来琢磨去，但是事情并不尽如人意——汽车可以驾驶，但是并不完美。这个故事可以有很多可能的结局，比如这辆车救了某个人或者做了某件事，或者这辆车在发洪水之前将镇子上的人们转移到别处，等等。换句话说就是，这辆车虽然不完美但是非常有用处。

### 不完美的花园

一位园丁期待花园中的所有东西都完美无缺：所有的花儿都必须排列整齐，蔬菜必须长到完美的高度，花园围墙总是平整而又光滑。她每天都会在花园中视察，如果事情达不到她的期望，她就会沉下脸，不停地大叫！

有一天，一场大风暴来临，风太大了，刮倒了花园的一堵围墙。她想重新修建围墙，但是这些石块不是非常完美，于是她就变得非常生气，气急败坏地离开了。她很快就来到了河边，坐在河堤上往水里面扔木棍。但是很快，她发现河狸把她扔进水中的木棍捡起来了，并用它们给自己建起了水坝围墙——不管这些木棍的长短、粗细、曲直、轻重，河狸都让它们派上了用场。

“哦，我也可以这样！”园丁这样想着，她起身回到家中，用自己找到的全部石头——方的、圆的、重的、轻的、大的、小的——继续去重建她的围墙。最后，当工作完成以后，她建起了这个镇子上最坚固的石墙。

# 第五章
# 欺凌 / 排斥 / 嘲弄

## 聪明的蜥蜴

这是肯尼亚的西尔维娅·那嘉吉创作的梅鲁族故事。非常适合 5~10 岁的孩子，可以帮助他们克服嘲弄和欺负别人的行为。

爸爸告诉我走路要慢点，免得把地面踩坏了！

在很大的丛林里，住着一只蜥蜴，此外还有大象、非洲猎豹、猴子、狮子等动物。蜥蜴喜欢趴在树枝上，眼睛转来转去，等苍蝇飞近，它就伸出舌头把猎物卷进嘴里。有时候它会慢慢地在草地上散步，唱着“爸爸告诉我走路要慢点……”

所有的动物们都嘲笑蜥蜴，觉得它走路太慢。它们甚至说，它太弱小了，将来双腿可能会摔断。但蜥蜴只管吃它的苍蝇，眼睛转来转去，并唱着“爸爸告诉我走路要慢点……”

一天，当蜥蜴趴在树枝上转动眼睛的时候，大象来了。它连招呼都没打，就冲着蜥蜴大喊大叫：“我听说你经常唱歌，你慢慢走路是为了不踩坏地面！

我要告诉你，我——大象——是丛林中最强壮的动物，我踩动地面的力量，比任何其他动物都要大十倍。等到明早太阳升起的时候，我要在那棵巨大的辣木树下召集所有动物，我要让每个人都看到，我比你强壮得多。我是大象！”

大象说完就走了，它的长鼻子发出奇特的笑声，回荡在整个丛林中。

蜥蜴坐在树枝上，眼睛转来转去。它想唱歌，但声音变得非常低：“爸爸……”

忽然，蜥蜴想起了好朋友鼹鼠。鼹鼠喜欢在地底下打洞，挖掘隧道。要想找到鼹鼠在哪儿生活，只能寻找它挖洞时留下的大土堆。后来，蜥蜴终于找到了鼹鼠最新挖出的土堆，并以最快的速度赶了过去。它大声呼喊它的朋友：“鼹鼠，鼹鼠，是我，蜥蜴。快出来吧，我要和你说点事儿！”

鼹鼠刚从洞里出来，蜥蜴就说：“大象向我挑战，让我明早日出的时候和它比赛踩动地面，我需要你的帮助。”

蜥蜴和鼹鼠慢慢走到大辣木树下。它们轻轻地哼唱着蜥蜴的歌儿，不想让别的动物听见：“爸爸告诉我……”

然后，鼹鼠开始在地下挖隧道，与此同时，蜥蜴把土堆移走，藏到灌木丛下面。它们干完这件事情的时候，公鸡才刚刚打鸣儿，太阳就要升起来了。鼹鼠祝它的蜥蜴朋友好运，然后就回到地下隧道中去了。

蜥蜴唱着：“爸爸告诉我……”它边唱边等着大象的到来。

当第一缕阳光照进丛林中的时候，动物们开始聚拢到了大辣木树周围。最后，大象出场了。因为蜥蜴已经站在了树下，大象就站在了树的对面。大象抬起它那巨大的脚，用力向地下踩去，地面发出巨大的轰隆声，但是大地却纹丝没动。它试了好多次，大地还是没有被踩坏。后来它精疲力竭，大汗淋漓，再也抬不起脚来了，于是，蜥蜴就上场了。

蜥蜴完全知道鼹鼠挖隧道的位置，于是它尽量高高抬起它的小细腿，然后无声无息地踩下去。就在它的爪子碰到地面的那一刻，大地开始裂开了，越裂越大，直到在地面形成了一个大坑。

所有的动物都为蜥蜴欢呼，从那以后，再也没有动物敢欺负和嘲笑它了。它们和蜥蜴边跳边唱：“爸爸告诉我……”

## 彩虹色

在马鲁雅的治疗性故事工作坊之后，一位家长雅尼娜·修顿为参加本地游戏小组的四五岁孩子们创作了这个故事。创作这个故事有两层目的：消除那些由推推搡搡而引起的失衡性排斥行为，同时也消除这种推推搡搡的行为本身。（下面两段是这位家长的话）

雅尼娜·修顿注：我最终把这个故事记录下来了。然而，我每次讲这个故事时，都会稍稍做些变化。当我给孩子们讲这个故事时，我会首先了解孩子们当时的情绪，然后在适当的时候重复或者渲染故事中的部分内容。

这个故事深受喜爱，孩子们似乎听得非常开心。每当一个孩子在游戏小组中穿上彩虹色的衣服时，这时其他孩子就会说：“我们今天得去游戏小组，因为雅尼娜正在讲彩虹的故事。”其他孩子则会在自由玩耍时间重复故事中的某些片段。

在游戏小组中，我们当然会对剧本和其中的“排斥性情节”做些改变。我想这涉及多种策略。这个故事似乎具有某种特殊的优点，这也许就是合作的基本要素（最初的主意是由三个家长共同想出来的），并且，它是专门为我们的孩子们创作的。

这是一个宁静的春日上午，突然刮起风来。风越刮越大，吹来了乌云，遮天蔽日。

所有的鸟儿和其他小动物们正在外面觅食，这时候，它们发现天越来越黑。很快就电闪雷鸣，大雨倾盆。整个世界漆黑一片，分辨不出任何颜色，几乎什么都看不见了。

小鸟们啾啾啾地大声叫着，其他小动物也都试图找到回家的路。天色越来越黑，越来越暗，小动物们也越来越难找到回家的路了。

大自然妈妈非常担心。她知道，必须让各种颜色变得足够明亮。于是她想啊想啊想啊……

突然她灵机一动，一旦暴风雨平息、太阳重新照耀的时候，天上的彩虹可以让小动物们看到，各种颜色有多么明亮，而且，它也可以让孩子们看到，这些颜色共同玩耍和工作得多么开心。

大自然妈妈是对的！当太阳重新照耀大地，天空中就出现了美丽的彩虹，各种颜色都闪耀着光彩，所有的小鸟和动物都可以找到它们回家的路。

每次讲完这个故事，我们都会让孩子们玩木头彩虹拼图游戏——单独邀请某些孩子走上前来，把一块彩色积木放在彩虹拼图里，直到最后拼出彩虹的形状，与此同时，其他孩子会唱一首彩虹歌。

## 金色的海豚

这个故事是为一个6岁男孩创作的，他总想成为被关注的焦点，总想在游戏中排斥其他孩子。我们用木偶戏的方式在学前班里表演了这个故事（那个孩子喜欢在自由玩耍时间表演这个故事）。我们将故事的剧本内容给了他的父母，让他们在睡前讲给他听。这个故事原本就是为这个孩子和他的父母准备的。

从前，有一只海豚非常喜欢太阳。它整天都在阳光下的海浪之中跳跃舞蹈。有一次，它跳得非常高，以至于都能抓到金色的阳光了。金色阳光缠绕着它，就像一件金光闪耀的外衣。从那以后，它的海豚朋友都叫它金色海豚，朋友们都对它的金光感到非常好奇。

你可能会想，这只金色海豚是一只健康快乐的海豚。然而，它整天都在浪尖上跳跃舞蹈，没有时间游入大海深处，和朋友们共同在蔚蓝色的海底去探险——这是所有的海豚都应该去做的。

它的朋友们试着鼓励它和它们一起潜入海底，但是金色海豚不感兴趣。它只是不停地在阳光中跳跃，在浪花间穿梭游弋。它已经学会了如何抓住那些游到水面的鱼，所以不需要为了捕食潜入水底了。

一天，金色海豚又在浪花间跳跃和舞蹈，这时它看见前面有一道美丽的彩虹。金色海豚以前也看见过彩虹，甚至曾经想要跳起来抓住彩虹的色彩——但是当它游得很近的时候，彩虹消失了。

而这道彩虹很不一样。这道彩虹一直延伸到水面以下，延伸到黑暗的大海深处。当金色海豚跃过浪花，接近彩虹时，它清楚地看见彩虹深深地潜入

水里。彩虹的颜色如此美丽，它们大声呼喊着金色海豚：“跟我来！”

跟我来，你会看见，
海底的颜色多又多，
蓝和绿，红紫橙，
你以前从未看见过！

最开始时，金色海豚不敢潜入太深，但是它发现，当它靠近那条彩虹时，它会感到非常安全。它首先追随着红色，这将它引向了美丽的红珊瑚花园。然后它追随着橙色，这把它引向了橙色海星栖息的海底沙滩。接着它追随着绿色，这将它引向厚厚的海草床，在那里，绿色的海草轻柔地摇来摇去。其他的颜色将它带到了海洋的其他地方，那里有很多紫色、蓝色和黄色的鱼儿在玩耍，它和它们追逐嬉戏，在珊瑚花园里穿梭游戏，在海草里游来游去，乐趣无穷。

金色海豚发现了一个多么神奇美妙的海底世界啊！

没多久，其他海豚也和金色海豚一起潜入海底，探索这深深的蓝色海洋。金色海豚很快发现，它的金色外衣把它游过的地方都照亮了，从此，在它探险时就不会遇见太黑或者太深的地方了。而且每过不久，金色海豚就会像所有的海豚那样，向上高高地跃过波浪，捕捉太阳的金光，然后再次潜入深深的海底。

游啊游，海豚游，
游到蓝色的海底，

然后高高跳起，

采撷金色阳光，

深深游入蓝色的海底，

游啊游，海豚游！

## 巴巴辛巴

这个故事是肯尼亚工作坊中的一个非洲男教师用低沉的声音讲述出来的。他彻底征服了在场的50个人。（故事家的力量！）这个故事取材于肯尼亚传统的民间故事。这位老师想给班级中一个9岁男孩创作情节丰富的故事，这个男孩在班上总是欺负别的孩子。“巴巴辛巴”在斯瓦希里语中是“狮子爸爸”的意思。

巴巴辛巴住在森林里，河边茂盛的草丛就是它的家。森林是巴巴辛巴的王国，所有的动物都为它工作。它是森林之王！

在它的王国里，巴巴辛巴坚持让森林里的每只动物都给它进贡食物。这样巴巴辛巴就不用干任何活儿了。

每天，动物们都在巴巴辛巴家门外排起长队，奉上它们的食物。巴巴辛巴总是粗暴地将食物抢过来，从来不感谢任何动物。

一天，狐狸觉得受够了巴巴辛巴的贪婪和粗暴。它再也不愿意把自己的食物供奉给这头贪婪而粗暴的狮子了。于是它决定骗一骗巴巴辛巴。

狐狸告诉巴巴辛巴，它在河边走路时，突然从河里跳出来另外一头巴巴辛巴，抢走了它供奉给巴巴辛巴的食物。狐狸没办法，就没带食物来。

巴巴辛巴非常愤怒，居然还有一头狮子住在它的森林里！它径直来到河边，来看看另外这头狮子。当它往河水里看的时候，它看到水里也有一头大狮子在盯着它看。

巴巴辛巴直接跳到水里，想和那头狮子打架。它在水里乱打乱踢，打到了岩石、漂浮的树枝和它碰到的任何东西，但它根本找不到那头狮子。

于是巴巴辛巴回头向岸上望去，看到了狐狸和其他动物。它们都在指指点点，嘲笑着它。它知道被骗了，于是，它从水里爬出来，感到非常尴尬和羞愧。它在羞愧中送走了所有的动物，从此以后，它开始依靠自己的力量来捕猎。

## 横行霸道的熊

艾梅从菲律宾乘坐飞机，赶到新加坡参加我的工作坊。然后，她又回到怡朗市从事治疗性工作，为一个7岁男孩创作了这个故事。这个男孩在班里横行霸道并虐待小动物，每当他的不当行为被抓住时，他就会推诿到其他小朋友身上。此外，他也无法和同学甚至表兄弟们友好相处。这个男孩有两个兄弟，他排行老二。他的妈妈给他讲过这个故事以后，他就不停地要求妈妈反复给他讲！他妈妈反馈说，这个故事很好地安抚和帮助了他。

从前，森林里住着小熊一家。熊妈妈、熊爸爸和三个熊宝宝。这个家庭非常特别。每个小熊宝宝出生的时候，都有一阵风从树林里吹来，悄悄地告诉大家，这头熊宝宝有一种特殊的天赋，它需要发掘并善用这种天赋。

平静而充实地生活了好几年以后，三头小熊都长得又高又壮。它们在广阔的森林里过着无忧无虑的日子，森林里的动物和树木们都在默默关照着它们的成长。动物们都尽力不让小熊们掉进深坑里，不被深深的蓝色河水淹死，也不让它们在鳄鱼出没的沼泽地里迷路。

随着每头小熊长得越来越大，越来越强壮，它们都掌握并完善了自己的天赋，只有一头除外！

这头熊可以搬起巨大的石块，把很重的木头扔向空中，还能用熊掌将最结实的铁棍打弯。它会帮妈妈搬来木柴生火做饭，也会一怒之下踩住松鼠的脚。它会把生病的小象送回家，也会在游戏中狠狠敲打河马的脑袋。它能运用蛮力完成任何任务，但这超凡的力量是它的天赋吗？

当这头小熊将自己的朋友弄哭的时候，或者妈妈面露悲伤的时候，它也会反复问自己这个问题。“这种非凡的力量到底是不是我的天赋呢？”

小熊孤独地坐在蔚蓝色河边的石头上，暗自寻思着这个问题，此时，一只小乌龟开始啃咬着它的脚趾头。小熊正准备向小乌龟扔石头的时候，一阵强风将它吹倒，掉进了蔚蓝色的河里。哎呀！小熊气急败坏地挣扎，想要将脑袋浮出水面。小熊会游泳，但是河边的水草长得非常茂盛，缠住了它的双腿。

小熊以为自己完蛋了，直到后来，它突然发现小乌龟正在啃咬缠住它双腿的芦苇。它不再挣扎，然后，它听到小乌龟在说：“小熊啊，水一点也不深，只是你的恐惧蒙骗了你。保持冷静，你很快就会获得自由。”小乌龟继续啃那些难缠的芦苇，最后，小熊再次爬上了河边的岩石上。

小熊想起来，仅仅因为这只小乌龟啃咬自己的脚趾，它就试图向它扔石头。于是，它羞愧地问小乌龟：“你知道我要向你扔石头的，为什么还帮助我呢？”

小乌龟笑着告诉小熊：“我也记得，尽管我动作非常慢，我俩也一起玩耍过。你还把我放在你的背上，带我爬树。你还把自己的香蕉分给我，我知道，那些香蕉根本不够喂饱一只饥饿的小熊。你拥有关心他人的能力，所以我要帮助你。”

小熊理解了小乌龟的话。它终于认识到，关心他人才是它的杰出天赋。

## 怕热的河马

这个故事来自东非的基库尤人，经过苏珊·佩罗改编而成。这个故事适合于所有年龄的孩子，讲的是万物之神恩盖（Ngai）设法让河马等大型动物和最小的鱼儿在河中和平共处的故事。

河马很热，河马很脏。

它坐在河边盯着水里游泳的小鱼，暗中想：它们肯定很凉快。要是我也能生活在水里，这种生活该有多么凉爽而美妙！

河马决定去拜访万物之神恩盖，看看他能不能帮自己的忙。正是恩盖让动物生活在陆地上，鱼儿生活在水中。也是恩盖让鸟儿在天空飞翔，蚂蚁在地下生活的。这个恩盖也告诉河马，它应该生活在陆地上，以野草为食。

于是河马走啊走，走啊走，走过了草原，每走一步都觉得更热。它边走便对自己咕哝着：

我热、热、热，

我不、不、不能凉快下来，

我又脏又热，

我每天只想知道怎样才能凉快下来。

它走过一座座山丘，每走一步都感到更热。它边走边对自己咕哝着：

我热、热、热，

我不、不、不能凉快下来，

我又脏又热，

我每天只想知道怎样才能凉快下来。

它走过一片片合欢树林，每走一步都感到更热。它边走边对自己咕哝着：

我热、热、热，

我不、不、不能凉快下来，

我又脏又热，

我每天只想知道怎样才能凉快下来。

它走啊，走啊，走啊，直到它来到了恩盖居住的那座山。

“我请求你，伟大的恩盖啊，万物之神，我多么想生活在水中，而不是生活在干燥的陆地上。”河马充满希望地喊道，“但是我保证我还是会吃草。”

“啊哈！”恩盖的声音从山顶传来，“虽然你这么说，可是在将来，你也许，也许想吃鱼尝尝鲜。然后，你可能就会吃光我的鱼儿！”

“噢，不，我保证不会的。”河马说。“啊哈！”恩盖的声音从山顶传来，

"虽然你这么说，但是我怎么确保你不会这样呢？我很爱我的小鱼儿们！"

"我会让你看到的。"河马许诺道，"不论何时，只要你想看我的嘴巴，我都会让你看，让你看到我没吃你的鱼。我还会用尾巴搅动喝水，让你看到我没有藏起鱼骨头。"

"啊哈！"恩盖的声音从山顶传来，"那么，你可以住在水里，但是……"河马等待着。"但是你必须在晚上爬上岸吃草，这样就算在黑暗中，我也知道你没吃我的小鱼。你同意吗？"

河马非常愉快地同意了，然后它迈开短腿，以最快的速度赶回家，穿过合欢树树林，翻过一座座山丘，越过茂盛的草原。当它到达河边时，它迫不及待地跳到水里，溅起了巨大的水花！它像石头那样沉入水底，因为它不会游泳，它只能屏住呼吸，沿着河床行走。

直到今天，你还能看到河马白天待在水里，晚上到岸上吃草。白天，它用短尾巴搅起河底的水，让恩盖看到它没有藏起鱼骨头。时不时地，它还会浮到池塘的水面，张开巨大的嘴巴，说："看啊，恩盖，我没吃鱼！"

如果你听得够仔细，你还能听到它在水里唱的"凉快"歌：

我凉快，凉快，凉快，
住在池塘里，
我每天都很凉快！

## 花中之王

这个故事的创意来自于深圳的一群中国老师。它是为一个 7 岁女孩创作的，这个女孩发育迟缓，而她对此非常敏感。而其他的孩子都以此取乐。可以用这类故事来帮助受到欺负和嘲弄的孩子。我们期望这个故事也能打动欺压、嘲笑别人的人。

从前有个中国的公主，她和父母住在华丽的宫殿里。公主想要什么就有什么，只是她没有朋友。日子慢慢地过去了，没有任何人陪这个年轻的女孩玩耍。

她的父王注意到女儿非常孤单，于是为公主举办了一场盛大的晚会。国王邀请了王国里的很多年轻姑娘，并且要求她们每人带一株她们能够找到的最漂亮的植物，作为礼物送给公主。

晚会那天，受邀者都带着各种盛开着美丽鲜花的花盆来到宫殿里。但是，有个女孩只带了一株刚刚发芽的植物。其他的孩子们看到她这株刚刚发芽的植物以后都笑起来。“好丑的小草，”她们喊道。“怎么能用这个作为礼物——连一朵小花都没有！”

国王让大家把所有的花盆围成大大的圆圈，让公主来选一盆她最喜欢的植物。公主慢慢地走过所有的花盆，非常仔细地观看每株开花的植物。最后她指了指那盆最小的嫩芽。“这是我最喜欢的植物，”她说，“因为它还有时间和空间来长大。”

从那以后，送来这盆小嫩芽的小姑娘每天都会被邀请进宫殿，和公主一起玩耍。她们一起照顾这株小小的嫩芽，很多天以后，这株小嫩芽长成了一株高大茁壮的“花中之王”。在中国，它开的花儿最大又最美。

## “故事骨架”——海豚和暴风雨

这个故事的创意来自澳大利亚昆士兰州奴沙岬的一群老师，是为一个受到其他孩子们排斥的7岁男孩创作的。

一群海豚正在珊瑚礁附近游弋，突然暴风雨袭来，一只海豚撞到了暗礁，受了伤，然后被急流卷走了。最后，这只海豚不再在急流中挣扎，它开始顺着水流向下漂，后来遇到了一只老海豚。这只老海豚教它怎样回到海豚群中，在那只智慧的老海豚的教导下，年幼的海豚学会了捕鱼的新方法。当这只年幼的海豚回到海豚群之后，它就把这些捕鱼的新方法教给了其他海豚。

# 第六章
# 死亡 / 濒死 / 疾病

## 天国的魔力

### 献给淘淘的故事

这个故事是为一个5岁男孩创作的，他的父亲几年前溺水身亡。我和他的妈妈见面，以便了解关于这个孩子的更多情况：他最喜欢的玩具、动物，以及他最喜欢做的事情。他最喜欢的一本故事书是关于一只小兔子的，从还是婴儿的时候起，他最喜欢的东西就是他的绘有小兔子图案的毯子。

我也在幼儿园观察过这个孩子，发现他非常依恋这个小毯子。他不论到哪儿都随身带着它，无论何时，只要任何小事请让他感到不开心，他都会把自己裹在毯子里。她的妈妈当时正计划移民到新的国家，她的儿子要在新的学校上学。她认为应该让孩子在上新学校时留下毯子，这样才能避免受到别人的嘲笑，但是截至那时，所有让孩子不再依恋毯子的努力都以失败告终了。

这个故事有两层目的：帮助孩子将毯子变成两个随身携带的特殊书包

（一个是他的，另一个是他的玩具兔的），同时帮助他和天堂——他和妈妈都相信爸爸去了那里——建立起联系。有一次，男孩儿出门玩时没带小毯子，妈妈用它缝成了两个包，并用剩下的边角料给男孩儿的玩具兔做了一件夹克衫。当男孩儿回家的时候，他在床上发现了一个经过特别包装的礼物，他的妈妈将这个故事写在纸上，然后卷起来放在里面，并系上了金线。

有个叫淘淘的小男孩儿，他有一块特别的小毯子。这个男孩儿特别喜欢他的小毯子，每天晚上都盖着它睡觉，无论走到哪儿，他都带着它。小毯子是他的朋友，淘淘也是小毯子的朋友。他们在一起很高兴。

多年以来，小毯子都很喜欢这种特殊的友谊。但是，随着淘淘逐渐长大，毯子很难再随时随地都跟着淘淘了。淘淘就像所有长大了的男孩子，喜欢爬树，跳水坑，把秋千荡得高高的，而小毯子已经太老了，做这些事情感到很吃力。但是小毯子还是想做淘淘的好朋友，想在他成长为高大强壮的小伙子之前继续帮助他。

淘淘的爸爸从高高的天国往下看，也想设法帮助他。最后他想到了一个好主意。他用天国的魔法把小毯子变成了一个小背包，淘淘可以带着这个包轻松地四处走动。这个小包可以专门装淘淘的宝贝——他的玩具、蜡笔和书。

此外还有一个额外的惊喜，淘淘爸爸在运用天国魔法的时候，发现剩下的布料足够为淘淘的新玩具兔子做些小夹克——为兔宝宝做宝宝的夹克，为兔爸爸就做爸爸的夹克。兔子们喜欢待在毯子背包里，他们都成了好朋友。

## 黄鹂鸟和樱桃树

来自新加坡：这个故事是为一所小学创作的，在这个学校里，有个学生因车祸去世了。老师们计划在召集全部孩子举行纪念仪式时讲述这个故事。学校的花园里有一棵樱桃树，因此故事里选用了这棵树。死去的女孩在全校学生中很受欢迎，是学生中的领袖。

从前有一棵美丽的樱桃树，它生长在大花园的中央，很多小鸟和昆虫都会在树上飞来飞去。孩子们喜欢在这棵树的树荫下玩耍。他们在夏天特别喜欢这棵树，因为此时树枝上缀满了可口的红樱桃。

樱桃树也很喜欢在它周围玩耍的所有鸟儿、昆虫和孩子们，但是它有一个特别的朋友——一只金色的黄鹂鸟。这只美丽的鸟儿在树顶的枝条上筑了巢，它整天在那里唱着甜美的歌儿。

但是，有一天晚上，一件事情毫无预兆地发生了：一场风暴侵袭了花园，电闪雷鸣，狂风暴雨！闪电击中了樱桃树树顶的枝条，瞬间杀死了那只金色的黄鹂鸟儿。

暴风雨过去了，樱桃树和所有花园里的朋友们都去哀悼死去的黄鹂鸟。樱桃树沉浸在失去朋友的悲痛之中，因此在来年的春天，它不再开花，这样，夏天它也就没有结樱桃。

喜欢从樱桃树上采集花粉的蜜蜂围着樱桃树，对它唱着一首特别的歌儿。很快，花园里所有的朋友都加入进来，一起唱这首歌，包括蚂蚁、蜻蜓、蝴蝶、小鸟和孩子们……

这首歌帮助樱桃树找回了可以再次开花的力量。这样，在第二年的夏天，它又挂满了可口的红樱桃。

（注：回到教室以后，老师们鼓励孩子们帮忙创作了一首相关的歌词；这样，在下次集会时，每个班级都为其他班级的孩子唱出了自己创作的歌儿。）

## 爷爷的月光斗篷

这个故事是为那些失去了祖父母或年长亲人的孩子们创作的。

花园里，爷爷坐在他最喜欢的椅子上，回忆着他人生中所有的美好时光。该是他走向天国的漫长道路的时候了。在他周围，蝴蝶和鸟儿在金色的阳光中飞来飞去。

一天结束了，夕阳西下，月亮升起来。爷爷仍然躺在花园的椅子上，睡熟了。

月亮妈妈洒下银光，夜精灵把这些银光编织进了爷爷的斗篷里。然后就轮到了所有的星星们，它们发出特别的光芒，在斗篷上闪闪发光。

月光斗篷做好的时候，爷爷醒了，他用斗篷紧紧裹住衰老疲惫的肩膀，然后就出发上路了。

当他穿过天空时，特意停下来，给每个家人一个吻。这些吻留在了绚烂的朝霞中，当家人醒来后，就能在清晨的阳光中看到爷爷的吻了。

## 蝴蝶

这个故事由苏珊改写而成，其出处不详。故事讲述的是死亡、生命和转化，适合于4岁及以上的儿童。如果用木偶戏来表演这个故事，效果会尤其好——我在讲这个故事时，通常会在膝盖上铺上绿布（代表花园），还用彩色羊毛做出若干木偶。开始的时候木偶毛毛虫非常小，大些的木偶则事先放在折叠好的布里，等到毛毛虫不断吃东西并逐渐长大时再拿出来。

一只老蝴蝶扇着疲惫的翅膀飞过了田野。她飞向绿色的灌木丛，在叶子底下产下一个小小的卵，然后就飞走了。

大地妈妈照顾着这个卵。白天的时候，太阳从上面温暖着它；晚上大地从下面温暖着它。叶子保护它不被雨淋，因此它受到了精心的呵护。老蝴蝶的生命光彩已经湮灭了，但是在它的卵里保留着生命之光。

仅仅几天工夫，娇嫩的卵壳下面就发生了细微的变化。阳光在这片绿叶周围嬉戏着，呼唤着它："出来吧，出来吧。"经过一番挣扎，卵的外壳破了，里面爬出一只小小的黄色毛毛虫，它的身上有些小小的斑点，皮肤就像丝绸那样光滑。

这小小的生命爬向一片绿叶，然后，那片绿叶就变成了它的花园、房子和食物。叶子的边缘吃起来尤其美味，小小毛毛虫开始啃咬着小小的叶角。几天以后，整片叶子几乎都被它吃光了，阳光说："现在，你该去寻找广阔的绿色天地了。"

于是小毛虫开始了它的旅行，爬过无数棵灌木，再爬过无数片叶子。

它边爬边吃，然后逐渐长得越来越大。很快，小毛毛虫变成了一只很大的毛毛虫。

这时，夏天即将结束了，秋风开始吹过田野和灌木丛，阳光好像在说："找个安静的地方休息吧。"

毛毛虫爬到岩石中间，找了一个黑暗而宁静的地方。大地妈妈把它抱在自己温暖的臂膀中，毛毛虫进入了深深的梦乡。它睡过了漫长的冬天，在此期间，小小的精灵们为它编织了一件特别的外衣，它们用奇妙的手指将星星的光辉和彩虹的绚丽织进了这件外衣之中。

春天来了，带来了阳光明媚的日子。阳光照到了大地深处，当花朵在大地上向着阳光绽放的时候，一只蝴蝶在地下醒来了。毛毛虫已经消失了，但在它消失的地方，一只蝴蝶从岩石缝隙爬了上来，爬到了阳光下面。它能听到花朵的歌声，也能感受到春日阳光的温暖。

然后，它张开美丽的新翅膀，高高地飞走了。

## 来自天国的布娃娃

### 献给埃斯特幼儿园的孩子们

一天，在从幼儿园回家的路上，埃斯特老师意外地去世了。她年仅33岁，在内罗毕这家幼儿园工作了9年。在埃斯特去世以后，老师们每天用英语和斯瓦希里语给孩子们讲这个故事，讲了整整一个星期。在房间的角落里，老师们建立了表演区，表演区用一块蓝布作背景，并将一个简单的牵线布娃娃挂在蓝色的"天空"上。布娃娃用棕色丝绸做成，头上用的布是白色的，装饰着金色和银色的线。孩子们深深地沉浸在这个故事之中，以至于他们回家告诉父母说，他们不必再感到悲伤了——因为埃斯特老师每天都在天上注视着他们呢！

经过长途旅行穿过蓝天以后，埃斯特老师安全抵达天国。她很高兴跟随上帝的天使们回来了——现在，她在人间的工作已经完成了。

晚上，在群星闪烁的光亮中，她俯视着大地，看到她的幼儿园的孩子们都在家中的小床上酣睡。白天，当阳光普照的时候，她看着幼儿园，她的孩子们都在那里玩耍。她很高兴孩子们已经有了新老师来照顾他们。

但是，埃斯特老师也看得见，孩子们还是很思念她，并因此感到悲伤。于是她决定从天国送个礼物给他们：一个小布娃娃。它可以在幼儿园的房间里陪伴着孩子们。

于是埃斯特老师挎上她的大篮子出发了，她穿过天国，从太阳那里采集金线，从月亮那里采集银线。当篮子里装满线以后，她开始用天国的织机将它们织成特别的布料，来做布娃娃。

当布娃娃做好的时候，天国的天使用翅膀托着它出发了，穿过群星闪耀的天空，来到大地上。当天使来到幼儿园的时候，她从窗户进入屋子里，把布娃娃挂在故事桌上方，这样所有的孩子早上来的时候就都能看到它了。

第二天，当孩子们来到幼儿园的时候，他们发现了这个新朋友正等着问候他们呢。这个布娃娃在晨光中闪耀着金银色的光芒，孩子们都很高兴看到她。孩子们知道，这是来自天国的礼物，从那天开始，小布娃娃每天都看着他们玩耍，并向他们微笑。

## 乌龟和市场巴士

在肯尼亚“无国界医生”组织的工作坊中，一群护士为病人创作了下面这则故事。这些病人会在预约时间迟到或者否认他们的病情，或者带孩子来看病时也会迟到，或者否认孩子有病。这个故事特意编写得非常简短，以便护士们可以讲给每个病人听。他们鼓励病人将韵律诗中的“市场”改成“诊所”。

从前有个村子，很多动物都在这儿生活和劳动。这个村子远离任何市场，每周巴士都会来一次，接所有的动物去市场上买东西。

乌龟先生无疑是个相当懒的家伙，总是错过班车。于是它总是向别的动物讨食物吃。很快，它就被视为“村子里的乞丐”了。

动物们开会讨论这个问题，决定大家轮流在巴士到来的那天叫醒乌龟先生，这样它就能赶上班车自己去买东西了。动物们在会上创作了一首歌儿：

起床！起床！今天要去市场。
起床！起床！班车就在路上，
起床，否则你今天又要迟到，
起床，今天我们一起去市场。

从那以后，在其他动物的帮助下，乌龟先生总能及时醒来赶上市场巴士，再也不用乞讨了。

## 兔子、鹦鹉和熊

这个故事旨在帮助病人了解并应对“意外感染”。在内罗毕“无国界医生”组织的工作坊中，一群心理咨询师创作了下面这则故事。这个小组找到了下面这些隐喻：野兔的孩子们象征病人，熊象征“意外感染”，鹦鹉象征巫医或者牧师（它们总是反对帮助），妈妈的歌和提供帮助的“窥视孔”象征医生和心理咨询师。

野兔妈妈和孩子们住在森林里的房子里。每天妈妈都要外出觅食。为了孩子们的安全，妈妈教孩子们听一首歌，这样它们就能知道，门外是妈妈还是陌生人。

一天，饥饿的熊来到了门口敲门。孩子们向外喊道：“如果你是我们的妈妈，就唱你的歌吧。”熊对此很生气，跺着脚回到森林里。住在树上的鹦鹉看见了，就追上熊，教它学唱野兔妈妈的歌。

熊又回到门外，唱起了这首歌。孩子们开始有点迷惑，因为熊的声音相当低沉而嘶哑，它们就没有开门。熊不停地唱了很多很多遍，后来孩子们判断，外面肯定是妈妈，于是就打开了门。熊抓住并吃掉了一只小兔子，然后回到了森林里。

野兔妈妈回来的时候，非常伤心，决定惩治这头熊，这样它就再也不能抓到自己的孩子了。于是它找来一根结实的棍子，在门上开了一个小小的窥视孔，大小刚好能让孩子们看清外面。从那以后，无论何时熊来敲门，孩子们都可以从洞里往外看，就可以确定外面到底是谁，这样，如果不是妈妈的话，它们就再也不会开门了。

## 彩虹鸽

这个故事是为一位特殊的朋友创作的，她25岁的女儿刚刚在一场大火中丧生。这个故事在整个大家族里流传，给幼小的孩子特别积极的印象。

从前有一只美丽的白鸽，它总想飞得高高的。它更乐意探索天空的奥秘，而不是花时间觅食，或者与其他鸽子在森林里的树枝上飞来飞去。

最后，白鸽飞得非常高，可以碰到彩虹的顶端了。在那里它碰到了彩虹精灵，彩虹精灵教给它关于色彩的智慧。运用这种新智慧，白鸽可以将它的白色翅膀变成彩虹的颜色。它感到非常高兴！

白鸽飞下来回到森林中，在树木间飞进飞出，给家人和朋友留下了明亮的新羽毛……这些彩色的珍贵羽毛能够保存到永远。

然后白鸽扇动彩虹色的翅膀，高高飞上天空，朝着太阳飞去。

## 国王和他的三个儿子

这个故事广为流传，作者不详，由苏珊·佩罗改写。故事传递了光明、希望和简朴等积极信息，涉及父母过世以后其他人代替父母角色的常见主题。适合于5~10岁的孩子，男孩或女孩都可以。

从前有个国王病得很重，他知道自己将不久于人世，因此想要知道，他的三个儿子中谁最有智慧，能够替他继续治理国家。于是他想出了一个任务，能够最出色地完成任务的那个儿子，就是他要选定的继承人。

他带儿子们来到三个房间里。每个房间都是空的，大小也都相同。然后，他用谜语给他们布置了这个任务。

从顶到底填满房间，
直到什么也装不进，
不要留下任何空间，
不要留下任何缝隙，
一天之内完成任务，
就能坐上我的王位。

国王把儿子们都留在空房间里，说他第二天回来。

老大想："我要用巨大的石头填满我的房间。"他命令仆人用大卡车从国王的采石场运来一车车石头。很快，巨大的石头堆在地板上填满了房间。但是中间的缝隙怎么办呢？

老二想："现在地里尽是丰收的麦子，我要用一袋袋的麦子来填满房间。"于是他让农夫运来一车车的麦子。房间看起来很快就填满了。但是缝隙怎么办呢？

老三想了想，然后他知道应该怎么做了。他整个上午都在做别的工作，吃过午饭以后，他带了两样东西回到房间里——不到一秒钟，房间就被填满了，完完全全地填满了！

老三带进房间里的两件东西是什么呢？（答案：一根蜡烛和一盒火柴）

## “故事骨架”——马拉松赛跑者

在内罗毕“无国界医生”组织举办的工作坊中，一群心理咨询师为饱受治疗之苦的艾滋病患者（儿童和成人）创作了下面这个故事。显然，对于病人来说，忘记每天吃药（或者不想费这个神，或者认为吃药不重要）是件很平常的事儿。这个故事特意编写得非常简短，因此，护士可以在分发药品的时候给每个病人讲。它还可以继续编下去，增加更多细节和更长的情节，从而增强故事的张力。

一位马拉松赛跑者接到了环游世界的任务。他知道这段旅程非常漫长，于是他在救生包里塞了很多东西（结实的鞋子、火把、长绳等），以便应付路上的意外情况。

他首先面对的难题就是如何渡过一条河。正在他要决定怎么做的时候，一头狮子从灌木丛中走出来，向他咆哮。对狮子的恐惧给了他力量，他一下子跳到了河对岸。

他继续赶路，很快来到了高大的山脉面前，但是，他听到大象正朝他跑来。他点燃火把在它们面前晃动，吓跑了大象。成功吓跑大象以后，他又充满了翻越高山的力量。他穿上结实的登山鞋，向悬崖峭壁进发。

在山的另一边，他看到了大海，在那里他遇到了游泳高手海豚。他用绳子拴住海豚，爬到这个新朋友的背上，完成了余下的旅程，然后跨过海洋回到了家乡。在海上他碰到了很多奇遇！

# 第七章
# 不尊重 / 不关爱（对自己 / 他人 / 事物）

## 帽子的一天

这首诗的创意和开头的几行，来自墨尔本圣基达群岛的工作坊。它以轻松的方式来帮助一群出门不想戴帽子的 4 岁孩子。在澳大利亚炎热的夏季，外出戴帽子非常重要，这个习惯需要从小养成。工作坊的参与者觉得，比起单调乏味的重复提醒，用诙谐的方式鼓励孩子们戴帽子要有趣得多。

我头上的帽子，
在帽架上等待，
当我出门玩耍，
就骑上我的头。

我的头是匹马，
当然只是假装，
我在地上奔跑，

帽子骑在上面。

当我滑滑梯时，
帽子喜欢骑着，
我们一起玩耍，
一直玩到天黑。

然后帽子进屋，
结束它的骑行，
守候在帽架上，
直到明天继续。

## 外套的一天

**同样可以以诗的方式来鼓励孩子们在寒冷潮湿的天气穿上外套来保暖。**

背上有个朋友，
常在衣架等我，
当我出门玩耍，
它就跑来骑我，
或有冷风吹来，
或有雪雨飘落，
我若独自出门，

必将全身哆嗦，

朋友帮我干爽，

犹如温暖炉火。

## “谢谢你”公主

作者道恩·特兰特注：我尝试过很多方法鼓励幼儿园的孩子们说“谢谢你”（但是我避免直接告诉他们说“谢谢你”）。于是我写下了这个故事。听了这个故事以后，孩子们会玩“谢谢你”的游戏。比如：谢谢你为我打开饭盒；谢谢你帮我拿饮料。这个故事采取好玩的方式，让孩子们养成了良好的行为习惯。

在遥远的山村里，小溪流过岩石，鸟儿在高高的树杈上筑巢。那里住着一位公主，她被称为“谢谢你”公主。

从前，这位公主非常幸福。噢，她曾经幸福极了，她的脸颊泛着健康的光彩，她的头发闪着光芒，眼睛闪闪发亮。是什么让这位小公主如此健康，如此幸福呢？因为这个世界上随时都有人说“谢谢你”。每次有人说了“谢谢你”，小公主的眼睛就会闪闪发光，变得更加明亮。每当小孩子说“感谢你为我准备晚餐”，小公主的头发就会更加光亮。每当善良的人说“真是太感谢你了”，小公主的脸颊就会泛出玫瑰色的光彩。

但渐渐地，渐渐地，小公主变得苍白而疲惫。她不再玩耍，她的眼睛失去了光芒，她的头发也不再光亮，脸颊也不再有玫瑰色的光彩。为什么小公主会变得这样不开心呢？

因为从前，世界上到处都萦绕着“谢谢你”的声音：这个小男孩谢谢爸爸为他系鞋带，那个小男孩谢谢妈妈给他做美味的餐点；这个小女孩感谢朋友帮她建造沙堡；那个爸爸感谢妈妈对家人的爱。从前有那么多的“谢谢你”。

但是“谢谢你”渐渐地离去了，直到“谢谢你”公主发现，她已经记不起来什么时候听到过这句“谢谢你”了。她听到的都是“给我穿鞋，我想喝水，给我削苹果”，这些她听得太多了。

一天晚上，小公主的妈妈来到一个从来都不说“谢谢你”的家庭。她看见一个小男孩正在要求这要求那：“给我做个三明治，给我梳头，给我系纽扣。”所有这些，小公主的妈妈都听到了，就是没有“谢谢你”。

当天晚上，小公主的妈妈带着小男孩去公主的村庄。这个小男孩看到了美丽的村庄，水波荡漾的小溪，鸟儿在高高的树枝上筑巢；所有这些都让这个小男孩感到幸福。但是当这个小男孩走过一个小房子时，他往窗子里面看，然后，他的心碎了。那里，椅子上有个伤心至极的小女孩，是他以前从未见过的。她的眼睛里流露着悲伤的神情，嘴唇也显出悲伤的样子，噢，她真是太悲伤了。“这个小女孩儿是谁？”这个小男孩喊道，“她为什么这么悲伤？”

“她是我的女儿，”女王温柔地说，“她叫‘谢谢你’公主。”“但是她为什么这么悲伤呢？”小男孩又问。“她一天比一天悲伤，一天比一天苍白”，女王说，“因为世界上没有很多‘谢谢你’的声音。她曾经非常欢乐，非常健康。她的眼睛闪闪发光，她的脸颊泛着玫瑰色的光彩，但是，唉，人们好像不再认为说‘谢谢你’很重要了。那曾经是多么美好啊！因为‘谢谢你’的声音不仅会被‘谢谢你’公主听到，它还会直接进入我们要感谢的人的心房。每当我们感谢别人的时候，我们的眼睛就会变得更加明亮。”

女王送小男孩回家的路上，小男孩非常安静地想着心事。

第二天早上，小男孩刚刚睁开眼睛就往窗外看，他发现，太阳公公闪耀着如此美丽的光芒，于是他打开窗户，发出欢快的声音：“噢，感谢你太阳公公，给我们带来美丽的金色阳光。”

当他穿好衣服走下楼时，他的小妹妹已经坐在早餐桌旁，“非常感谢你布置好餐桌。”他说。那天从早到晚，小男孩甚至不用费心去找，就发现了许多值得感谢的事情。“谢谢你让我玩，谢谢你对我这么好，谢谢你帮助我，谢谢你，谢谢你。”

那些受到感谢的人特别高兴，于是立即开始感谢别人，很快，这个世界又响起了“谢谢你”的声音。“谢谢你”公主慢慢地好转了。她的脸颊重新泛起了玫瑰色的光彩，她的头发再次闪光，她美丽的眼睛重新闪烁着光芒，就像亮闪闪的星星。

一天晚上，当小男孩躺在床上，正要进入梦乡的时候，他听到微弱的铃声。他仔细听，然后听到铃声在说：“谢谢你，非常感谢你。”小男孩心里感到很温暖，他的脸颊泛起玫瑰色，他的眼睛闪闪发光，因为“谢谢你”公主正在向他微笑。

噢，我应该再告诉你们一件事儿，“谢谢你”公主有个好朋友叫“请”王子，“请”王子和“谢谢你”公主总是开心地生活在一起。

## 科普瑞：非洲的冬至日故事

我从一个肯尼亚老师那里首次听说了这个故事，然后，我改写了这个故事，以便讲给 5~8 岁的孩子听。这是一个关于爱和尊重的美好例子，故事里的孩子非常关心他丢失的小羊羔，他甘愿冒所有的危险去寻找它。

从前，非洲村庄里住着一个小男孩，名叫科普瑞。每天，男孩儿都和太阳同时醒来，到草原上放羊，与此同时，他爸爸则放养着牛群。在太阳就要落山的时候，他就回到家中，把牲口们安全地赶进小房子旁边的羊圈，这样狮子就不会来偷它们了。

一天，科普瑞早早回来把羊群赶进安全的羊圈。在完成所有工作以后，他就抱起最喜欢的小羊羔，走到他最喜欢的荆树林，坐在树下听鸟儿歌唱，看小羊羔吃草。

过了一会儿，科普瑞觉得累了，就睡着了。这时候小羊羔觉得特别渴，因为附近没有水，它就走开去找水，越走越远。

过了一会儿，科普瑞醒了，他揉揉眼睛，四处张望，但是哪里都没有他的小羊羔。于是他大声呼叫，但是没有回应。小羊羔不见了。他就开始寻找小羊羔……（建议在这儿唱或者哼一首歌儿）

他很快就来到了荆棘丛生的小路上，小心地向前走。他听见了非常微弱的声音，抬头看到一只落在荆棘丛中的小鸟，“亲爱的小男孩，请帮助我，我的翅膀被荆棘挂住了。”“我不能帮你，”科普瑞回答说，“因为我正急着寻找我那跑丢的小羊羔。”

就在他准备继续赶路的时候，突然想到，他的小羊羔此刻或许也需要帮助呢，于是他飞快地返回来。“好吧，小鸟，我来帮你。”科普瑞说。荆棘刺破了他的胳膊和手，但是他继续努力，直到小鸟得救。“谢谢你，谢谢你。”小鸟欢快地啁啾着。“现在我又能飞了。神保佑你，再见。”说着，它飞走了。

科普瑞继续寻找小羊羔……（在此处唱或者哼一首歌儿）

过了一会儿，他来到一片开阔的平原，那里非常炎热、干燥，尘土飞扬。他在树荫下坐下，拿出肉和奶来。这时候，有个小女孩走过来坐在他旁边。“亲爱的小男孩，”她说，“我已经走了好几天了，没有吃喝任何东西，行行好吧，分点你的食物给我吧。”科普瑞毫不犹豫地分了些食物给饥饿的小女孩。“现在我必须快点了，因为我必须找到我丢失的小羊羔。”科普瑞说。“神保佑你。”小女孩说，然后她快乐地跑开了。

科普瑞继续他的旅程。这时候他觉得累了，但是他继续坚持寻找他的羊羔……（在此处唱或哼一首歌儿）。

很快，他到了一片森林。在走过树荫时，他突然听到前面有一阵嘈杂声。他发现地上有个大洞，一只大乌龟掉在里面。“你是神派来的，”乌龟见到男孩时说。“我被困在这里好长时间了，等着什么人来帮我，现在你来了。”科普瑞趴在地上，尽量伸长了胳膊，用尽力气拉啊拉，把乌龟拉出了陷阱。你能想象得到，乌龟重获自由有多么高兴！这时科普瑞感到非常疲惫和饥饿，大滴的泪珠从他眼中滚落下来。“是什么让你这么伤心呢？”乌龟问道。

“我走了这么远来寻找我丢失的小羊羔，但是没有找到。现在天已经黑了，我没希望找到它了。”科普瑞回答说。“别哭，”大乌龟说，“让我来帮助你，跟着我走。”于是他们一起走。

当第一颗星星出现在天空的时候，他们来到了一个黑暗的洞穴。“耐心在这里等一会儿，”乌龟对科普瑞说，然后它就消失在森林里了。于是科普瑞独自坐在黑暗中，除了等待以外无事可做。

突然，他看见洞里射出来一道亮光；接着一个老爷爷提着灯笼走出来了。“我正在等你呢，”这个智慧的老爷爷对男孩说。“动物们都和我说了你的事情，包括你做的好事，现在我要帮助你。”他走进洞里抱出了科普瑞的小羊羔。小羊羔欢快地咩咩叫着，重新找回他的小羊羔，小男孩别提有多高兴了。“带上这盏灯笼，”老爷爷说，“它会带你安全回家的。”说完，老爷爷就消失在洞里了。

科普瑞小心地提着灯笼，这时，有新的力量流进他的身体。借着灯笼的光芒，他带着小羊羔，迈着轻快的步伐赶回家中。妈妈远远地看见了光亮，张开双臂欢迎她的宝贝儿子回家。

## 树袋熊一家

下面是克里斯坦·帕拉祖创作的断奶故事，这个故事是个有趣的例子，表明了“故事的力量”如何帮助我们应对各种情况，它甚至能帮助妈妈给3岁半的儿子断奶！当克里斯坦在新加坡的工作坊中问我，是否可以用故事来应对这种情况时，我静静地思考起来。

“我不知道故事是否能够帮助孩子断奶！”很快事实告诉了我答案——因为几个星期以后，克里斯坦给我发来了电子邮件。我想，对于这个妈妈来说，这种经历太令人惊喜了，因此我将她全部的话摘录在这里。在照顾孩子的同时，这个妈妈也需要设法来照顾自己（我遇到她的时候，她已经被孩子折磨得精疲力竭，急需帮助）。

树袋熊是她的儿子最喜欢的玩具。由于树袋熊妈妈会用育儿袋带着小树袋熊，所以，选择这样的暗喻是非常恰当的。

亲爱的苏珊：你帮我写的故事对我的家庭产生了深远的影响，伴我们度过了一段非常艰难的岁月。我想与你分享我的经历。我把故事的最终版本附上。从八月中旬（他当时 3 岁半，我觉得真应该给他断奶了）开始，我逐渐给儿子欧利佛断奶。我原计划和另外两个妈妈九月底去泰国曼谷旅行。因此我的目标是到九月底彻底给他断奶，我也觉得，如果我恰好有几天不在家，这应该非常有助于断奶。然而，在旅行的前一周，我感觉似乎没希望在旅行前给欧利佛断奶了，因为他非常强烈地坚持吃母乳。感谢你恰好在此时开办了工作坊！

工作坊的时间是在周六。我在次日早上写完了这个故事，当天下午就开始给他讲这个故事。欧利佛那天睡觉前比平时多吃了四五次奶。我们在周日上午说好，从周一早上开始断奶，在周一那天，他多次要我讲这个故事。当天晚上睡觉前我告诉他，第二天早上醒来的时候，如果天还没亮，他就回去继续睡，如果他叫我的话，我就进来；如果时间很晚了，那就立刻起床。我还提醒他，过几天我就要出门旅行，而到了那天，当你和我说再见的时候，也同时和母乳说再见了，因为你现在已经可以不吃奶了。

第二天早上，他醒过来的时候还很早，天还没亮。我走进他的房间，他说他想起床，压根没提吃奶的事儿，而这通常是他醒来以后做的第一件事情。我们对是否起床有点小小的分歧，但后来我们起床了，打开灯，然后，他要我讲故事。于是我开始讲这个故事，最后，在他的要求下，我们表演了故事中的所有情节。这真的让人吃惊。过了会儿，我们就穿衣下床了，我想，这个故事真的帮助我们度过了那个星期。在那以后，有几个早上，他还要求吃奶，但是在不同的时候，他问了几个与这个故事相关的问题，比如："当树袋熊宝宝长大了就不继续吃奶了，是吗？"这明显表明故事在起作用了。不管怎样，那个星期过去了，我周五离开了家，他很轻松地和我说再见，然后和爸爸度过了美好的周末。

当我回来时，他还想吃奶入睡，开头几天过得并不容易，但是我们又多读了几遍这个故事，他问了些与奶有关的问题（我告诉他现在奶回到月亮上去了，他不再需要奶了，刚开始的时候他很不喜欢）。几天以后，他基本上能接受了。这对我们来说是一大进步——对我来说可能比对他来说更大！现在他再也不要求吃奶了，对这个故事也不感兴趣了。我猜故事已经达到了它的目的——似乎有点像药物。它起到了治疗作用，然后我们就可以抛弃它了。

从前生活着树袋熊一家，有树袋熊妈妈、树袋熊爸爸，还有一个树袋熊宝宝。树袋熊妈妈将宝宝装在育儿袋里，就这样装了很长时间，直到树袋熊宝宝不再是个小宝宝为止。但是树袋熊宝宝非常喜欢待在妈妈的育儿袋里，永远都不想出来！那里温暖又柔软，此外，它还能在那儿吃到妈妈的奶。

一天，树袋熊妈妈告诉树袋熊宝宝说，它长得够大了，不能继续待在育儿袋里了。宝宝已经变得非常重，妈妈带着它很难走路和挖坑。我们都知道树袋熊是多么喜欢挖坑啊！再过了些日子，它变得更重了，妈妈几乎都走不动了。一天，妈妈告诉树袋熊宝宝，自己很快就要去旅行了，这趟旅行她必须独个儿去，它需要去找些新鲜的食物，让自己重新变得强壮起来。

但是在妈妈走之前，还有很多土要挖。树袋熊妈妈和树袋熊爸爸计划挖个更大的洞来做他们的家，因为树袋熊宝宝长大了，需要更大的空间来居住和玩耍。

妈妈和爸爸挖土的时候，树袋熊宝宝从育儿袋里看着他们劳动。树袋熊邻居们听说了这个更大的挖掘计划，于是它们也都来参加，包括它们自己的树袋熊宝宝。看着看着，树袋熊宝宝开始注意到，大家在工作中有多么开心啊，最后它再也忍不住了，于是跳出了育儿袋，自己也开始挖土。它简直无法相信，那种感觉有多么美妙。树袋熊宝宝低头看自己的双脚，突然发现自己有好大的爪子可以用来挖掘。它以前从来都不知道！这真让人兴奋！它不停地挖啊挖，觉得这比它以前做过的任何事情都更开心。然后，它开始跟着别的树袋熊唱歌欢笑。（树袋熊在挖土的时候，也特别喜欢唱歌。）

我们喜欢挖，嘟嘟嘟，嘟嘟嘟，

我们热爱挖，嘟嘟嘟，嘟嘟嘟，

我们爱挖洞，嘟嘟嘟，嘟嘟嘟，

我们爱挖土，嘟嘟嘟，嘟嘟嘟。

（用“我们爱糖果”的调子唱）

树袋熊宝宝喜欢上了挖洞，这时候树袋熊妈妈告诉它，自己要出门旅行了。树袋熊宝宝深深地亲吻了妈妈，和她道别，然后就和爸爸肩并肩挖土。它们挖得越来越快，树袋熊爸爸都不敢相信儿子有这么强壮，挖得有这么快！它们开始挖隧道，第一条隧道，第二条隧道，然后是第三条隧道。它们不停地挖，直到不久以后又回到了出发点，就这样，他们挖成了一个巨大的可以在里面玩耍的隧道迷宫。

它们挖完隧道以后不久，妈妈就结束旅行回家了。看到宝宝已经长大，树袋熊妈妈太高兴了。树袋熊宝宝非常兴奋地告诉妈妈，在她离开的时候，它和爸爸经历了多少奇遇和开心事儿。树袋熊宝宝拉着妈妈的手，让妈妈看它们建造的隧道。这些隧道现在是它温暖而亲切的新家。

## 弯曲的树

这个故事是我根据非洲传统童话故事改编而成的。故事传递的强烈信息是：贪婪没有好结果，关照他人非常重要。适合于5~10岁的孩子。

从前有个村子，经历了很长时间的饥荒。因为缺水，地里的庄稼和果园里的蔬菜都枯死了，粮仓里储存的粮食也逐渐被吃光了。每天，每家都只能弄到一小捧大米和豆子，在锅里煮好以后让全家人分着吃。每天傍晚，所有的家庭都会聚集到村子的广场上，一起求雨。

但是村里有个男人没有忍饥挨饿，他就是村长。他曾经走了一天的路，到很远的地方去找水，他发现一棵巨树长在干涸的河床边上。村长在树荫下休息，然后开始唱歌，讲述村子里正在遭受的饥荒。突然，他的歌声被痛苦的咯吱声打断了。让村长惊讶的是，他看见这棵树弯下粗大的枝条，在地上洒落了很多水果。村长赶紧捡起这些美味的水果，坐在那里大吃起来，随后大树又将枝条重新伸向天空。

村长吃饱以后，走了很长的路回家了。当他到家的时候，妻子刚刚用少得可怜的米和豆子做好了全家的饭，想到丈夫长途跋涉以后肯定非常劳累，她便给丈夫多分了点儿饭，但是丈夫说："给孩子们吧，他们应该多吃。我今晚就饿一宿吧。"然后村长就上床睡觉了，妻子对他肃然起敬，这个无私的男人宁愿自己饿着，也不让他的孩子们挨饿。

第二天，村长又去干涸的河床，坐在大树下唱那支饥荒的歌儿。就像昨天一样，他的歌声被痛苦的咯吱声打断了，然后他看见大树弯下所有粗壮的枝杈，奉献出它的果实。村长很快捡起它们，坐在树下享用起美味的水果，然后树枝重新伸向天空。

那天晚上回家，他还是不吃妻子端过来的饭，说："我的孩子们还没长胖前我不能吃。"然后就睡觉了，这让妻子更加震惊于自己丈夫的高尚行为：这个男人宁愿自己挨饿，也不愿意孩子们挨饿。

这样的事情持续了很多天。村长每天都去老树那里，唱完歌以后，大吃美味的水果。然后回家，不吃妻子做的饭，说他宁愿给孩子们吃。很快全村人都听说了他的这种无私举动，大家都对村长的善举充满敬畏。

如果不出什么意外，这种情况也许会再持续很多天，很多月……村长有个年幼的儿子，他越来越奇怪：爸爸这么长时间不吃饭，却怎么长得越来越胖呢？于是这个男孩决定在早晨跟踪父亲，来到干涸的河床边。男孩藏在岩石后面，看到爸爸坐在了大树下面。他听到爸爸唱着饥荒的歌儿，然后惊讶地看到，大树弯下腰，奉献出美味的果实给他吃。

于是男孩飞快地跑回村子，把看见的情景告诉了妈妈。妈妈听说丈夫的贪婪行为以后，快气疯了。于是她想了个办法，准备狠狠教训教训她的丈夫。

第二天早上很早的时候，当她的丈夫出发的时候，妻子带上孩子们悄悄地跟着他来到了干涸的河床边。村长根本不知道全家人都跟着他。当他到了大树那里，他的妻子和孩子都跳了出来，站在树下，大声唱道：

一个自私的男人只顾填饱自己的肚子，

让全家人在家里靠一点点食物为生。

听到这歌声，大树发出了痛苦的巨大咯吱声，声音比以往都要大。然后，它弯下巨大的树枝，奉献出各种品种和形状的果实，给孩子们和村长的妻子吃。

村长被当场抓住，感到非常羞愧，他试图假装自己也是刚刚发现大树的魔力的。“这棵树能给我们足够的食物。”他大叫道。但是当他弯腰捡起水果来吃的时候，却发现味道特别苦，他不得不赶紧吐出来。然后，他尝了尝其他果子，但他尝过的每个果子都像毒药那样苦。与此同时，他的妻子和孩子们却尽情地享用着果子，他们吃到的水果都甜美无比。

第二天，他的妻子带着全村人来到了大树那里，他们带着篮子和罐子，一起在树下唱着美妙的歌儿。大树弯下巨大的树枝，奉献出了水果，村人装满了他们的篮子和罐子。那天晚上回到村子以后，大家举行了盛大的活动，庆祝这棵神树的果实消除了饥荒。

但是村长再也不能吃到这美味的果实了，因为当他吃到嘴里时，这些水果都苦得像毒药。他只吃了一小碗米和豆子，然后就上床睡觉了。

## 海洋游乐场

这个故事来自中国成都的教师培训活动，旨在帮助班级里那些不爱护玩具的 5 岁孩子，特别是有一个男孩行动笨拙，总是打坏东西或者撞翻东西。

从前，很多海洋动物住在蔚蓝的海底。有螃蟹、虾和海马，它们都喜欢

在海底花园里一起玩耍。每天，它们都用贝壳和石头造房子，然后在房子周围捉迷藏。

一天，章鱼第一次来到这里。海底的小动物们都很欢迎新来的朋友，但是，当它们开始一起造房子的时候，章鱼的触须总是把墙碰倒。

这种事情发生了很多次之后，螃蟹、虾和海马决定换个新的游乐场去玩，离开这个总是碰倒房子的客人。章鱼想跟着它们，但是它的触须太多了，总是不停地打翻很多的东西。它撞到了太多的东西，以至于它的触须被贝壳和石头压住了，很快它就陷入困境之中。它大呼救命却没有人听到，其他的小动物都忙着在新游乐场玩儿呢。

最后，章鱼终于可以前后挪动它的一根触须了，这个动作吸引了一条小鱼的注意力。这条小鱼很快就知道可怜的章鱼遇到了麻烦，它喊来其他的小鱼、螃蟹、虾和海马，它们一起搬开压在章鱼身上的东西。

章鱼在脱身以后，立刻意识到，如果它缓慢而小心地走路，就不会再撞翻和打碎东西了。它很快变成了海底小动物们的好朋友，它们都喜欢和它玩儿，因为它有很多手可以帮它们建造房子。

## “故事骨架”——金色羽毛

这个故事来自悉尼，是为一个 6 岁的孩子创作的，因为他总是不打招呼就拿走别人的东西。故事凸显了尊重、爱护和归还他人物品所带来的快乐。

故事讲的是一只神奇的鸟儿，它有一根金色的羽毛。这只鸟儿喜欢在高高的天空中跳舞，在它的下方，有只喜鹊看到它的金色羽毛在阳光中闪闪发光，就希望自己也有一根金色的羽毛。

一天，当这只神奇的鸟儿跳舞时，那根金色的羽毛掉下来了。喜鹊找到了这根羽毛，它飞得高高的，试着带着金色羽毛跳舞。它把羽毛插在一个翅膀上，但是羽毛总是插不稳；它把羽毛插在另外那个翅膀上，还是不行；于是它试着把羽毛插在头顶上，但是不论喜鹊怎么做，它都无法像那只神奇的鸟儿那样跳舞。

最后喜鹊飞去找那只神奇的鸟儿，把金色的羽毛还给了它。鸟儿看到自己的宝贝羽毛回来了，太高兴了。它将这根羽毛放回翅膀中，然后教喜鹊学习一种特别的舞蹈。后来，这两只鸟儿在空中一起跳舞。

# 第八章
# 破坏行为 / 焦躁不安 / 过度兴奋

## 珠珠找朋友

### 为焦躁多动的孩子而写的故事

珠珠这个故事的创意来源于我对幼儿园里的孩子们的观察。有一天，我看到一群5岁的孩子在公园边上的一座老房子附近玩耍。后来，这群孩子一个接一个地站在了灌木篱笆旁边，一动不动地盯着什么东西看。我很惊讶，这些孩子怎么能这么长时间站着不动，所以我就加入了他们。原来他们在看一尊印度小王子的石头雕像。那雕像在一座荒草丛生的花园中间，孩子们站在那里那么安静，还站了那么久，因为他们以为那是一个真正的男孩，他们都在等着他动！第二天，我们又来到了那个公园，让孩子们看看那个男孩是不是还在那里。后来天开始下雨，我们很快就离开了，但是孩子们很担心那个小男孩会被淋湿，其中一个孩子还想带把伞来，不让雕像被淋湿。

从前，有一个小女孩，她一刻也安静不下来。她的爸爸管她叫珠珠，就

连她的名字发音也是跳跳的。

珠珠从早上一睁眼开始就会跳来跳去，一直跳到晚上，直到睡觉。她在房子周围跳啊跳，在花床上跳啊跳，在林间小路上蹦啊跳啊，还在整个公园里跑啊跳啊。爸爸开车带她去镇上的时候，如果没有安全带的话，她甚至会在汽车的座位上跳上跳下！

有时候珠珠的爸爸会叹着气说："有时候我真希望你能像一块石头那样一动不动。"

但是珠珠不是石头，而且珠珠也不想安静下来。她对爸爸说："我喜欢动，喜欢四处跳来跳去，小孩子们都这样。石头们喜欢一动不动，但是小孩子们都喜欢动。"

（其实即便珠珠愿意去尝试，她也不知道该怎么保持安静！）

每天下午，爸爸下了班都会带珠珠去公园。这样她就有足够的时间和地方又跑又跳了。爸爸总是带块毯子和一本书。这样他也不时能读上一两页！爸爸休息的时候，珠珠就会在大树上爬上爬下，在石头和木桩上跳上跳下，也会在小溪流过的一座小桥上跑前跑后。

有一天，珠珠和爸爸来到了公园的另一角。这里有一座老房子，还有一个装了篱笆栅栏的花园。珠珠从来没来过这个地方。她的爸爸在草地上铺开小毯子，坐下来准备看书。这时候，珠珠跑到了花园边上，顺着篱笆墙的叶子往里看。

她看到了让她大吃一惊的东西。

在花园的正中间，在许许多多的花朵中间，站着一个小男孩，和她差不多高。

"你好！"珠珠悄悄地说："你愿意和我做朋友吗？"但是石头男孩儿没

作声。珠珠站在那里又看了他一分钟，琢磨着她的新朋友怎么不说话。然后她就跑回了公园，蹦呀跳呀，但是跳了几下之后，她又回到篱笆边去看她的新朋友是否还在那里。每次回来看，她的朋友都安静地站在同一个地方——纹丝不动！

那天晚上，珠珠想着她的新朋友，想呀想呀就睡着了。

“今天我们还能去公园的那个地方吗？”第二天下午，珠珠这样问爸爸。“当然可以。”爸爸这样说。爸爸非常高兴，因为前一天珠珠在那里玩得很高兴，他也读了不少书。

于是他们又回到了公园里那个临近老房子和花园的角落。珠珠的爸爸铺开小毯子坐下来。开始看书前，他看了一会儿珠珠。他惊讶地发现他的小女儿竟然一动不动地站在花园边上，透过灌木篱笆的绿叶，紧盯着里边看。她在那里站了很长时间，几乎有两分钟！然后她跑开了，在棕榈树间跳来跳去，还爬上了岩石堆。但是很快她又回来了，安静地站在花园边上，顺着灌木篱笆往里看。

她的爸爸继续读书。今天他不必像往常一样花很多精力看着珠珠了——因为她会不断地回到花园边上，并且安静地站着。“她一定是发现了一只蚂蚱或者是一只甲虫，”他心想。然后决定以后他们要经常来公园的这个角落。

第二天，天空下着小雨，珠珠爸爸不想出来散步了。但是珠珠坚持要来！她还坚持要带两把雨伞，一把打着，一把折好拿着。“孩子有时候就这么奇怪。”爸爸这样想。因为平时让珠珠带一把伞就够困难的了。

他们一到公园，珠珠就径直跑向那个旧花园。因为草地上太湿不能坐，爸爸就跟着她，坐在了靠近篱笆的一堵残破的砖墙上。他透过篱笆墙的枝条，注视着他的小女儿一声不响、小心翼翼地穿过湿漉漉的叶丛，最后来到了花园当中。他也看见了雕像！他一直盯着篱笆墙那边，吃惊地看着这一切。

珠珠来到了她的石头朋友所在的花园，将那把折着的伞放在了湿漉漉的草地上。“你好！”珠珠对她的朋友说：“我给你带来一把伞，让你别淋得太湿，会感冒的。”珠珠跨过花床，把伞张开，将伞柄挂在石头男孩的手指上，还把伞罩在男孩的头上。做完这一切，她就站起来，拿起另一把伞打在自己头上。珠珠高高地举起雨伞，站在那里开始和她的朋友聊天。她爸爸觉得他们好像聊了很长时间！

雨一直下着，雨滴噼里啪啦地落在花园里和雨伞上。珠珠不知道，爸爸一直在原地远远地看着她。

那天，他们在公园里没有待太久。当珠珠从灌木丛中钻出来找到坐在墙上的爸爸时，雨下得更大了，珠珠看起来愿意回家了。

爸爸从没有问过珠珠另一把伞哪去了，珠珠很高兴可以保守新朋友的秘密。

珠珠的爸爸也很高兴——因为珠珠的新朋友能够帮助她有时候也可以“像石头一样一动不动”了！

## 三口锅

这是巴干达的一个传统，是由来自乌干达的凯瑟琳·卡邦格在内罗毕的一次教师培训课上讲给同学们听的（由苏珊·佩罗誊写并改编）。这个故事用一种优美的方式强调了专注于手头工作的重要性。就像很多传统的故事一样，这个不仅仅是讲给孩子们听的。我的一个朋友听到这个故事后很感慨，她说这个故事就像是专门写给她的——这个故事给了她从一段关系中脱身而出的勇气，因为故事帮她认清了她的伴侣不是那个能够“端着锅沿着一条路回家”的人——他太容易被美丽的小鸟分心了！

从前，有一个女人和她唯一的女儿相依为命。女儿是村子里最善良、最大方又最美丽的姑娘，很多青年男子都想成为她的丈夫。

她的妈妈想为她找一个最好的丈夫——勤劳、守信、尊重且爱自己的妻子。于是，妈妈出了一道题，对求婚者们宣布只要通过测试就能和她的女儿结婚。

那天早上，很多男青年都在妈妈的小茅屋门外等待测试。

第一个青年上场了。妈妈给了他一口泥锅，让他到井边给锅里装满水，还跟他说，只要他能端着这锅水，完好无损地返回小茅屋，就算通过了测试。他出发了，到达井边后，把锅放下来，打满了水。然后他把锅扛在肩头，转身踏上了回到妈妈小茅屋的路。这时，井边一棵茂盛的大树上，一只金色的鸟儿开始唱起一首美妙的歌。

“听我说，只要听我说……我是一只金色的鸟儿，噢，听我说。”

男人停下来，转头听小鸟唱歌，锅就从他肩头掉了下来，掉在地上摔碎了。他没能通过测试。

第二个男人出发了，准备去完成他的任务。妈妈也给了他一口泥锅，让他到井边去打水，告诉他如果能够完好无损地把一锅水带回小茅屋，就算通过测试。他出发了，到达井边后，把锅放下来打满了水。然后他把锅扛在肩头，转身踏上了回到妈妈小茅屋的路。这时，井边一棵茂盛的大树上，一只金色的鸟儿开始唱起一首美妙的歌。

“听我说，只要听我说……我是一只金色的鸟儿，噢，听我说。”

这个男人也停下来，转头听小鸟唱歌，锅就从他的肩头掉下来，掉在地上摔碎了。他也没能通过测试。

第三个男人也出发了，准备去完成他的任务。妈妈同样给了他一口泥锅，让他到井边去打水，告诉他如果能够完好无损地把一锅水带回小茅屋，就算他通过测试。他出发了，到达井边后，把锅放下来打满了水。然后他把锅扛在肩头，转身踏上了回到妈妈小茅屋的路。这时，井边一棵茂盛的大树上，一只金色的鸟儿开始唱起一首美妙的歌。

“听我说，只要听我说……我是一只金色的鸟儿，噢，听我说。”

这个男人一边继续走路，一边听小鸟歌唱。但他没有停下脚步，也没有把头转过来。他继续沿着脚下的路前进。把那锅水稳稳当当地扛在肩头。

他回到茅屋，把锅从肩头放下来交给妈妈。妈妈把女儿叫到茅屋门口。她很高兴看到还是有一个小伙子可以通过这个困难的测试。她的女儿也愿意嫁给这个小伙子，那天晚上，村子里举行了盛大的庆祝晚会。

金色的鸟儿从井边的树上飞到婚房边上的一棵树上栖息，黄昏时分，婚礼结束的时候，它为这对新人唱了一首爱情之歌。

## 田鼠潘雅

田鼠潘雅的故事中用到了非洲的一些动物和斯瓦希里语中的一些名字。它与俄罗斯一则经典诙谐故事“贪食鼠”的主题类似。那则故事讲了一只小老鼠，发现了一口倒扣在地上的锅，它就钻进去把锅当成了自己的家。在这个版本里，田鼠潘雅在草地上发现了一顶旧帽子，就把它当成了自己的窝。

这是一个非常棒的故事，可以讲给那些在听故事的时候很难专注、老是动来动去的孩子，讲故事的人可以用一只手的五个手指代表五种动物，另一只手拿一顶红色的旧帽子（或者另一只手半握拳，来代表一顶帽子）。孩子们用自己的手指和手来做手偶的时候，很容易会变得非常投入。我经常在故事的末尾叫一个孩子上来，握成拳头表演“鬣狗挤扁小房子”。

有一天，田鼠潘雅在非洲大草原上闲逛，想找一个新地方做自己的家。找着找着它在草地上发现了一顶红色的旧帽子，于是它跳上帽子往里面看。

小帽子，小帽子，谁住在这顶小帽子里啊？

没人回答，于是田鼠潘雅就住到这顶红色的旧帽子里去了。

没过多久，草地那边来了一只名叫楚拉的青蛙。它来到帽子前说：

小帽子，小帽子，谁住在这顶小帽子里啊？

我呀，田鼠潘雅回答道：你是谁啊？

我是青蛙楚拉，我能进来和你一起住吗？

于是青蛙楚拉跳到红色的旧帽子里，和田鼠潘雅住在了一起。

没过多久，草地那边来了一只名叫桑古拉的野兔。它来到帽子前说：

小帽子，小帽子，谁住在这顶小帽子里啊？

我呀，田鼠潘雅回答道。

我呀，青蛙楚拉也回答道。

你是谁啊？

我是野兔桑古拉，

我能进来和你们一起住吗？

于是野兔桑古拉一下跳到了红色的旧帽子里，和青蛙楚拉、田鼠潘雅住在了一起。

没过多久，草地那边来了一只名叫图姆比利的猴子。它来到帽子前说：

小帽子，小帽子，谁住在这顶小帽子里啊？

我呀，田鼠潘雅回答道。

我呀，青蛙楚拉回答道。

我呀，野兔桑古拉回答道。

你是谁啊？

我是猴子图姆比利，

我能进来和你们一起住吗？

于是猴子图姆比利钻到红色的旧帽子里，和野兔桑古拉、青蛙楚拉和田鼠潘雅住在一起。

没过多久，草地那边来了一只名叫斯瓦拉的羚羊。它走到红色的旧帽子前，问道：

小帽子，小帽子，谁住在这顶小帽子里啊？
我呀，田鼠潘雅回答道。
我呀，青蛙楚拉回答道。
我呀，野兔桑古拉回答道。
我呀，猴子图姆比利回答道。
你是谁啊？
我是羚羊斯瓦拉，
我能进来和你们一起住吗？

于是羚羊斯瓦拉迈进红色的旧帽子里，和猴子图姆比利、野兔桑古拉、青蛙楚拉和田鼠潘雅住在一起。

没过多久，草地那边来了一只名叫菲西的鬣狗。它来到红色的旧帽子前，问道：

小帽子，小帽子，谁住在这顶小帽子里啊？
我呀，田鼠潘雅回答道。
我呀，青蛙楚拉回答道。
我呀，野兔桑古拉回答道。
我呀，猴子图姆比利回答道。

我呀，羚羊斯瓦拉回答道。

你是谁啊？

我是鬣狗，我要挤扁这个小房子。

鬣狗菲西说着（伴随着鬣狗的大笑声——哈哈哈），

它坐在红色的旧帽子顶上，要挤扁这间小房子。

但是幸运的是，红色旧帽子的侧面有一个洞，很快所有的好朋友都从洞里挤出来逃跑了。它们飞快地跑进草丛中去寻找新家，只留下鬣狗菲西坐在空帽子的顶上！

## 三匹小马

本故事作者是休·赫斯特。他说，我写这个故事是因为在我的幼儿园的孩子当中，有两个小女孩儿很难专心听故事。这种情况也让其他真正想听故事的孩子很难进入状态。我试过调整讲故事的时间，把孩子们分开，还有其他一些尝试，但收效甚微。读了苏珊的《故事知道怎么办》后，我坐下来写了这个故事《三匹小马》。讲了几周之后，太不可思议了！这两个孩子的行为都发生了变化。她们听故事的时候更专心了！现在两个孩子都6岁了，她们自己也成了讲故事的小能手。

从前有一群野马住在高原上。每天它们都在草丛中漫步，又累又渴的时候再去山底清澈的池塘边喝水。

一天，在它们喝水的地方，来了三匹小马。马群挪动着让出一些地方，让三匹小马也能挤进来喝水。但是，三匹小马只喝了一点儿水，就开始在池塘里跳来跳去。一开始，马群只是笑着看三匹小马开心地玩耍，但是很快它们就注意到这三个小家伙把池塘里的水弄得又脏又混！实际上，没多大一会儿，池塘里的水就已经脏得不能再喝了！

每天马群到池塘喝水的时候都会发生这样的事。马儿们开始有些烦心，因为它们不能再开心地喝池塘里清凉干净的水了。于是，它们去找住在附近的一头睿智的驴子爷爷，请教驴子爷爷怎么处理小马弄脏池塘这件事。

睿智的驴子爷爷说，它们应该去找住在池塘底下的大嘴青蛙。那只青蛙的嘴特别大，可以一口气吸干池塘里的水，然后把水含在嘴里。“这有什么用呢？”其中一匹马问道。“当然，”驴子爷爷说：“小马们再来池塘时，就没有水让它们喝，也不能胡闹了。”那匹马继续问道：“但是，那样的话我们不会渴死吗？”“呃，”驴子爷爷说：“你们必须早一点去池塘喝水，趁小马们还没来的时候就喝饱。”

于是，马儿们回到池塘，召唤大嘴青蛙，把驴子爷爷的计划告诉了它。青蛙说它也不愿意池塘被弄脏，因此很愿意帮助它们。

接下来的早上，马儿们都先下去喝水，然后大嘴青蛙把所有的水都吸在嘴里。等小马们来喝水玩耍的时候发现池塘已经完全干涸了。它们在周围的土地上跑了一阵子后，就口干舌燥、疲惫不堪了。

终于，到第三天的时候，小马们跑到马群中说：“我们太渴了，我们整整三天都没喝上一口水。噢，我们多么渴望池塘里再次充满清凉干净的山泉水啊！”马儿们很可怜它们，就让青蛙把水吐了出来，水再次充满了池塘。

小马们第二天来的时候，就饱饱地喝了一通水，滋润了干渴的喉咙。小马们还发现它们非常享受清水的甘甜，再也不在池塘里跳跃玩耍把池塘弄脏了。从那以后，三匹小马和马群就一起在草丛中奔跑玩耍，然后一起在山里的池塘中喝清凉干净的水。

## 跳蚤市场里的曼迪

这是一个能让好动和兴奋的孩子安静下来的故事，它有一条激动人心的主线，充满了节奏感和重复的表达。故事用到了一根会跳舞的棍子——可以简单地用木棍和彩带制成。孩子们非常喜欢玩这个游戏。适合4~8岁的孩子。

曼迪和妈妈住在镇子边上的一所小房子里。她不上学的时候，大部分时间都特别喜欢和她的朋友们在花园深处的“敲门树”森林里玩耍。当阳光透过林间小路和茂密碧绿的树叶时，她最喜欢在光束下跳舞。

但这个月不同了。现在是春季，开春需要做大量的清洁工作。所以曼迪把空闲时间都用来帮助妈妈。她打扫、擦抹犄角旮旯的地方，刷洗窗户和墙壁，还清洁了一年多都没打扫的碗橱。

最后活都干完了，正好是星期天。这可不是普通的星期天，而是有“跳蚤市场”的星期天！曼迪的妈妈给了她价值一块钱的一枚金色的硬币。她把这枚硬币安全地塞进一个小袋子，再用粉色的羽毛线绳把小袋子挂在了自己的脖子上。曼迪一只手挽着妈妈，另一只手甩啊甩，往跳蚤市场走去。

曼迪蹦蹦跳跳地边走边唱：

一枚金币拿到手，

金币一枚要花掉！

她们到达时，集市上已经人山人海了。曼迪看到许多摊位上彩旗飘飘，也能听见市场中间的舞台上播放的音乐。她和妈妈一进大门就闻见了爆米花的味道，爆米花摊就在门口。

“曼迪啊”，妈妈说，“我现在必须在学校的摊位上忙活一会儿，你自己先玩儿，等我干完手头的活儿，我们一起去看盛大的游行。”曼迪笑着摸了摸她的小钱包，那枚金币还安全地在里面。她很清楚自己接下来想要做什么。

她跳着经过爆米花摊；

她跳着经过手工艺品摊；

她跳着经过学校的摊位，妈妈就在里面忙着摆饮料和食品。

她边跳边唱：

**一枚金币拿到手，**

**金币一枚要花掉！**

曼迪很清楚自己要去哪儿。

她跳着经过蛋糕摊；

她跳着经过玩具摊；

她跳着经过书摊，边跳边唱：

**一枚金币拿到手，**

**金币一枚要花掉！**

曼迪很清楚自己要干什么，想去哪里。她还记得去年和朋友们在整个跳蚤市场上看到的最喜欢的东西。哇，就在那里，她一眼就看见了！一张巨大的白色的网铺在了树底下——就是魔法钓鱼游戏！

好多孩子已经在那里排好队，等着去钓多彩羊毛线做成的鱼，钓起什么颜色的鱼，就能去奖品筐里选一件相应颜色的奖品。曼迪排着队，欢快地唱着：

一枚金币拿到手，

金币一枚要花掉！

队伍在往前移动，曼迪可以看到大网里五颜六色的鱼散布在贝壳和水草之间——有蓝色的鱼、红色的鱼、黄色的鱼、绿色的鱼、橘色的鱼和粉色的鱼。网的最后面，曼迪看到一条很大的紫色的鱼。

网边的奖品筐里，有一只紫色的大盒子在剩下的奖品中很惹眼。“那就是为我准备的。”她这么想着。

终于轮到曼迪了！她从自己的小钱包中拿出那枚金闪闪的硬币，递给管钓鱼游戏的人。那人给了曼迪一根竹子做的钓鱼竿。钓竿上钓线的末端有一个多刺的莲蓬样的钩。“只有三次机会哦。”那个人说。

曼迪上前一步，开始了第一次的尝试。她向网里抛出有倒刺的钓钩。但是当她往回收的时候，钩上什么都没有！

第二回，她很努力，但是钓上来的只有一段弯弯曲曲的海草！“最后一次了！”管钓鱼游戏的人说。

曼迪闭上眼睛许了个愿，然后闭着眼睛抛出了钓钩，能抛多远就抛多远。

然后她听到了身后孩子们的欢呼，她睁开眼睛一看，哇，稳稳地挂在钓鱼钩上的就是那条巨大的紫色的鱼！

“好棒！”管钓鱼游戏的人说。“这一钓水平相当高……也许你应该真的去钓一下鱼。”那个人把篮子里大大的紫色礼物盒子递给了曼迪。

“还是魔法钓鱼游戏比较好。”曼迪一边谢过那个男人一边想。她实在是太激动，连礼物的盒子都打不开了。她费了好大劲终于打开盒子的一边，伸手进去摸，你猜她摸到了什么？

就是她许的愿——一根彩虹丝带棒！曼迪非常高兴。她拿着彩虹棒，蹦啊跳啊回到学校的摊位前给妈妈看，一路唱道：

彩虹珍宝拿到手，
我们一起来跳舞！

那天，看过了盛大的游行，吃完了冰镇水果色拉和一大袋爆米花后，曼迪牵着妈妈的手准备回家，另一只手里紧紧地抓着她的特别奖品。她们一起穿过小镇，一路上曼迪絮絮叨叨地告诉妈妈钓魔法鱼的经过。

她一到自家的花园，就径直跑到树荫遮蔽的林间小路那里。尽管已经是傍晚时分了，还是有些阳光照到满是树荫的路上。曼迪高高地举起她的彩虹丝带棒开始跳舞，金色的阳光下满溢着彩虹的色彩。

曼迪从未感到如此高兴！能这样跳舞是多么让人愉悦啊，在金色的光里自在地跳舞。

据我所知，也许今天她还在那里跳舞呢，唱啊跳啊。所以如果你也到“敲门树”森林里去散步，你很可能会碰到一个小女孩拿着一根彩虹丝带棒，边跳边唱：

啊，啊，啊，啊，啊，
彩虹珍宝拿到手，
啊，啊，啊，啊，啊，
我们一起来跳舞！

孩子们请注意：你可以把一截彩带或羊毛系在棍子的一头做成自己的丝带棒（棍子要牢固、直立并且光滑，长度大约是从你的手指尖到你的手肘）。然后你就可以把它带到森林里去，在金色的阳光下跳舞。

## 树袋熊帮忙建水坝

在新南威尔士州南部沿海的一个工作坊，一些老师为一个5岁小女孩创作了故事大纲和一些押韵的段落。这个小女孩容易反应过度，并且会感到无助、伤心，觉得没有力量做出改变。下面这个完整的故事旨在鼓励她“参与到解决问题当中”而不是反应过度并且情绪低落。

从前，有一只树袋熊妈妈和一只树袋熊宝宝沿着灌木小路往前走。这条小路通往水库。当时已经下了很长时间的雨，水库里涨满了水。突然，水库大坝的一边裂开了一条缝，水从溃口处奔涌而出。

树袋熊宝宝赶紧跑到灌木丛里，大喊救命。

他碰到了一只鸭嘴兽，鸭嘴兽问：

小家伙啊小家伙，你怎么这么着急，你怎么这么焦虑？

树袋熊宝宝回答道：

水库大坝裂开了一角，
我实在太小不能修好，
大坝的水不停往外流啊流，
我真的不知道如何是好！

树袋熊宝宝继续沿着灌木丛跑，边跑边呼叫救命，它碰到了一只袋鼠。袋鼠问道：

小家伙啊小家伙，你怎么这么着急，你怎么这么焦虑？

树袋熊宝宝回答说：

水库大坝裂开了一角，
我实在太小不能修好，
大坝的水不停往外流啊流，
我真的不知道如何是好！

树袋熊宝宝继续沿着灌木丛跑，边跑边呼叫救命，它碰到了一只考拉。考拉问道：

小家伙啊小家伙，你怎么这么着急，你怎么这么焦虑？

树袋熊宝宝回答说：

水库大坝裂开了一角，
我实在太小不能修好，
大坝的水不停往外流啊流，
我真的不知道如何是好！

树袋熊宝宝继续沿着灌木丛跑，边跑边呼叫救命，它碰到了笑翠鸟[1]。笑翠鸟问道：

小家伙啊小家伙，你怎么这么着急，你怎么这么焦虑？

树袋熊宝宝回答说：

水库大坝裂开了一角，
我实在太小不能修好，
大坝的水不停往外流啊流，
我真的不知道如何是好！

---

1 笑翠鸟：一种澳大利亚翠鸟。

最后，树袋熊宝宝绕着灌木丛整整跑了一圈，又回到了水库。它非常惊讶，因为它发现所有的朋友都在忙着修水坝——鸭嘴兽、袋鼠、考拉、笑翠鸟，还有树袋熊妈妈。

树袋熊妈妈看到自己的宝宝安全回来了，非常高兴，它叫道：

大家一起来欢呼，我们的树袋熊帮手来了。

树袋熊宝宝明白了，因为它一路呼救才引得这么多朋友来帮忙。树袋熊宝宝依偎着妈妈，高兴地回答说：

即使我很小，我也能找到方法把它修好！

## 鸡蛋花的礼物

这是一个能够抚慰人心的夏季圣诞故事。适合4~6岁的孩子，教孩子们耐心等待和从容不迫。

整个漫长的春季，花孩子们都在花园里跳舞。雏菊、紫罗兰、茉莉和万寿菊，它们都身着彩衣，沐浴在明媚的春光中。

但是有一个花孩子没出来跳舞。鸡蛋花还在睡觉，把脸深深地藏在鸡蛋花树的枝杈里。

每天花孩子们都围着鸡蛋花树棕黄色的枝丫跳舞，呼唤着：

鸡蛋花孩子——出来吧，出来吧，出来跳舞玩耍，
春天来了，整个世界活泼又明亮。

但是鸡蛋花孩子还在睡觉，风对这些花孩子们低语：

鸡蛋花正在等待一个特别的时刻，
鸡蛋花正在等待金色光的照耀。

每天蜜蜂都在鸡蛋花树棕黄色的枝丫旁边嗡嗡叫，呼唤着：

鸡蛋花孩子，出来吧，出来吧，出来跳舞玩耍，
春天来了，整个世界活泼又明亮。

但是鸡蛋花孩子还是在睡觉，风儿对嗡嗡叫的蜜蜂说：

鸡蛋花正在等待一个特别的时刻，
鸡蛋花正在等待金色光的照耀。

每天蝴蝶们都在鸡蛋花树棕黄色的枝丫周围穿梭飞舞，呼唤着：

鸡蛋花孩子，出来吧，出来吧，出来跳舞玩耍，
春天来了，整个世界活泼又明亮。

但是鸡蛋花孩子还是在睡觉，风儿对飞来飞去的蝴蝶们说：

鸡蛋花正在等待一个特别的时刻，
鸡蛋花正在等待金色光的照耀。

夏天来到了花园，现在鸡蛋花树穿上了轻柔的绿色衣衫。花孩子们还在不停地呼唤鸡蛋花孩子，忙碌的蜜蜂也在不断地呼唤鸡蛋花孩子，穿梭飞舞的蝴蝶也一直在呼唤鸡蛋花孩子，但是她还是在睡觉……风儿柔声细语地说：

鸡蛋花正在等待一个特别的时刻，
鸡蛋花正在等待金色光的照耀。

终于特别的时刻到了。圣诞节到了，当光孩子走进夏天的花园，经过鸡蛋花树的时候，鸡蛋花孩子醒来了。她伸展出白色的花瓣手臂，并把甜美的香气当做礼物，献给花园。当光孩子闻到那美好的香气时，就好像有一道闪闪发亮的金色光去“亲吻”了鸡蛋花孩子，她的心就开始在金色的光束中闪耀。

从那时起到现在，鸡蛋花孩子一直拥有一颗金色的花心，她总是在夏天，圣诞节前后把芬芳的礼物送给世界。

## “故事骨架”——蚂蚁们的盛宴

在悉尼的一个工作坊里，一个妈妈分享了这个故事的创意。这个故事是

**为她 4 岁半的孩子写的，这个孩子总是在特别的场合里过度兴奋并搞破坏。**

蚂蚁王国正在准备一个盛大的宴会。一条蚂蚁隧道通往一个圆形的露天广场——宴会将在那里举行。就在宴会开始的前一天，蚂蚁们跑得太快了，结果堵在了隧道里。最终，它们挤作一团，不能前进也不能后退。然后，一只蚂蚁坐下来，开始哼唱一首歌，所有的蚂蚁都照着做，坐下来开始一起唱歌。慢慢地，蚂蚁们开始迈着缓慢而有节奏的步伐从隧道里走出来，并把它们要做的工作唱出来，有条不紊地做准备工作。最后，所有蚂蚁全部参与进来，宴会举行得很圆满。

# 第九章
# 不诚实 / 偷偷摸摸

## 野兔朱尼珀

本故事作者迪迪·戴娃普里亚在罗马尼亚负责救助妇女儿童的机构（AMURTEL）工作。她在那里负责一个小型的儿童福利院。她联系我，说这些孩子们的行为非常难管，因为这些孩子都是在很小的时候，就被亲生父母遗弃了。他们极度缺乏照料，受到了心理的创伤。迪迪写了下面的故事，让孩子们（和工作人员）对这些难管的行为有更深刻的理解，让他们更有同情心。

她说曾在罗马尼亚给孩子们讲过两次这个故事。用她的话说："他们真的很着迷，讲故事的整个期间都感同身受，咯咯笑个不停，他们非常认同故事的主人公。白兔子是现在最受欢迎的宠物（我们甚至真的有一只叫"朱尼珀"的兔子），这也是我为什么选择这种动物的本意。第二天，一个孩子就把"朱尼珀"带过来给我看……他还准确地给我重述了整个故事。我觉得故事帮助孩子们找到了联结和身临其境的感觉，他们也不再因为创伤和自己的行为而感到那么孤立无援。

朱尼珀是一只白色的兔宝宝。它和其他 27 个兔宝宝一起住在一个小小的兔笼里。兔笼很挤，很不舒服。每当农夫把食物带来，所有的兔子都会挤上前，互相踩踏着争抢属于自己的那份吃的。

朱尼珀个头小也不机灵，其他的兔子老是踩到它身上，在它前面把大部分的食物都吃光了。它总是在饭被抢光时还饿着，它哭叫着想再要一点，但是没有人听到。大家都在忙着找自己吃的食物。

有一天，来了一个小男孩儿，他要挑选五只兔子带回家做宠物。朱尼珀又小又白并且非常害羞，小男孩很喜欢它。五只小兔子被装在一个铺满稻草的篮子里，它们上路了，路上很颠簸。汽车马达的巨大声响吓坏了它们，还有很多新气味；光线透过篮子上的稻草闪烁不停。它们不知道发生了什么，恐惧的兔宝宝们挤在一起，瑟瑟发抖。

最终，篮子被打开了，朱尼珀被拎了起来，它发现自己在一个新家里。这是个巨大宽敞的房子，有很多柔软的稻草，还有两只绿色的陶瓷大碗。一个盛满了食物，另一个则盛满了水。饥饿的兔子们飞快地爬到装食物的碗前面，特别是朱尼珀。它用劲推开其他兔子，爪子能抓多少就抓多少，然后跑到兔笼的一角，放开了肚皮去吃。但是它还是觉得饿——食物还有很多，于是它又跑过去拿走一些食物。很多个日夜过去了，朱尼珀还是担心自己没有足够的食物吃。它再也不想挨饿了，因此它总是把食物拿走，等到只有自己的时候迅速吃下去，能吃多少吃多少，即便它没那么饿也会这么做。

男孩儿很喜欢和兔子们玩儿，把它们拎起来，和它们亲昵，用手喂它们吃的。但是当男孩儿把朱尼珀拎起来的时候，它总是很害怕，总是跑回安全的角落。有时候，它也会因为其他兔子得到更多吃的和男孩儿的关心而感到伤心。当男孩儿不在的时候，它就会咬其他的兔子或者抓挠它们。其他的兔子都很害怕它，躲着它，因此朱尼珀大多数时间都会觉得非常孤独和伤心，觉得没人关心自己。

有一天，男孩儿来到兔子窝边，对小兔子们说："你们看，我这里有什么！"他带来了一罐胡萝卜和圆白菜色拉，这是他从自己的晚餐里省出来的。兔子们非常兴奋，嗅着香甜的胡萝卜和多汁的圆白菜叶子——那是它们最喜欢的甜点！男孩儿许诺早餐的时候还有特别的美味。

那天晚上，大家都睡着了，只有朱尼珀还醒着。它真的非常喜欢胡萝卜色拉。但一想到这个，又担心色拉不够自己的份。它是只聪明的兔子，在仔细观察了锁住兔笼的门闩后，它想出了一个用牙齿打开门闩的办法。接着，它悄悄地爬到了笼子外面，找到了那罐色拉，开始贪婪地大嚼起来。它吃啊吃啊，吃得好撑好撑。然后它又用爪子尽可能多地拿了一些色拉，把它们藏到了自己的稻草枕头下，留着以后吃。它把门小心地关上后就睡觉去了。

早上男孩儿醒来的时候，去拿那罐色拉。他发现罐子被打翻在地，色拉几乎没有了。他非常生气，因为有人毁了他专门给兔子们准备的美食，于是他开始大喊："有人拿走了色拉！谁会干这种事儿？"兔子们从来没见过男孩儿如此生气，这让它们都很害怕，特别是朱尼珀——它跑回床上，坐在自己的枕头上，心咚咚地跳个不停。它的爪子颤抖着，浑身冷得发抖。男孩儿来到兔笼面前，看上去非常伤心和失望。"非常抱歉，兔子们，有人吃了你们的色拉，现在已经没有了……"兔子们也非常失望。它们真的非常盼望这次美食。

那天晚上，在所有人都睡着了之后，朱尼珀扒开稻草，找到了它的宝藏，珍贵的胡萝卜和圆白菜色拉……它开始一口一口地吃——它知道自己必须快点解决掉这些色拉，否则其他兔子会发现是它干的，它们会非常愤怒的。但是不知怎的，那色拉吃起来不像前一天晚上那样香甜了，它的心还是跳得很快，它觉得非常不舒服。

墙上一只聪明的蜘蛛朝它叫道："朱尼珀，我看见了，就是你偷拿了色拉。"朱尼珀吓得跳了起来，心咚咚地跳。"什么色拉？我当然没拿——我只是发现了它。我的意思是，一定是有人拿了它然后藏在这儿了。"它用颤抖的声音说道。聪明的蜘蛛说："嗯……朱尼珀，你不必害怕——我不会伤害你的，你不会有麻烦的。我只是一只小小的蜘蛛，但是我知道很多事情。我明白你的年纪最小，在你很小的时候必须靠抢夺才能得到吃的，就算现在你还是不确定男孩儿是不是会给你足够的东西吃。但是你也是知道的，他是个好孩子，而且很想做你的朋友。我想你应该相信他。他很愿意把你拎起来，用手喂你甜色拉叶子，就像喂别的兔子一样；你只需要让他走近你。"

朱尼珀认真地想着蜘蛛的话，它也想到了其他兔子，色拉没有了，它们是多么伤心和失望。"我现在该怎么处理这些色拉呢？"它感到非常羞愧。蜘蛛走近它，轻声对着它的长耳朵说了些悄悄话。朱尼珀笑了。

第二天早上，大家都醒了。每只兔子都发现在它们鼻子底下，有一片圆白菜叶子包着的胡萝卜色拉。兔子们非常高兴，兴奋地呼叫着男孩儿。男孩儿也非常惊喜，他过来拎起兔子们和它们亲昵。他看见朱尼珀没有像别的兔子一样有叶子色拉，就拎起它，专门喂它特别的食物。当男孩儿过来拎起它的时候，朱尼珀深深地吸了一口气，放下心里逐渐增强的恐惧……接着它突然就躺在他的臂弯里了，好温暖好暖和啊！朱尼珀在吃他手里的莴苣时，男孩儿对它说："你知道吗，一只聪明的蜘蛛过来告诉了我一个秘密。"朱尼珀的血液凝固了……它开始发抖。他会不会发怒啊？

他说："我知道你拿了色拉，也知道你拿色拉是因为你害怕不够吃。我向你保证，以后一定特别照顾你，让你吃饱，并且我也会用手直接喂你。"

朱尼珀终于放心了，他没有生气，他懂得它，还想成为它的朋友。它依偎在他的臂弯里，内心感到非常温暖和幸福。它和男孩成了非常非常好的朋友，它总是有足够的东西吃，它再也不用把东西拿走藏起来了。

## 森林男孩和红鞋子

这个故事适合5岁的孩子，温和地触及了朋友圈里"偷窃"的行为——故事更多地突出帮助孩子矫正偷窃行为，而较少关注偷窃本身。这个故事用木偶戏的方式演出，所有的朋友都能够一起参与。他们都被故事情节吸引了，信息也传达到了孩子们创造的演出中——把东西藏起来然后再找到它们。这有助于矫正偷窃行为。

森林男孩住在灌木丛中间的一个树洞里。他有一张用柔软的叶子做成的小床，有很多浆果和干果吃，还有很多朋友一起玩耍。他过着幸福的生活。

森林男孩最喜欢他的一双红鞋子。这双鞋子既柔软又暖和，能让他在林间小路上静悄悄地走动，特别是当他想悄无声息地经过巨蜥和蛇的家的时候！

森林男孩走到哪里都穿着他的红鞋子……当然，除了睡觉！晚上，他会把鞋子脱掉，放在门里，这样每天早上一睁开眼就可以穿上它了！

但是，一天晚上，在森林男孩睡着的时候，有什么东西来拿走了他的一只红鞋子。第二天早上森林男孩醒来准备穿鞋，惊讶地发现只剩下了一只鞋子。“另一只鞋会在哪儿呢？”他琢磨着。他穿上一只鞋开始跳来跳去，在他家树洞周围到处找，在林间小路上来来回回地找，但都没找到！

“我丢了一只鞋，我该怎么办！”他哭喊道。

森林男孩于是叫来了他的朋友们——袋鼠宝宝和金刚鹦鹉来帮忙：

**袋鼠宝宝，袋鼠宝宝，快来帮忙把鞋找到！**

**金刚鹦鹉，金刚鹦鹉，快来帮忙把鞋找到！**

袋鼠宝宝一蹦一跳地跑过来，金刚鹦鹉从高高的树上飞下来。

当袋鼠宝宝和金刚鹦鹉听明白发生的事情，就一起出发去找失踪的红鞋子。袋鼠宝宝一蹦一跳地跑上小路，穿过灌木。金刚鹦鹉飞上飞下，在袋鼠宝宝的头顶盘旋。

找了很多地方之后，袋鼠宝宝和金刚鹦鹉几乎同时发现有红色的东西从灌木丛中伸出来。金刚鹦鹉飞下来，袋鼠宝宝跳过去。它们一起钻进灌木丛中。啊，就在那儿！红鞋子就在那儿！而且鞋子中间还睡着一只棕色的小老鼠。

“小老鼠，你为什么睡在森林男孩的红鞋子里啊？”袋鼠宝宝和金刚鹦鹉一起叫道。

小老鼠醒过来揉揉眼睛。“昨天晚上下大雨，冲走了我的家，然后我找啊找啊，在一个树洞里面找到了一个非常温暖、非常柔软、红色的新屋子！”

袋鼠宝宝和金刚鹦鹉一起大笑起来。“小老鼠，我们必须帮你再找一个屋子了。这个小红房子是森林男孩的鞋子！”

于是，袋鼠宝宝在灌木下面挖了一个新的地洞，金刚鹦鹉衔来柔软的叶子垫在洞里，棕色的小老鼠现在有一个温暖的新房子可以睡觉了。

接着，袋鼠宝宝和金刚鹦鹉把红鞋子带回来交给森林男孩。男孩非常高兴，于是准备了他最喜欢吃的水果和坚果（还给袋鼠宝宝准备了一些甜甜的草），他们一起庆祝丢失的红鞋子找回来。

棕色的小老鼠也应邀参加了聚会，从那天以后（除了它在自己温暖的新家里睡觉），它就成了森林男孩的新朋友。

## 农夫和魔法棍

这个故事源于马赛人的传统，由坦桑尼亚的讷杜沃图·讷烈·莫雷讲述（苏珊·佩罗改编）。故事注重对诚实的奖赏，而非对不诚实的惩戒，适合讲给 6~10 岁的孩子。

从前，有个男人名叫尤丁·马雷。他和家人住在一个小农场里。一天，他在赶往市场卖菜的途中遇到了三个人。互相打了招呼后，尤丁问他们："你们是要去我家吗？"那些人说："不，不，不。"尤丁·马雷回答说："太好了，因为我家的粮食还不够家里人吃。"然后他开始唱道：

尤丁·马雷，唉，纳阿塔，道耶，纳阿塔，道耶，提阿图，
玛塔塔，梅提欧，艾罗瑙，佩吉，达瓦达斯，提妮纳木。
（虽然我现在很穷，可有一天我终将会富有。）

然而这三个男人直接去了他的家，吃掉了锅里所有的饭。

尤丁·马雷继续往市场走，他又遇到了一头狮子。互相打了招呼后，他问狮子："你是要去我家吗？"狮子回答："不，不，不。"于是尤丁·马雷说："那太好了，因为我家母牛产的奶还不够家里人喝。"然后他唱道：

尤丁·马雷，唉，纳阿塔，道耶，纳阿塔，道耶，提阿图，
玛塔塔，梅提欧，艾罗瑙，佩吉，达瓦达斯，提妮纳木。
（虽然我现在很穷，可有一天我终将会富有。）

然而狮子也直接来到他家，把奶牛给吃掉了。

尤丁·马雷继续赶往市场，路上他又遇到了一条蛇。互相问候之后，他问蛇："你是要去我家吗？"蛇回答说："不，不，不。"尤丁·马雷说："太好了，因为我家鸡下的蛋都不够家里人吃的。"然后他开始唱道：

尤丁·马雷，唉，纳阿塔，道耶，纳阿塔，道耶，提阿图，
玛塔塔，梅提欧，艾罗瑙，佩吉，达瓦达斯，提妮纳木。
（虽然我现在很穷，可有一天我终将会富有。）

然而蛇直接来到他家吃了所有的鸡。

尤丁·马雷最后来到了市场，卖掉了他的货物，准备回家。这时，他在路边看见一根闪亮的棍子。他走过去捡起棍子问道："你是谁？"棍子回答："我是凯门·英扎尼·讷佬·英斋·讷格娃内。"（意思是：灌木周围所有的东西。）

尤丁·马雷非常惊讶地说："这是多么奇怪的一个名字啊！"

棍子继续说："我是一根魔法棍。带上我吧，我会改善你的生活！"

尤丁·马雷带上魔法棍继续往家走。他边走边唱：

尤丁·马雷，唉，纳阿塔，道耶，纳阿塔，道耶，提阿图，
玛塔塔，梅提欧，艾罗瑙，佩吉，达瓦达斯，提妮纳木。
（虽然我现在很穷，可有一天我终将会富有。）

当他走到自己家的农场时，惊讶地发现自己的房子已经变成了一个大房子，堆满了一袋子一袋子的米。农场上有一个牲口棚，养满了母牛、山羊和绵羊。鸡舍里有很多鸡。现在他非常富有。他把魔法棍放在了新房子一个特别的架子上，每天对它唱道：

尤丁·马雷唉，纳阿塔，道耶，纳阿塔，道耶，提阿图，
玛塔塔，梅提欧，艾罗瑙，佩吉，达瓦达斯，提妮纳木。
（虽然我现在很穷，可有一天我终将会富有。）

之后，在他的农场里，尤丁·马雷和家人一直过着幸福快乐的生活。

## 小贩和帽子

这是由苏珊·佩罗重新改写的一个故事（作者不详），这个故事很好玩，说的是一群偷东西的猴子怎么被一个简单却诚实的招数修理的。有时候，孩子们学习“诚实”的招数很有用。这个故事适合 4 岁及以上的孩子，讲故事

时用一些小道具会非常有效（讲故事人的头上可以戴很多帽子）。

很久很久以前，不知道在什么时候，也不知道在什么地方，有一个小贩，走街串巷地卖帽子。

卖帽子哩，卖帽子，
绿的红的还有黄的，
有橙色的还有各种蓝色的。

小贩头上戴着一顶他最喜欢的棕色的旧帽子。棕色的帽子上面套一顶绿色的帽子。绿色的帽子上面套一顶红色的帽子。红色的帽子上面又套一顶黄色的帽子。黄色的帽子上面还套了一顶橙色的帽子。橙色的帽子上面套了剩下的帽子——各种深浅不一的蓝色的帽子。

小贩就这样戴着他的帽子走街串巷。每当他来到一个新的小镇，他就在大街上走来走去地吆喝：

卖帽子哩，卖帽子，
绿的红的还有黄的，
有橙色的还有各种蓝色的。

一天下午，小贩来到镇子边的一棵大树下。太阳晒得很厉害，于是他决定在树荫下休息一会儿。他把所有的帽子摘下来靠着树干放好，只戴了那顶棕色的旧帽子。（他老戴着这顶帽子，就算睡觉也不摘。）接着他靠着树躺下，很快就睡着了。

他睡了很久。当他醒来时，第一件事就是找他的帽子。但是靠在树上的帽子不见了。

他看看自己的左边，没有帽子。

他看看自己的右边，没有帽子。

他看看大树的后面，也没有帽子。

然后他抬头往上看，发现树上爬满了猴子。每条树枝上都坐着猴子，每个猴子都戴着一顶他的帽子。

“你们这些不要脸的猴子，”他大叫，朝它们晃拳头，“把我的帽子还给我！”但是猴子们也朝他晃拳头，“吱吱，吱吱”地喊叫着。

“你们这些不要脸的猴子，”他大喊，用另一只手朝它们晃拳头，“把我的帽子还给我！”但是猴子们只是冲他晃拳头，并且喊道：“吱吱，吱吱，吱吱。”

“你们这些不要脸的猴子，”他喊着，使劲跺着右脚，“把我的帽子还给我。”猴子们在树枝上也站起来，跺着脚朝他喊：“吱吱，吱吱，吱吱。”

“你们这些不要脸的猴子。”他喊着，使劲跺着左脚，“把我的帽子还给我。”猴子们也跺着它们的另一只脚喊：“吱吱，吱吱，吱吱。”

小贩太生气了，一把摘下那顶棕色的旧帽子扔在地上。每只猴子都一把摘下它们头上的帽子扔在地上。

现在小贩可以把地上的帽子都捡起来，然后戴在自己的头上。棕色的帽子上面套一顶绿色的帽子。绿色的帽子上面套一顶红色的帽子。红色的帽子上面又套一顶黄色的帽子。黄色的帽子上面还套一顶橙色的帽子。橙色的帽子的上面套了剩下的帽子——各种深浅不一的蓝色的帽子。

然后小贩走回小镇，在大街上走来走去，叫卖着：

卖帽子哩，卖帽子，
绿的红的还有黄的，
有橙色的还有各种蓝色的。

## “故事骨架”——银色的树枝

在布里斯班的一个幼儿教育大会上，一个老师给出了下面这个故事的框架。这个故事是为一个6岁半的女孩写的，她总是用说谎来隐瞒她做的事情。

这个故事讲述了住在丛林里的猴子一家。这个家族拥有一根非常特别的树枝。这根树枝长在一棵非常高的树的顶端，因为多年来吸取了特别多的月光，这根树枝变成了银色。家族里的每一个人都特别喜欢去那个地方，因为那里有神奇的疗愈力量（这里可以举一些疗愈的例子）。一天晚上，有一只猴子决定把这根树枝占为己有——于是它爬上树非常费力地折断了这根树枝——接着它带走了树枝，并把它藏在丛林下面一处茂密的灌木丛里。然而它一到藏身之地，就发现银色的光从树枝上消失了——那看起来就是很普通的一根树枝而已。该怎么办呢？它想把树枝重新放回树的顶端，但是就是没法把它放回去……最后有人来帮忙了，（月亮妈妈？）然后……（你自己想想怎么结尾吧。）

# 第十章
# 离婚/分居/混合家庭

## 蜗牛一家

本故事作者马修·巴顿注：我女儿很年轻时就生下了我的外孙。之后，这娘俩和我们一起住了四年，这期间我们一直在照顾孩子。终于在某一天，我女儿需要搬出去独立生活了。这挺合乎情理的。然而，对所有人来说，这个改变不是一件容易的事。我外孙特别依恋他的旧家，而我们作为外祖父母也很难放手。孩子和我们的感觉互相影响，使得问题更加突出。

我写了这个故事，来帮助过渡期顺利进行，赋予分离一种积极意义，同时继续保持联结。很难说这个故事对我的外孙产生了什么影响，但是他非常投入地听了好几次。我有种感觉，就是他听进去了。很奇怪，从某种意义上写这个故事也帮助我厘清和接受了他的离开。我们之间的联结依然十分紧密，孩子搬到新家后，会很开心地定期过来拜访他的旧家。

从前，有五只蜗牛——一、二、三、四、五——住在一个温暖的花盆里，园丁把花盆摆在了花园阴凉的角落里。家里有蜗牛爷爷、蜗牛奶奶、蜗牛妈妈、可爱的蜗牛宝贝，还有一只蜗牛叔叔。这只旧花盆很大，它们有足够的地方居住。这里凉凉的、潮潮的，黏度也刚刚好，蜗牛奶奶和蜗牛妈妈还会在墙上画出闪闪发光的银色图画。

每天晚上，当天空出现皎洁的月光时，小蜗牛就会一点儿一点儿慢慢地从花盆里滑出来，滑到园丁种的莴苣地里，这儿咬咬，那儿啃啃。生活多么幸福啊！小蜗牛喜欢生活在大花园这个潮湿、阴凉的角落里，喜欢生活在温暖的花盆里。

有一天，蜗牛妈妈去了花园的另一头，过了好久才回到家里。妈妈去的那个地方相当远，小蜗牛从来没去过。蜗牛妈妈非常兴奋地说："我顺着路往下走，翻过一个树桩，穿过一个花床，钻到了一片蕨类叶子下面，然后——你知道我发现了什么吗？""不知道。"大家齐声回答，"你到底发现了什么？""我找到了一面大砖墙！"它说。"就这个？"大家问道。"当然不止这些，"它接着说："我爬上墙，发现了一个温暖的洞，一直伸到墙里面，墙上有小裂缝可以当窗户往外看，地上有可爱柔软的苔藓可以做睡床，还有各式各样的角落。真是又阴凉又湿润，又柔软又美好。我要带小蜗牛到那里生活了。"

于是蜗牛妈妈、蜗牛宝宝、蜗牛奶奶、蜗牛爷爷、蜗牛叔叔出发一起去看一看那个地方。它们顺着路往下走，翻过一个树桩，穿过一个花床，钻到了一片蕨类叶子下面，然后来到了那面墙边。它们爬上墙，把美丽的触须伸进暖和舒适的洞里。哇，这个地方真的很棒！蜗牛妈妈已经开始四处画出银色的画了，小蜗牛也找到一个温暖舒适的地方睡觉。当它一觉醒来时，月光明亮，蜗牛爷爷、蜗牛奶奶和蜗牛叔叔已经回到它们在花盆的旧家了。

有时候，小蜗牛有一点点伤心，因为大家不住在一起了——不过只要它愿意，就可以爬下墙，钻进蕨叶底下，穿过花床，翻过树桩，走上那条通往花盆旧家的路。旧家还在那里，还是老样子。有时候它回旧家，有时候蜗牛奶奶、蜗牛爷爷和蜗牛叔叔也会来墙洞的新家看它。现在，它有了两个家，那可真不错。一个家在美丽潮湿的花盆里，一个家在温暖舒适的墙上！

墙上一个家，
花盆一个家，
银色的小路把两个家都连上。
墙上一个家，
花盆一个家，
这对蜗牛来说真是再美不过啦！

## 你小时候的大事儿

这个包含两部分的小故事的作者是娜塔沙·汉德。这个故事告诉我们，简单的故事同样有疗愈的作用。就像娜塔莎发现的那样，如果在家人分离的时候，把家族记忆中的故事分享出来，能够极大地缓解分离带来的焦虑感。

娜塔沙写给苏珊的便条：我看到你在脸谱（FaceBook）主页上呼吁，体验过你工作的人们写下自己的故事。我参加过你在大学举办的工作坊，为我的女儿写了一个家庭故事。她爸爸和我分开多年，我想通过这个故事，让她和我们一些童年的记忆联结起来，带来一种合一的感受。虽然爸爸不在家里，她和爸爸待在一起的时间也有限，但是我会用讲故事的方式让她保持和爸爸的联结。

我来自一个荷兰移民家庭，在澳大利亚没有亲戚。小时候，我非常爱听关于我的父母家乡和家族的故事。我也想把这些故事分享给我的女儿，让她能够了解自己的祖先。

妈妈的故事：我很小很小的时候，我的妈妈（你的姥姥）每天会带我出去散步。一路上，我们会经过游乐场和公园，但我最喜欢看动物。我们的住处附近有一个小牧场，能看见羊和马在里面吃草。我认识所有生活在我家附近的动物：一只叫鲍菲的猫，一只叫鲍克的狗，走过几家你可以看到有的孩子养了乌龟，花园里还有各种各样神奇的昆虫和小鸟。

有一天，我们照常出去散步，我看见一个男人在路上遛马。“这可是一匹马啊！”我骄傲地对姥姥说。姥姥看了看，然后对我说：“不，娜塔莎，那是一只狗。”其实，那是一只丹麦巨型犬。“那是马。”我又说了一次。姥姥想再次纠正我：“不，娜塔莎，那是只狗。”噢，我一脸坚定的表情，有时候你一定也这样，我再次胸有成竹地说：“那是一匹马。”

姥姥明白了再和我纠缠下去毫无意义，所以那天丹麦巨型犬只好当了一天马！

爸爸的故事：当爸爸很小很小，大概 4 岁的时候，他坐了好久好久的飞机去世界的另一端。他来到了他的爸爸和妈妈出生的地方。爸爸和他的妈妈，也就是你的奶奶，一起住在一个村子里。那个村子是你的奶奶，还有奶奶的妈妈出生的地方。小村庄有很多漂亮的石头房子，那些石头房子已经有好几百年了，那里还有一条清澈的小溪，整个村庄四周被青山环抱。

爸爸和村里的一只狗成了朋友，他们总在一起玩儿。一天，喜爱探险的爸爸走进了一片玉米地。他看着高高的秸秆和沉甸甸的玉米穗，看着泥土和昆虫，感到非常高兴。小狗还在旁边给他做伴。当他想从玉米地里出来的时候，才发现他迷失了方向，村子也看不见，因为玉米秸秆实在是太高了。就算你是个大人，玉米秸秆也高过你的头，所以可以想象，对于一个 4 岁的孩子来说，那秸秆有多高。爸爸大声叫奶奶，但是没人能听到他的声音。不知道如何回到家，这很恐惧，特别是在陌生的乡下。天渐渐黑下来了，最后还是爸爸的小狗把他带回了家，也许是因为小狗饿了要回家吃晚饭。当爸爸再次看到熟悉的环境和人的时候，肯定觉得安全极了。他对我说，从那以后他再也没进过玉米地。爸爸告诉我这个故事的时候总会说："玉米地实在是太大了。"

## 星期六

### 一个有关童年回忆的故事

在家庭生活中，有时候兄弟姐妹们会打架，把事情搞得一团糟。这时，也许需要讲一个故事，故事是关于父母小时候曾经历过的美好时光。这样不仅能够平息事态，还能够提醒所有人，家庭生活既有美好的时光，也有困难的时刻。下面的讲述就来自我对童年的回忆。

我出生在澳大利亚的一个叫做塔姆瓦斯的乡村小镇。生命中的头十年，我是在小镇后面山脚下的一座房子里度过的。

周六是我最美好的回忆。

我说的不是星期六的一大早，因为那时候总有很多活儿要做！非常多的活儿！我的哥哥大卫在外面干活儿——修剪灌木啊，为花园除草啊，诸如此类的事情。我在家里干活儿——洗衣服，拖地板，除尘这一类的。大卫总是叫我“城堡里的长辫子公主”，因为我总是在“城堡”里干活儿，而他总是在外面干活儿。

早上做完事情后，妈妈会给我们一个背包，我们背着包就朝屋子后面的山上跑去。书包里通常有两个袋子——一个袋子装了些香肠，另一个袋子里是一些黄油面包。除此之外还有一瓶水，两个彩色金属杯和一盒火柴。有时候，如果运气好，除了水我们还会得到一瓶柠檬饮料或者橘子汽水。

冒险的时候到了！那是我们每周最期待的时刻。

那时，我大概 8 岁，哥哥比我大 3 岁，所以他不仅背包，而且还当指挥！大卫带路，我们沿着满是岩石的溪谷往上爬，目标是找一个好地方生火做饭。好地方会有一块巨大平坦的岩石，附近没有杂草或者枝丫低垂的树，要不然会着火的。

找到了生火的地方后，我们就开始分头去找干树枝和木棍，然后选那种分叉的绿树枝来烤香肠。包装纸的一部分用来点火，一部分用来保护我们珍贵的面包，不然蚂蚁会爬上去。有一次生的火很小，我们围着它蹲下，小心翼翼地把香肠放在分叉的树枝上，尽量保持平衡。我们还尽力让香肠的两面都受热均匀。当然，这是不可能完成的任务。最后，我们总是会吃到半生不熟的肉；要是香肠掉到了火里，我们就会吃到烤焦的肉，甚至黑乎乎的焦炭肉。但奇怪的是，一旦把这些香肠（生的也好，烧焦的也好，还是半生不熟的也好）夹进黄油面包里，它们总是会变得非常可口美味。

有一回，大卫的香肠烤着烤着突然爆开了，香肠中间肚子的部分都跳到火里去了。接下来的几个星期，只要哥哥在饭桌上朝我耳边嘀咕，“还记得吗？那天香肠的肚子都掉出来了”，我就开始狂笑不止。父母永远也不知道为什么我们会无缘无故地笑成那样。

野餐结束之后，我们就会用水掺泥来灭火，然后收拾背包。肚子填饱后，下午剩下的时间就是玩儿。这里好像有没完没了的小山和溪谷可供我们探险，爬花椒树，钻山洞，在干燥滚烫的岩石当中寻找小水塘。

能找到一个有水的溪谷非常难得。河床通常都是干的，但偶尔我们会发现一个浅浅的水塘，它就像一面发光的镜子在闪耀。我们会假装那就是海洋，把手伸入水中享受水的清凉。塔姆瓦斯离海边非常远，我们常常幻想自己住在海边（很有趣的是，我和哥哥成家后都住在海边，走走就到海边了）。

傍晚，我们就会回到家——又脏又累，有时还会挂点彩，擦伤或者烫伤了手指。但总是很高兴有这样的探险之旅！

再过一周又是周六。干完活儿，我们就直奔山谷而去，大卫背着背包，里面的纸袋子里装着我们的午饭。

是的，这无疑是我童年最美好的回忆之一。

## 孩子和蝴蝶

这个故事源自坦桑尼亚，是萨尔玛·哈吉·努比在内罗毕的一次教师培训中讲的。由苏珊·佩罗笔录。这个非洲童话的主题类似《汉塞尔和格莱特》。故事讲述了一对兄妹找不到家和爸爸妈妈，然后他们一起努力，战胜危险，最后安全回到了家。故事适合 5~8 岁的孩子。

今天咱们去打猎，今天咱们去打猎，追蝴蝶；

哎！妈妈，追蝴蝶啊追蝴蝶。

从前有两个孩子，一个是男孩儿，另一个是女孩儿，他们和父母一起住在森林边上。男孩儿叫嘟嘟，女孩儿叫拉亚。

一天，他们在房子外面玩儿，看到一只美丽的蝴蝶在花丛中飞来飞去。它飞了几圈后就飞出了花园。拉亚和嘟嘟看见了，就停下玩耍，一起追蝴蝶去了，边追边唱：

今天咱们去打猎，今天咱们去打猎，追蝴蝶；

哎！妈妈，追蝴蝶啊追蝴蝶。

蝴蝶飞啊飞，飞过邻居的房子，嘟嘟和拉亚一直跟着它。蝴蝶飞得离他们的家越来越远，一直飞到了森林深处，嘟嘟和拉亚还是一直跟着它。过了一会儿，两个人追蝴蝶追累了，才想起来要回家。他们根本不知道自己跑到了哪里。他们俩都不知道回家的路，两个人意识到他们迷路了。

不一会儿，他们在一片开阔地当中看到了一座很小的房子，墙是饼干做的，屋顶是面包做的。他们走过去敲门，但是没人回应。嘟嘟试着推了一下门，门“嘎吱”一声开了。他们走了进去，但是屋子里没有人。两个人都太饿了，于是他们决定开始吃饼干做的墙，两个人的肚子都吃得饱饱的。

吃饱休息的时候，房主人回来了，是位老太太。她看到拉亚和嘟嘟把她的墙都吃了，非常生气。她说要吃掉兄妹俩中的一个。她选中了嘟嘟——但是要等嘟嘟再长胖一点。

老太太把嘟嘟关在一个小房间里，那房间的门上有个小洞，她对嘟嘟说，每天都要把手从洞里伸出来给她看，看看他有没有长胖。老太太锁上房门就出去了。

时间一天天过去了，嘟嘟吃着饼干和面包，变得越来越胖。这期间老太太还让拉亚一天到晚为她干活儿。拉亚一直在寻找机会把哥哥救出来。有一天，机会来了，老太太把钥匙忘在了嘟嘟的房门口。

拉亚看到后，悄悄地把钥匙装进了自己的口袋。等老太太睡着的时候，她飞快地打开哥哥的房门，然后他们一起逃了出来。可是他们又在树林里迷了路。就在这时，他们看到了一只蝴蝶，就是那只把他们带来的蝴蝶。他们就跟着蝴蝶跑，跑过大树，越过森林。最终，蝴蝶带他们走出了树林，回到了家。

爸爸和妈妈因为孩子丢了一直在哭。看到他们回来，高兴得张开双臂欢迎他们回家。拉亚和嘟嘟告诉了爸爸妈妈整个事情的经过，并答应他们以后再也不跑得离家那么远了。爸爸和妈妈非常高兴两个孩子能够安全无恙地回来，从那以后，他们就幸福快乐地生活在一起。

今天咱们去打猎，今天咱们去打猎，追蝴蝶；
哎！妈妈，追蝴蝶啊追蝴蝶。

## 棕色的小球茎

这是一个温暖的、关于如何找到家的故事，适合 3~5 岁的孩子。可以用这个故事作为基础，改编成多个小不点儿找“家”的版本。例如，可以把球茎换成别的寻找家的小不点儿（小狗要回家；小乌龟要回到大海；从树上掉下来的小鸟要回到巢穴等等），如果不影响押韵，还可以把“妈妈”换成“爸爸”。

一颗棕色的小球茎在秋天的花园里迷路了。它从一棵植物走到另一棵植物，从一朵花走到另一朵花，大声哭着说：

妈妈，你在哪儿，我的家，你在哪儿？
我自己的小床在哪儿？

它上看看，左看看，右看看。它看见一只蜘蛛在织闪着银光的网。它就问蜘蛛：

你能不能帮我找妈妈，能不能帮我找到家？
能不能帮我找到我自己的小床？

但是蜘蛛摇摇头说：“我还在忙着准备我秋天的晚餐，我帮不了你，棕色的小球茎。”

于是棕色的小球茎继续往前走。它上看看，左看看，右看看。它看见一只蜥蜴躺在一块巨大的棕色岩石上。它就问蜥蜴：

你能不能帮我找妈妈，能不能帮我找到家？
能不能帮我找到我自己的小床？

但是蜥蜴摇摇头说："我正在忙着吸收夏日最后的一缕阳光，我帮不了你，棕色的小球茎。"

于是棕色的小球茎往前走。它上看看，左看看，右看看。它看见一只鹌鹑从栅栏后的一个洞里伸出头来。它问这只鹌鹑：

**你能不能帮我找妈妈，能不能帮我找到家？**

**能不能帮我找到我自己的小床？**

但是鹌鹑摇摇头说："我正忙着盖我的巢为过冬做准备，我帮不了你，棕色的小球茎。"

于是棕色的小球茎继续走啊走，走到花园里一棵金色的肉桂树面前。它坐在树下金色的花瓣中间开始哭泣。

这时，它听见一个沙沙的微弱的声音对它说："棕色的小球茎，发生什么事情了？也许我可以帮你？"

棕色的小球茎擦了擦眼泪，看见面前有一只毛毛虫。"我迷路了！"它说，"我找不到妈妈，找不到家，找不到我自己的小床！"

"哦，哦，"毛毛虫说，"你呀，没找对地方。你只是上看看，左看看，右看看。可是你要是往下看看，就会看到妈妈张开双臂在等你了。现在跟我来！"

于是，毛毛虫扭动着身体钻到金色的花瓣下，钻进了两块岩石之间的土地。棕色的小球茎跟着它，很快发现自己已经在大地妈妈的臂弯里了，它就属于这里。大地妈妈合拢双臂，用肥沃的棕色土壤给小球茎盖上了温暖的毯子。小球茎找妈妈找得太累了，在温暖的大地新家里，很快就闭上眼睛睡着了。

它睡了很长、很长、很长的时间——睡过了整个寒冷的冬天——直到春天来临，它才会苏醒——不过那就是另外一个故事了：一朵花的故事！

## 神奇的饭锅

**这是南非科萨族的故事，由恩斯特·米尼和苏珊·佩罗笔录。这个故事非常好，能够让孩子们认识到自己有多么特别。也是在这个混乱多变的世界中给孩子——特别是家庭发生变故的孩子——提供一剂宽慰舒心的故事良药。该故事适合4~8岁的孩子。**

从前，在一个遥远的小村庄里，有一个叫瑙祖蔻的女人独自一个人生活。她的家是一座圆形的茅屋，土坯墙，茅草房顶，墙上画着鲜艳的画。她每天下地干活儿——锄地、种玉米、拔草——她种的玉米是全村最大、味道最甜美的，她烤的面包也是全村最好吃的！她是个勤劳善良的女人，过着幸福的生活，除了一件事。她希望自己的家里可以充满小孩子的欢笑声，然而她一直独自生活，所以她家总是很寂静。

一天，瑙祖蔻决定去拜访巫师桑格玛，告诉他自己的难题。巫师住在离这个村庄很远的地方，在河的另一边。于是，瑙祖蔻早早出发，赶在炎热的太阳还没有爬到高高的天空前就上路了。她还包了一大块最好的金黄色的玉米面包。她沿路走到河边，踩着水中的石头，捧起清凉的河水解渴，过河后又继续走了一段长长的山路，最后走到了桑格玛的家。她边走边唱：

我来到河边，跳过石头，饮了河水。

当她走到桑格玛家时，发现桑格玛正在门外等她。他头上戴着用各种颜色的羽毛做成的魔法帽，腰间别着大皮口袋。瑙祖蔻对他说，自己的愿望是让家里充满孩子们的欢笑。于是，他从那口大皮口袋里倒出一些石头，石头滚在地上形成了一个图案。

很长时间过去了，桑格玛一直坐在那里看石头图案。最后，他抬起头，看着瑙祖蔻说："没错，我可以帮你，但你必须按照我说的去做。首先，回家把你家最大的那口黑锅装满水，然后，把它架在火上烧开。你到外面收集各种水果，品种越多越好。把水果带回来放进锅里煮。然后，你必须在房子外面等，当你闻到煮好的味道时就可以进来了，你就会看见该看见的。"

瑙祖蔻非常感谢桑格玛，把金色的玉米面包送给了他，然后就起身回家。她顺着多风的山间小路走到河边，跨过河上的石头，还在石头上停下来喝了口水，最后回到了小村庄。她边走边唱：

我来到河边，跳过石头，饮了河水。

她一到家，就开始照着桑格玛说的做。先在大黑锅里放满水，在锅下架好柴点上火。然后她头上顶了一个大篮子出了门，走到村里的果园。她摘了一个木瓜、一根香蕉、一个芒果、一个橙子、一个橘子、一个菠萝和一个百香果，小心翼翼地把它们放进篮子。当她回到家的时候，水已经烧开。她就把水果放到锅里煮，又往火里添了些柴，就走出门，坐在门前的一棵非洲火焰树的树荫下等着。

孩子们，瑙祖蔻做了这么多事儿一定是累坏了，她坐在树下等待的时候睡着了……她睡了很长时间！当她醒来后，马上就闻到一股香味从房子里飘出来。她一下子就跳了起来，打开房门，完全被眼前的景象惊呆了。因为两个孩子就坐在火的前面！

瑙祖蔻坐下来抱住两个孩子，高兴得大笑起来……孩子们爬到她的膝上也笑起来……

现在，你要是去瑙祖蔻的村庄，马上就能知道哪座房子是她的家，因为你总能听到孩子们欢乐的笑声，还有这首歌：

我来到河边，跳过石头，饮了河水。

## "故事骨架"——企鹅、塔、蘑菇和独木舟

离异家庭有很多种情况，如果想对每一种具体情况有所帮助的话，必须针对每一个具体情况写一个故事。下面给出了适用于四种状况的故事框架，你可以以此为基础扩展故事，或者以此为灵感创作新故事。

### 企鹅

这个故事是为一个6岁的孩子写的。他在两个家庭生活，两家各有各的规矩，但是他在这两个地方都感到安全得到关爱。

企鹅一大家子住在一座冰山上，这座冰山漂浮在世界尽头的蓝色大洋里。长久以来，它们过着平静的日子——除了吃、睡、玩耍，还是吃、睡、

玩耍。但是有一天，飓风袭来，巨浪拍打着冰山的边缘。冰山颤动着，突然喀嚓一声，巨浪将冰山拍成了两半……

### 塔

这个故事是为一个父母离异的 8 岁男孩写的。故事鼓励孩子去看望不和他住在一起的另一位父母。

从前有一个王国，那里有两座塔和一个王子。有一天，飓风和地震把两座塔分开了，中间形成了一条深谷，风暴把所有的记忆都吹到了深谷。于是，令人兴奋的旅程开始了。军队护送王子跨过连接深谷两侧的桥，让他去拜访另一座塔，然后再回来。（还有他怎么恢复记忆呢？）

### 蘑菇

这个故事写给一个 5 岁的孩子，他非常害怕去看望住得很远的父亲。

仙女一家住在一个魔法蘑菇下面——暴风雨把蘑菇撕成两半，并且卷着其中一半飞落到森林的另一头去。小仙女想去看看森林另一头的爸爸——风仙子给她引路。

### 独木舟

这个故事是写给两个继兄弟（stepbrothers）的，他们总是吵架，不能好好相处。

从前有一家人，顺着河流开始了一次长长的旅程。家里每个人都有一条独木舟，里面还有自己的床。当小河变得宽阔、水流很平稳的时候，就会把所有的独木舟拴在一起。如果一条独木舟倾斜或者被推开的时候，就会影响到其他所有的独木舟。但是，有时候小河变得很窄，水流又急，于是就必须解开独木舟，让它们单个航行。

可以把“有魔力”的桨当成故事的隐喻。上路之前，每个家庭成员都自己做了一把桨——可能每个人都在桨上刻了一个特别的图案在旅途中指引和保护他们。比如说一个动物图腾、一些象征或愿望。

每一个人的桨都可以为旅途中出现的不同状况提供帮助：穿过湍急的水流；卡在靠近岸边的芦苇荡和灌木丛；避开途中的鳄鱼和其他危险的动物；保持平衡；把独木舟连在一起，等等。

对那些有继子的家庭来说，在讲故事的同时最好能有一次真实的独木舟之旅，帮助会更大。每个人在出发前都要有一把特别雕刻的桨。

# 第十一章
# 挑剔 / 抱怨

## 挑食的维尼

本故事作者珊·昂给她 3 岁的儿子讲了这个故事后说："现在他吃蔬菜了，但除了苹果和香蕉外还是不吃其他水果，所以我认为故事起作用了……至少他能吃些绿色蔬菜了。"我是这么回答她的："这个故事讲了一个彩虹蔬菜园，没讲彩虹水果园，所以故事的效果还是非常显著的！"

小熊维尼每天除了蜂蜜什么都不吃。有一天下雨了，雨下啊下啊，好几天都停不下来，蜜蜂没法采蜜所以蜂蜜都不够了。维尼越来越饿，直到饿得眼冒金星，四肢发软。它的朋友试着让它吃点水果、坚果和蔬菜。但是维尼总是说"不"，因为它只想吃蜂蜜。

维尼的朋友们担心它的身体会变得越来越虚弱，于是去问猫头鹰爷爷该怎么办。猫头鹰爷爷对维尼和它的朋友说，森林里有个魔法花园，可以让维尼重新变得强壮起来。在伙伴们的帮助下，维尼找到了魔法花园。

它们一走进森林，就听到附近传来美妙的合唱声：

这里藏着一个无人知晓的秘密，有种东西能够让你快快长大，

早晨、中午、晚上各用一次，你会变得聪明又强壮。

在小伙伴们面前出现了一座彩虹蔬菜园，满是橙色的胡萝卜、绿色的莴苣、红色的西红柿、黄色的甜玉米和紫色的茄子，蔬菜们都在兴高采烈地唱歌。

一只兔子蹦蹦跳跳跑过来，边跳边唱：

多汁美味的莴苣啊，我能把你采下来一些吗？这样我跳的时候腿会更强壮。

“是的，你可以！”莴苣大喊着。于是，兔子采了一些莴苣，欢快地跳走了。

一只猴子走过来，坐在一棵树上开始唱：

多汁美味的西红柿啊，我能把你摘下来一些吗？这样我爬树就爬得更快了。

“当然可以！”西红柿坚定地说。于是，猴子采了一些西红柿，愉快地爬走了。

一只小鸡走过来唱：

多汁美味的玉米啊，我能把你掰下来一些吗？这样我就能像公鸡爸爸那样又稳又强壮了。

“当然可以啦！”玉米快乐地说。

于是，小鸡摘了些玉米，欢快地跑走了。

小熊维尼实在等不及了，它也想跳跃，也想爬树，也想变得又稳又强壮。

于是，它走上前，唱道：

多汁美味的莴苣啊，
多汁美味的西红柿啊，
多汁美味的甜玉米啊，
我能把你们摘下来一些吗？
让我的腿像兔子一样强壮，
我的四肢像猴子一样灵活，
让我像公鸡一样又稳又强？

“当然了，你可以！”莴苣、西红柿和甜玉米一起喊道。

于是，小熊维尼每样蔬菜都摘了一些，每吃一口，它都感觉力量重新回到了他虚弱的手脚上。很快，它不用朋友的帮助就能自己走回家了。

以后，小熊维尼每天都记得吃一些来自魔法蔬菜园的东西；有时候它还会吃一点儿蜂蜜当做甜点。

## 白鹤和雨

这个故事讲述了雨和水的神奇之处，目的是鼓励孩子们口渴的时候喝水，而不是每次都喝甜饮料。故事的灵感来自于一个玻璃盒子上雕的复杂的

中国山水画，上面有山脉和山谷，有一座弯曲的木桥，旁边还有两只白色的仙鹤在草间觅食。这个盒子是我送给孙子的6岁生日礼物，写下这个故事也是为了鼓励他多喝水（这是他父母的愿望）。

从前有个小男孩非常喜欢雨。他喜欢在银色的雨滴中跳舞，喜欢跳进泥泞的水洼里，他也非常喜欢喝直接从天上落下的雨水。

每天下午，男孩住的地方都会有积雨云出现在高高的天空，不久，雨点就开始从云中降落到他的花园里。每天他都能在银色的雨滴中跳舞，他还会跳入泥泞的水洼，直接喝到从天上洒落的雨水。

但是有一天，虽然乌云笼罩了天空，雨滴并没有落下来。男孩等啊等，一天，两天，三天，雨还是没能从高空的乌云里落下来。

“如果我能飞就好了，”男孩想，“我会飞到云里，想办法把云里的雨震下来，这样雨滴就又能落到我的花园里了。”

但是男孩儿没有翅膀，所以他飞不了。他决定向会飞的朋友求助。他走进花园里，去找他那些会飞的朋友。

他先看到了甲虫夫人：

甲虫夫人，甲虫夫人，飞得高；
飞到天顶乌云里。
想法儿把雨摇下来，
这样雨滴就会再次落入我的花园里。

但是甲虫夫人回答道：

我的翅膀太小了，飞不了那么高；
我不能飞到天顶乌云里。
你还是去问问蝴蝶姑娘，
它的翅膀能带它飞得高。

于是男孩大声问蝴蝶：

蝴蝶，蝴蝶，飞得高；
飞到天顶乌云里。
想法儿把雨摇下来，
这样雨滴就会再次落入我的花园里。

但是蝴蝶回答说：

我的翅膀太小了，飞不了那么高；
我不能飞到天顶乌云里。
你还是去问问乌鸦姐姐，
它的翅膀能带它飞得高。

于是男孩大声对乌鸦叫道：

乌鸦，乌鸦，飞得高；
飞到天顶乌云里。

想法儿把雨摇下来，
这样雨滴就会再次落入我的花园里。

但是乌鸦回答说：

我的翅膀太小了，飞不了那么高；
我不能飞到天顶乌云里，
你还是去问问大白鹤，
它们的翅膀能飞得高，一直能飞到天顶上。

小男孩从没听说过大白鹤，所以他问乌鸦在哪里能找到大白鹤。

“山谷往下，在你的花园后面，有一条小路，走过一座弯弯的小桥，在桥下面你就能找到白鹤的家。”乌鸦说。

于是男孩出发了，走出花园，下到山谷，直到看见一条小路，走过一座弯弯的小桥。他往桥下一看，那里有两只美丽的白鸟正站在芦苇中，这鸟比他见过的任何鸟都大。

“打扰了，”男孩说：“请问你们是大白鹤吗？你们有巨大的翅膀可以飞到天顶是吗？”

两只仙鹤一起回答说：“是啊，我们有巨大宽阔的翅膀，可以一直飞到天顶上！”

男孩就告诉它们光有云彩不下雨，他在想办法让雨落下来，也许仙鹤们能帮上忙：

白鹤，白鹤，飞得高；

飞到天顶乌云里，

想法儿把雨摇下来，

雨滴就能再次落入我的花园里。

白鹤们很高兴能够帮上忙。它们展开巨大宽阔的翅膀出发了，越飞越高，一直飞到天顶上，飞到沉沉的乌云漂浮的地方。它们一到乌云那里就开始用长长的羽毛拍打乌云，用长长的喙在乌云上啄出洞。乌云再也没办法让水留在原地，只好让雨滴落下了。

这时候，地上的男孩儿也刚刚回到他的花园。突然间他听到"噼里啪啦、稀里哗啦、滴滴答答"的声音！又下雨了！他太高兴了。他又可以在银色的雨滴中跳舞，又可以跳进泥泞的水洼中，又可以直接喝从天上落下的雨水了。

"谢谢你们，大白鹤。"他朝着天空中往回飞的白鹤们喊。

从此以后，一旦乌云抱住雨水不放，他就知道该怎么办了。

## 狼宝宝

本故事作者金·戴维注：这个故事是为一个爱抱怨、不合作的小孩写的。我写故事的时候苏珊正在我们的师资培训中讲授故事的治疗作用。这个孩子不愿参加社交和学校活动，老是抱怨他不喜欢的事情。这个故事适合 9~12 岁的儿童（这一点反应在狼宝宝所用的语言上）。我对狼及狼群的习性有些了解，所以决定用"狼宝宝"作为故事的主角。

一只狼宝宝坐在狼窝外，悲哀地号叫着。清晨太阳从遥远的东山上升起，阳光穿过树木洒落在地上，打破了森林的沉寂。

“狼宝宝，你怎么了？”狼妈妈赶紧跑过来问，并在它脚旁放了一块新鲜的兔肉，舔了舔它的脸颊。“你怎么这么早就从温暖的窝里跑出来了？”

“嗯，妈妈，别舔我，湿乎乎的！”

狼妈妈笑了：“宝宝啊，我们狼都是这样相互打招呼的。这是我们狼族的传统啊。你现在一定清楚了，我用点劲儿舔舔你，和你碰碰鼻子，代表了爱与尊重。”

“这是个愚蠢的象征，我可不愿意这么做。我这么早出来待在寒风里，是因为兄弟们都在打呼噜，这么多狼挤在那么小的窝里！我长得够大了，不喜欢这么多狼宝宝共享一个家，还有你又带兔子回家了。我吃腻了。”

“狼宝宝，你必须学会我们种族的语言和信号。你必须在冬至月前知道潜藏在森林里的危险，并完成小狼的初次狩猎。你必须先证明自己是狼群里合格的一员，帮助群体捕食，你才有资格挖自己的窝，并在营地里找一个同伴。”

但是这只小狼用爪子堵住耳朵，闭上眼睛开始哀叫：

我是一头狼宝宝，生活真是无聊透顶。

每个人都好开心，只有我不开心。

我的窝太小，实在太拥挤，

天知道我怎么还没放弃。

食物真乏味啊，族群又笨笨地，

生活实在是很无趣，妈妈你听到了吗？！

狼妈妈叹了口气。它很爱这只小狼，希望它能像狼群中其他小狼一样快乐。狼宝宝们每天都在营地附近奔跑，撕咬，打闹，学习捕猎信号，准备在冬至月的头次捕猎活动中一试身手。但是这只狼宝宝不想尝试。它从不参与其他小狼们的撕咬和藏猫猫游戏。总是坐在狼窝外哀嚎：

我是一头狼宝宝，生活真是无聊透顶。
每个人都好开心，只有我不开心。
光线太强，我睁不开眼睛，
去玩愚蠢的游戏吧，但是别拉上我。
太阳太热，撕咬太笨，
随便你们怎么叫我，我就是不去！

很快，其他狼宝宝也厌倦了这只狼宝宝的抱怨，不再叫它一起玩了。这让狼妈妈很伤心。它很担心冬至月来的时候，小狼根本没准备好跟上狼群去狩猎。于是每天它都花些时间尽力教小狼学一些狼族的传统。但是小狼却很少听，它只是晃来晃去，随时对肯听的任何人哀嚎：

我是一头狼宝宝，生活真是无聊透顶。
每个人都好开心，只有我不开心。
草太干，树太暗，
营地周围全是落叶，
白天太短，夜晚太长，
太阳一点也不暖和，所有的事儿都不对。

白天确实越来越短，冬至月临近了。狼宝宝们很兴奋。它们整个夏天和秋天都在练习，就为这第一次狩猎做准备呢。

“靠近点，狼宝宝，”狼妈妈小声说，这时狼群准备集合从营地出发——这是发现猎物的信号。“听着，看着，闻着。随时准备好看头狼的信号，动作要快，因为狩猎会让我们远离营地。”但小狼忙着悲鸣和哀嚎，根本没听见妈妈的警告。

我是一头狼宝宝，生活真是无聊透顶。
每个人都好开心，只有我不开心。
跑得那么快，根本没有什么猎物，
狼群为什么不换一天狩猎？
雪太冷，空气太湿，
我想直接跑回营地。

突然，头狼那边传来阵阵狼嚎，狼宝宝周围所有的狼都跑了起来。“狼宝宝，快跑！”狼妈妈叫道。

但是小狼坐在雪地里，用爪子堵住耳朵，眼睛紧闭——就像它以往碰到不喜欢的事情一样（很少有它喜欢的事情）。

打猎太辛苦，我就不想跑。为什么我不能找点乐子？

它等着妈妈耐心地舔它。但什么都没发生。

狼宝宝睁开一只眼睛。它没看见妈妈，事实上，它压根儿没看见一只狼。

它竖直耳朵仔细听，但是狼群轻柔的脚步声越来越远。它耸耸鼻尖，闻着微风，尝着空气。它觉得自己闻到了狼群很微弱的一点信息，然后又没了。

小狼开始发抖。生命中第一次，它体会到了真正的孤独。风越刮越大，月亮躲进了云层的后面，森林越来越黑。突然，有什么东西在它后面的灌木丛中开始吼叫。

狼宝宝不等看清到底是什么，掉头就往营地跑。它不停地跑，要多快有多快。连气都喘不过来，但是当它停下来四处张望的时候，发现营地还是不见踪影。周围的一切都是那么陌生。一切都那么安静。就在这时，它闻到一点熟悉的气息——新鲜猎物的信息。

狼宝宝把鼻子贴在地上开始追踪这气味——开始很慢，但是因为肚子饿，它跑得越来越快，直到来到了一块空地，空地中间放着一大块鹿肉，狼宝宝直奔过去准备享用美味。它对自己非常满意，因为没有任何帮助它就独自找到了猎物。它走近一步张开嘴，美味多汁的肉倒是没吃到，它的腿反而被猛地一拉，一阵剧痛，它的爪子被紧紧套住了。

狼宝宝惊恐地哀鸣并发出警告。它又跳又拽，在雪地上打滚，但是绳套越来越紧。它想咬绳子，可是腿被绳子拖在后面，它够不到。它继续努力去解开套住它的绳套，一点用都没有。最终，它动不了了。

狼宝宝躺在雪地上，张开嘴想哀嚎，但是它停了下来。

没有谁能听到它的哀嚎。它把头放在爪子上叹着气。它想念妈妈和狼群。它不喜欢这奇怪的气味和这个地方的寂静。有什么东西不对，该怎么办呢？

在旁边一棵树的树枝上，一只猫头鹰在咕咕叫着。一种奇怪的感觉从内心升起，一个声音从它肚子深处响起，它开始轻柔地咕噜，声音越来越大，越来越响，直到它感到像要爆炸了一样。它坐起来，转过头，放开喉咙。你猜怎么着？它发出令人难以置信的、悠长孤独的长啸，这长啸声在整个树林里回荡。

狼宝宝太惊讶了，它坐在那里不一会儿，就听见远处传来微弱的回应它的狼叫声。一个，又一个。它转过头来再一次发出号叫声，这次它在号叫的最后加了一声激动的狼嚎。

回应的号叫声越来越大，越来越强，然后突然停止了。狼宝宝看见空地边缘有一排闪着黄光的眼睛。头狼在空地四周静静地探查，嗅来嗅去。然后它抬起头温柔地叫着。来了两只狼，一只狼开始咬套住小狼腿的绳索。没过多久，它锋利的牙齿就咬断了绳子。绳结松开了，狼宝宝自由了。

头狼舔着狼宝宝的脸，温柔地把它推向空地边缘。狼群开始奔跑。这次狼宝宝和它们一起跑了。它尽可能快地跑，尽可能地贴近它的伙伴温暖的身体。在它们后面很远的地方，它敏锐的耳朵听到了树枝的噼啪声和沉重的靴子声，猎人们来陷阱这边收取猎物了。

在营救庆祝会上，狼群中的狼都参加了，大家好开心，没完没了地舔着叫着狼宝宝。它再也不在乎了，它也叫着，挤着它的同伴。“你的声音又清楚又有力，狼宝宝，你现在真是狼群中合格的一员。”

狼宝宝非常高兴可以安全回到营地，回到狼群中间。晚上它没再抱怨兄弟们睡觉打呼噜。它整晚睁着眼睛，它想天一放明就唱一首新的歌。它一刻都不能等，并把这歌教给了它所有的朋友：

我是一头狼宝宝，生活幸福又开心。

每个人都快乐，没人比我更快乐。

太阳升起，又是新的一天，

来吧，朋友们，我们一起欢唱做游戏，

我们一起来学习狼族信号，

我们一起在月光下狩猎。

然后它暖和地依偎着兄弟们毛茸茸的身体躺下，深深地进入到平静的睡梦中。

## 小象不想走路

本故事作者艾丽卡·卡塔克克·考瑞克注：我是克罗地亚萨格勒布的一名化学家，喜欢讲故事和吹奏一种叫做迪吉里布管的乐器。偶尔我会去图书馆，为学前班和上小学的孩子们讲故事。“迪吉故事时间”是我献给孩子们的最新计划，包括讲故事和迪吉里布管伴奏。“小象不想走路”这个故事是一个配乐故事，整体结构按照治疗性故事的框架来安排。我的这个故事受到了你写的那本《故事知道怎么办》的启发。灵感来源于我和家人及朋友的周末远足活动。那次活动中，有个孩子时不时掉队，还总是带着哭腔说：“还没到吗？”在这个故事里，小象的朋友想出了一个很有创造力的解决办法，让走路更有趣。往大湖走的时候，象群和啄牛鸟一路上都在听小象的呻吟声。一只啄牛鸟找到了一个好办法，它为小象编了一个像巢一样的特制拖鞋。

听完这个故事，孩子们可以把丝带和铃铛穿进鞋带，随着大象歌跳舞。外出散步的时候，这个故事可以用来鼓励孩子们跟上队伍。比如，玩一个走路的游戏。让孩子们像大象一样齐步走，边走边唱。当走进树林或者花园，孩子们可以去寻找好玩的根茎和嫩枝来创造自己的作品，就像啄牛鸟做的那样。走路的时候踩着节奏或者唱着歌，总比单纯地走要有趣得多。

我第一次表演“小象不想走路”这个故事，是和我的同事拜访位于萨格勒布的一所名叫达科特的音乐学前学校。为了引出这个故事，我先问孩子们是否走过很远的路。所有人都点头称是。但是没有人对于“累了怎么办”这个问题想出什么好主意。然后我的同事开始演奏迪吉里布管，我在音乐声中讲了这个故事。孩子们立即被节奏调动起来，有些人甚至轻轻地摇晃一起唱起来。我一讲完故事，一个女孩儿就跳起来大声说：“我喜欢这首歌！”她还答应下次和家人出去散步时唱这首歌。一个男孩说，他要让妈妈在散步的时候给他讲这个故事。我儿子十几岁了，这么简单的故事对他来说已经不太合适。尽管如此，他们在家做功课的时候还是读了这个故事。一阵欢笑后，他们决定下次家里人一起远足的时候试试“大象齐步走”。

非洲大草原是大型动物们吃草的地方。这里有一种鸟叫啄牛鸟。它们常常栖息在犀牛、羚羊、斑马和大象背上。它们喜欢吃那些寄生在这些大型动物背上让它们很痒的小虫子。大型动物们非常喜欢啄牛鸟，因为这样它们就不会被虫子咬到了。有时候，一些动物要走很远的路去寻找草场和水源。啄牛鸟就和它们一起旅行，栖息在它们的背上。

下面这个故事就发生在非洲。是关于小象和家人以及啄牛鸟在旅行途中发生的故事。

在非洲的旱季，大象们走在前往大湖的路上。它们步伐缓慢，已经走了好几天。为了让旅途有更多的乐趣，大象们想出了一首队列歌：

我们是大象，
高兴齐步走，
边走边歌唱，
我们是大象！

但是小象觉得一点儿都不好玩儿。小象不喜欢走路，尤其不喜欢长途旅行。大象们边走边唱，小象则是边走边哭。

小象时不时地用鼻子卷住妈妈的尾巴，哭着说："我们还没到吗，妈妈？我不想走路，妈妈。我腿疼，妈妈。你能背着我吗，妈妈？"

象妈妈只能回答："我们必须走路，孩子。因为我们要到大湖边上，那里有吃不完的食物和喝不完的水。和我们一起唱歌吧，宝贝，这样走起来就好玩了。"

但是小象不喜欢唱歌。于是它还是一边走一边哭。别的大象边走边唱，它却边走边哭。

我们是大象，
高兴齐步走，
边走边歌唱，
我们是大象！

小象边走边哭的当儿，被它的朋友啄牛鸟听到了，它替小象感到难过。

于是它给小象唱歌，鼓励它跟上。但是作用不大，小象还是哭个不停。

一天，啄牛鸟有了一个好主意，于是在午休时飞走了。飞回来的时候小象正在树荫下休息。原来啄牛鸟捡来了树枝，要为小象编织新拖鞋。它把柔软的树叶和草叶都编进去，编成四个巢形的拖鞋。然后，一只接着一只，啄牛鸟把编好的拖鞋送给小象。

“好兄弟，我有件礼物送给你！你还小，可这旅程很漫长。所以我用枝条、树叶和嫩草为你编了这些拖鞋，让旅途更好玩儿。”

小象非常高兴，它非常喜欢它的新拖鞋！它赶在象群出发前穿上了新拖鞋。啄牛鸟在小象背上安家了。它们一起愉快地往前赶路。

小象不再哭泣，也没再用鼻子缠住妈妈的尾巴。它自豪地和家人边走边唱：

我们是大象，
高兴齐步走，
边走边歌唱，
我们是大象！

小象太满意它的拖鞋了，想出一首新歌，边走边唱：

枝条和树叶，
天然地编织。
旅途远又长，
穿着拖鞋唱。

## “故事骨架”——扎头发的故事

在香港的工作坊，一个2岁半女孩的妈妈说很难给女儿扎头发，主要是她不让妈妈给她梳头或者扎起来。因为孩子太小，妈妈回家之后就想到了几个简单的画面，串成了一个简单的故事，包括了好几种发型——从马尾辫到蝴蝶辫（参看下面这封来自孩子幼儿园老师的邮件）。有好几个故事的框架可以用来改编成适合不同年龄的女孩的故事。

老师的邮件：“……因为卓音非常喜欢马，范妮就编了一个小马的故事。这匹小马总喜欢自由自在地奔跑在旷野里。马妈妈告诉它应该把鬃毛扎起来变成马尾，这样跑起来才能更自由更自在，于是卓音开始梳马尾辫来上学了。她的妈妈就用这样的方法，鼓励卓音梳头和扎辫子。第二周，她妈妈想让她梳两条辫子，就说两条辫子想变成两只蝴蝶。这不是一个真正的故事，只不过是一幅画面而已。但是特别有趣的是，那天早上她们出门后，就看见了周围到处都是蝴蝶，快到幼儿园的时候，已经看到了二三十只蝴蝶在飞……这是多么神奇的事儿啊！蝴蝶和小马的想象都让孩子接受了妈妈给她扎的辫子。

# 第十二章
# 不宽容 / 缺乏对自己和他人的接纳

## 蜗牛西尔维斯特

本故事作者阿尔菲拉·费舍尔注：《蜗牛西尔维斯特》是为一个喜欢动物的 5 岁小女孩写的，目的是让她在家里找到平静，能够接纳自己并处理好兄弟姐妹间妒忌的问题。这个故事要传达的是：先学会接纳自己本来的样子，然后才会获得别人的爱与支持。这个故事讲述了如何接纳自己，能够帮助增强家人之间的对话和疗愈。

从前，有一片土地，土地上有一座山，山的四周环绕着云彩。那里住着一只小小的行动缓慢的动物，它的名字叫西尔维斯特。西尔维斯特是一只来自森林的蜗牛。它住在一个古老的枯木桩下面，以各种菌类为食。

每天早上，西尔维斯特从壳里醒来，打个哈欠，轻轻扭动一下身体，就探出头看看今天天气如何，再看看它的森林朋友们。有时候，森林里特别安静，西尔维斯特就待在壳里，温暖又安全。有时候，森林没那么安静，西尔维斯特就会看着朋友们忙活儿，看着它们很快地一会儿跑这儿，一会儿跑那儿。

“每个人的生活都是一场探险，”它自言自语地说，“看起来我不能去任何地方，做任何事情。我要是想去一个什么地方，可能要花上好几天……我真是可怜！”

突然，蜜蜂先生嗡嗡地愉快地飞过来，看见西尔维斯特有点沮丧。“你好！西尔维斯特，”蜜蜂先生说。“你好！”西尔维斯特回答说，“你真是一只勤劳忙碌的蜜蜂，从一朵花飞到另一朵花，还能去任何你想去的地方。”

“是啊，我非常忙碌。我正琢磨着，整天像你这样，这么慢这么安静地活动该有多好。你可以就这么看着我们所有人这么忙活。”蜜蜂先生说。“噢，我倒没这么想过，”西尔维斯特说，“是啊，整天这么缓慢而安静地活动确实也感觉不错。”

蜜蜂先生接着说：“你是多么幸运啊，能把自己的家背在背上。”西尔维斯特回答说：“是啊，我的家宁静又舒适，特别适合我。”

“有那样一个完完全全属于你自己的空间，一定感觉特别棒。”蜜蜂先生说，“我和所有的兄弟姐妹们住在一起。每个人都在嗡嗡嗡，嗡嗡嗡，别提有多拥挤、多吵闹了。”

“我们两个真是不同啊。”西尔维斯特这样想着……

就在这时，火鸡布鲁士先生溜达过来听到了它们的谈话。它告诉西尔维斯特，有时候它在晚上回家前会在外面闲逛几个小时，到家的时候还常常会看见森林里的其他动物睡在它的巢里。

“噢，”西尔维斯特说，“背上背着自己的房子真是幸运。”它爬回壳里，感到心满意足。“我很高兴我就是我自己。”它这样想着。

## 季节

这个故事的节奏很简单，用来帮助大一点的孩子接纳家里的新生儿，让他们感受小孩子的成长和时间流逝的关系。父母可以教孩子把这个故事做成一本书（可以让孩子配图）。这个主意是在霍巴特[1]的一个工作坊中被提出来的。注意：这个宝宝生在初春，所以诗也从春天开始。可以根据季节的不同变换一些词语。这个故事也可以用于孩子学习走路的阶段。写作过程对父母来说也是一种清理的过程。

宝宝降生在春天里，
花儿张开花瓣，小鸟在歌唱。
夏天的西瓜甜又甜，
宝宝舔一口西瓜呀，好喜欢。
秋天的叶子从树上飘落，
宝宝坐在毯子上看呀，好愉快。
冬天的寒风吹，我们把宝宝裹紧，
它坐在童车里散步呀，真是乐翻天。
春天又来了，宝宝长高了，
迈出一步又一步，不再总是那么小！
不用过多久，宝宝就能和我一起玩球了！

1 霍巴特：澳大利亚塔斯马尼亚岛东南部港口城市。

## 独木舟女孩

我收到两封邮件，一封来自爱尔兰，一封来自加利福尼亚。里面都提到了白人孩子取笑黑人孩子的问题。于是，我为两个孩子（一个4岁，一个6岁）写了下面这个故事，灵感来自“云朵男孩”。这是我为儿子写的一个故事（见《故事知道怎么办》一书第26页）。这个故事的目的主要是为帮助生活在白人社区里的黑人孩子们。他们可能会抱怨自己的肤色，或者想改变肤色。这个故事能够帮助他们发展对自己的认同感。

这个故事会用到一些小道具——很简单，可以用一个结子的豆荚当船（或者当一只小小的独木舟）；还会用到一个手工制作的黑人娃娃。注意：在黑人社区里讲这个故事时，可以把主角改成白人孩子。

从前，有个女孩住在一个小小的独木舟里。独木舟在一条长长的河上漂泊，从一个岸边到另一个岸边。独木舟女孩每晚都睡在独木舟里的一张床上，小河轻轻地摇摆着，送她进入梦乡。早晨，她的早餐是吃从河边灌木林采来的水果；晚上，她会抓来鱼把它们煮熟当晚餐。独木舟女孩的皮肤是可可豆那种褐色，头发和眼睛是像独木舟的木头那种黑色，她穿着一条红色的裙子，颜色鲜艳得像早餐多汁的浆果。

很久以来，独木舟女孩非常快乐地独自生活在河上。她喜欢顺流漂过郁郁葱葱的森林，急速穿过湍急的山谷，穿过晴朗的平原，与沿着河边吹过的风赛跑。

有时候，河水会流过村庄和城镇，独木舟女孩会看到和自己一样大的孩子在岸边的田地和花园里玩耍，然后没过几分钟，河水就把小船带走了，把玩耍的孩子们抛在身后。

有一天，独木舟非常缓慢地漂过一个小镇，靠近一个沙滩。孩子们在那里挖沙子，踩水花玩。独木舟女孩看到这些孩子玩得非常高兴，于是她决定离开河里的家，与这些孩子们一起生活和玩耍。她驾独木舟靠近河岸，沿着岸边缓缓地划着桨，寻找朋友——寻找一个可以和她一起玩并且照顾她的人……但是哪里能找到这样的朋友呢？

注意：这个故事讲过几次之后，可以把黑皮肤的小娃娃和独木舟（用豆荚或者小木船做的）作为礼物送给孩子（早晨一觉醒来，孩子们就能在床边发现这个礼物）。我儿子就是这么发现“云朵男孩”的，他一下子就和它建立了联结。这种方式有助于孩子和他黑皮肤的新朋友建立友谊。

## 三只蝴蝶

这是为 3~5 岁孩子写的“接纳差异”的好故事，由拜伦湾布尔温克儿童中心的艾兰·高提供，来源不详。这个故事可以用简单的木偶剧来表现，可以用羊毛毡或彩色羊毛制作木偶蝴蝶。

从前，有三只蝴蝶姐妹，分别是红蝴蝶、黄蝴蝶和蓝蝴蝶。每天它们会从一朵花飞到另一朵花上，在阳光下采集花蜜，传播花粉。

有一天，阳光普照，它们在外面拜访花朵。突然，乌云开始聚集，天空变得漆黑，很快就下起雨来。雨一直下，一直下。蝴蝶三姐妹很快就湿透了，它们可怜的翅膀湿漉漉的。回家的路很长，它们必须飞进瓢泼大雨中，一起找一个遮雨的地方。

蝴蝶三姐妹飞到一朵红玫瑰那里，对玫瑰说："亲爱的红玫瑰，大雨把我们打湿了，你能不能行行好，张开花瓣让我们进去躲躲？"

红玫瑰说："只有红蝴蝶可以进来，因为它的颜色和我一样。"红蝴蝶说："要是不让我的姐妹们进去，我宁可淋雨，继续找其他躲雨的地方。"

于是，它们又飞回雨中，再次寻找一处干爽的歇脚地方。

不久，蝴蝶三姐妹来到了一株黄水仙前，问道："亲爱的黄水仙，我们被雨浇透了。你愿意打开花瓣让我们进去躲躲雨吗？"黄水仙说："只有黄蝴蝶可以进来，因为它的颜色和我一样。"黄蝴蝶说："如果不让我的姐妹进去，我宁可淋雨，继续找其他躲雨的地方。"

于是它们再一次飞回雨中。

过了一会儿，蝴蝶三姐妹看见了一株蓝铃花，它们飞过去问："亲爱的蓝铃花，我们被大雨浇透了，你愿意张开花瓣让我们进去躲躲雨吗？"蓝铃花抬头看着它们说："只有蓝蝴蝶可以进来，因为它的颜色和我一样。"蓝蝴蝶说："如果你不让我的姐妹进去，我宁可淋雨，继续找其他躲雨的地方。"

于是，它们又飞回雨中，寻找一个地方，可以晾干它们的翅膀。

太阳公公躲在乌云后面看见了这一切，它想这蝴蝶三姐妹如此团结，彼此照顾，可真好。于是，太阳公公推开乌云，阳光开始照耀大地，照啊照啊照啊。

阳光晒干了蝴蝶们湿漉漉的翅膀，三姐妹抬起头对太阳公公表示感谢。这时，它们看见了一幅美丽的景象：一条彩虹横跨天际——红橙黄绿青蓝紫——所有的颜色都在一起。

太阳公公在天上留下了这特别的礼物，提醒每个人，所有的颜色在一起是多么快乐啊！

## 彩虹马

这个故事是关于反对种族歧视，为南非（彩虹国度）的孩子所写。写于20世纪90年代末，适合5~10岁的孩子。

在彩虹那一端的土地上，曾经生活着很多马，每匹马都有一种颜色的漂亮鬃毛。飘逸的彩色鬃毛是这些马骄傲的资本，每匹马都为自己选择的颜色感到特别骄傲，所以它们只和与自己颜色相同的马住在一起，从不和别的马交往。

紫色的马住在山上，绿色的马住在森林里，红色的马住在多岩石的平原上，蓝色的马住在河边，黄色的马住在海岸线附近，橘色的马住在沙漠里。

很多年来，马儿们都和自己颜色相同的马群生活在一起，但是年轻的马儿们渴望探索和发现其他的地方，于是它们这么做了，从那以后不同颜色鬃毛的马儿们就开始混杂地生活在一起……于是，为了证明谁的丝绸般的鬃毛颜色最棒、最漂亮，就不可避免地经常打架。

从前，太阳总会在彩虹之地洒下耀眼的光芒。但是现在，每当不同颜色的马之间有了一次新冲突，天上就会多一小团新的、灰色的云。开始，这些微小的灰云很少引起大家的注意——它们就像蔚蓝天空上的一个个小点。但是随着时间的流逝，随着不同颜色的马儿分布到整个土地上，冲突愈演愈烈，小小的的灰色云彩开始连接在一起。直到有一天，整个天空都布满了巨大的、灰色的云。

现在，金色的太阳不能再照耀彩虹之地了，这里变得漆黑寒冷。乌云开始下雨，雨越下越大，一连下了很多天。河水泛滥，平原和山谷都被洪水吞没了。随着水位越升越高，所有的马儿，不管什么颜色，都被迫迁往平原中部最高的山上。这座大山太高了，山上非常寒冷，寸草不生，还有很多岩石。没有吃的，马儿们变得饥饿虚弱，它们开始在岩石的洞穴里挤作一团，互相取暖。取暖是现在最重要的事，至于每匹马的鬃毛是什么颜色，就显得无关紧要了。冲突慢慢地平息了。

冲突结束的同时，雨也停了。乌云中间出现了一条裂缝，一道阳光从裂缝中射下来照在布满岩石的山坡上。一个耀眼的天使出现在这道光线中，她慢慢地乘着金光降落到山坡上，靠近马儿们躲避寒冷的地方。天使一落到地上，马儿们就看见她抱着一台金色的纺织机。她把纺织机放在一边，开始说话：

我来自太阳王国，带来可以帮助你们的消息。在天堂的花园里住着一匹金色的马，这匹金色的马拥有将光明重新带回这片土地的力量，可以驱散你们天空中的乌云。但是为了让它从天堂来到这片土地，需要一对翅膀，这翅膀必须来自你们。这金色的纺织机可以织出一对翅膀，但是我需要把你们所有的丝绸般的鬃毛纺成线。

这是个非常困难的要求。所有的马儿都那么珍视它们引以为傲的美丽的彩色鬃毛。但是它们也知道没有其他办法！于是一个接一个，它们走向天使，低下头，让她剪下自己丝绸般的鬃毛。当所有的马儿都剪过毛之后，地上堆起丝绸般的彩线。于是天使坐在纺织机旁，开始从这边织到那边，前后左右，前后左右……直到织成了一对美丽的彩虹色的翅膀。

天使小心地抱起丝绸般的翅膀，再次从光中升起，消失在乌云的裂缝中。

她带着翅膀回到太阳王国的天堂花园，把翅膀装在金马的背上。插上翅膀的金马飞起来，飞出花园，飞过天空，降落在彩虹那端的土地上。它发出强烈的金光，乌云被驱散，大地上的洪水退去了。

现在马儿们可以重返家园，再次在温暖中一起生活，一起觅食。放弃了丝绸般的彩色鬃毛后，它们也克服了虚荣与傲慢。现在，它们彼此很容易和谐相处。和平再次笼罩在这片土地上。

至于那插上翅膀的金马，也在彩虹之地安了家。直到今天，它都生活在我们这个世界里，随时准备着驱赶遮蔽住金色阳光的乌云。

## 鼓手男孩

这是个圣诞节故事，很好地讲述了如何接纳每个人不同的品质，了解每个人都可以给出不同的礼物。这个故事的灵感来源于两首儿童圣诞颂歌，一首是“毛茸茸的棕色驴子”，一首是“鼓手男孩”。很难给这个故事划分年龄段，我给 4~8 岁的孩子们都讲过这个故事，圣诞主题适合任何年龄段。

很久很久以前，在大海那端一个遥远的国度里，一个婴儿国王降生在这个世界上。

这个婴儿国王与众不同。他出生的房顶上有一颗明亮的星星在闪耀着光辉，智者们都长途跋涉前来拜访他。这个婴儿国王是如此特别，天堂中所有的天使都齐聚在天空唱颂他的故事。这个婴儿国王是如此出众，动物和牧羊人都来看他，并献上代表它们心意的礼物，布谷鸟和鸽子都在唱颂关于他的赞歌。

在偏远的山坡上，一个小男孩坐在地上，听他的动物朋友们激动地说话。它们正在谈论新生的婴儿国王就出生在山下的村庄里。它们在讨论送什么样的礼物给新国王：

“我载着他的妈妈一路来到伯利恒镇。”毛茸茸的棕色驴子说。

“我把我的食槽给他当床。”红白花的母牛说。

“我用我的羊毛给他保暖。”满身卷毛的绵羊说。

“我们咕咕叫着哄他睡觉，让他不再哭泣，”鸽子说，“我和我的同伴一起哄他睡觉。”

然后，朋友们转向小男孩，问道：“你能给新生的婴儿国王带什么礼物呢？”

小男孩回答说：“我只是个穷孩子，我没有礼物可带。一个可怜的穷孩子能给新生的婴儿国王带什么礼物呢？”

天渐渐黑了，朋友们各自回家了，只有小男孩还在照顾他的山羊群，山羊总是会在山坡上待很久，吃更多的草。

很快，山羊们也该回家了，小男孩开始敲他的鼓，一只只地召唤山羊回家。

帕拉姆，帕姆帕姆，帕姆；拉姆帕姆，帕姆帕姆；拉姆帕姆，帕姆帕姆。

对每只羊他都会敲不同的调子，山羊们听到它们的调子之后，慢慢地就跟他回家了，它们排成了长长的一队，一只跟着一只。

帕拉姆，帕姆帕姆，帕姆；拉姆帕姆，帕姆帕姆；拉姆帕姆，帕姆帕姆。

那天晚上，小男孩躺在床上辗转难眠——他一直想着新生的婴儿国王的事，想着一个穷孩子到底能送点什么礼物给小国王呢。

终于他有了一个主意——他可以为婴儿国王演奏他的鼓！

他太兴奋了，直接从床上爬起来，带上他的鼓就出发直奔镇上，找那个马厩，人们告诉他小国王正在那儿睡觉。

“我一定要轻轻地给小国王敲鼓。”他想，“轻轻地敲，帮他熟睡，而不是惊醒他！”

于是，他站在马厩门口，伴着闪烁的星光，皎洁的月亮，敲出一个温柔的调子：

圣婴耶稣，帕拉姆，帕姆帕姆，帕姆，
我也是个穷孩子，帕拉姆，帕姆帕姆，帕姆，
我没礼物带给你，帕拉姆，帕姆帕姆，帕姆，
只有我的一片心意，帕拉姆，帕姆帕姆，帕姆，
拉姆帕姆，帕姆帕姆，拉姆帕姆，帕姆帕姆，
我能用我的鼓，帕拉姆，帕姆帕姆，帕姆，
为你演奏吗？

圣母玛利亚用自己的臂弯轻摇着小婴孩儿，小男孩唱完后，冲他微笑答谢。小男孩看到了在妈妈怀抱中沉睡的婴儿国王在对自己微笑。

小男孩是如此开心，他动身回家，敲着鼓，唱着歌走了一路，回到了家。

那一夜，闪耀的星星注视着下面的世界，似乎比以往更加闪亮了；那一夜，小男孩把他特别的音乐礼物带给了婴儿国王。

圣婴耶稣，帕拉姆，帕姆帕姆，帕姆，
我也是个穷孩子，帕拉姆，帕姆帕姆，帕姆，

我没礼物带给你，帕拉姆，帕姆帕姆，帕姆，

只有我的一片心意，帕拉姆，帕姆帕姆，帕姆，

拉姆帕姆　帕姆帕姆，拉姆帕姆，帕姆帕姆，

我能用我的鼓，帕拉姆，帕姆帕姆，帕姆，

为你演奏吗？

## “故事骨架”——雪橇比赛和一些其他想法

一队爱斯基摩狗拉着雪橇或者一队马拉着车的创意，可以被用在不同的团体中。5~10 岁的孩子面临的困难主要有：自我评价低、退缩和缺乏自信且不被团体接纳。这些困难在亚洲、非洲和美洲是常见的主题。下面的三个故事包含了主要的故事框架。

### 雪橇比赛

比赛用鼓点开始和结束。队伍命名为爱斯基摩队（有一条很害羞的狗，有一个“因纽特”的名字）。队伍出发时非常愉快，然后遇到了困难——巨大的裂缝、暴风雪、队伍迷路了。害羞的狗帮助了整个团队——教他们如何盖雪房子来保暖，观星空辨方向找到回家的路——害羞的狗用“因纽特人”的知识救了整个团队。

### 爱斯基摩队和圣伯纳德犬

爱斯基摩队拉着雪橇开始了旅程。一只圣伯纳德犬想加入团队，但是所有的爱斯基摩狗都嘲笑它——它的颜色、形体和大小都很不一样——它们不

想接纳它加入团队。队伍出发了，它们还嘲笑落在后面的圣伯纳德犬。出发没多久，它们就被困在了巨大的裂缝当中——圣伯纳德犬赶来解救了它们，并带它们走出困境。

**吉卜赛马车**

四匹马拉着一辆吉卜赛四轮马车。马车上坐着妈妈、爸爸和孩子。他们要穿过高山。其中一匹马不像其他三匹一样高大强壮，于是赶车人不停地呵斥这匹瘦弱的马。当他们来到了一条河边，河水太深过不去。那匹最小最弱的马却是最好的游泳能手，它游到了对岸，先把妈妈和孩子背过去，然后又把爸爸背过去，再用一根绳子把车上所有沉重的物品都运过河，最后帮助马车和另外三匹马过了河。

# 第十三章
# 缺乏信心 / 韧性不够

## 长翅膀的马

这个故事可以激发小学生的韧性。最近，一个同事给她班里10岁的孩子们讲了这个故事。这班上有个特别的男孩，他需要增强做事的意志力，提高对生活的兴趣。这个男孩从头到尾非常投入地听完这个故事，然后举起手来说："我想男孩应该征服任务，而不是完成任务。老师看他如此热情地投入这个故事，感到十分惊讶，因为这不常见。他的建议确实很恰当，我现在已经把用词改成了"征服"。

从前有个男孩渴望有一匹马，胜过全世界任何其他的东西！

但是，他想要的可不是一匹普通的马。男孩想要一匹会飞的马，他想骑上有翅膀的马！

他把这个愿望告诉他的朋友，他们都笑话他并告诉他世上没有那种东西。但是，男孩知道这世上有这个东西——他确信有天晚上曾见过飞马穿过天空，消失在远山那边。一天，他把这个想法告诉了爸爸，爸爸意味深长地笑了。“很久以前，我有一位非常睿智的老师告诉过我关于这种马的故事，”他说，“你为什么不去找找她，没准她能帮助你梦想成真呢。”

爸爸把老师现在的住址告诉了他。老师现在住在村庄和大山的森林中间。于是，第二天，小男孩在背包里放了些食物，就出发了。走了好几个小时，最后，他在一块空地上找到了一座小木屋，阳光穿过浓密的大树照在小木屋上。木屋前坐着一个美丽的老婆婆，她有着银色的长发、闪烁的眼睛。男孩做了自我介绍并带来了爸爸的问候。然后，他告诉老婆婆，他梦想着骑上长翅膀的马。

老婆婆想了一会儿，然后告诉他：“是的，我知道长翅膀的马住在什么地方，它住在高山上的山洞里，以前从来没人爬上去过。即使有人可以到达那个山洞，门口还有一个恶龙守卫，根本不可能通过。即使有人可以过了恶龙这一关，那飞马很怕见人，把它从山洞里引出来也是非常困难的事情——除非，”她小声说，“你等到月圆的日子。因为飞马喜欢在月圆之夜出来，伴着银色的月光飞越天空。”

老婆婆邀请小男孩在她的小木屋住了一晚。第二天早上，吃过丰盛的早餐——鸡蛋和蜂蜜蛋糕——她给了男孩三样东西，来帮他完成梦想：一把锋利的金属小刀，一支木笛和她的一绺银色长发。

“这些东西可以帮你在没人敢去的地方找到自己的路。”她告诉男孩。男孩把那绺银色长发系在自己的脖子上，把小刀和笛子背在背上，谢过老婆婆。当他转身出发时，老婆婆叫住他说：“不论何时遇到困难挡住你的路，记得对自己说：

**用心思考加双手，我就能做到最好；**

用心思考加双手，就能征服我的目标！

感受到这些话的鼓舞，男孩沿着通向森林另一面的小路，朝着大山走去。

走了好几个钟头，他来到了山脚下的一个地方，陡峭的山峰绝壁直冲云霄。悬崖峭壁看上去根本没法攀登。男孩儿坐在峭壁下面，想起老婆婆的建议，对自己说：

用心思考加双手，我就能做到最好；

用心思考加双手，就能征服我的目标！

他注意到，附近的树上长着坚韧的藤蔓。于是，他有了主意。他用老婆婆给的小刀，用自己强壮灵活的手，割下藤条，编织打结成一条绳梯。绳梯做好后，他走远一些，把一条藤甩到长在悬崖上的一棵粗壮的老树上，卡好之后，他就挂起绳梯开始往上爬。一级又一级，慢慢地，仔细地，他一直爬到了顶端。

在悬崖顶端，果然像老婆婆说的，有一条恶龙把守着山洞的入口。龙是小男孩所能想象到的最恐怖的生物，看起来这里过不去了——它的大脑袋高高昂起，向着男孩吐着口水，喷着气，随时准备进攻。

小男孩退在一个安全距离之外，坐在悬崖边上，想着该怎么办。他又想起老婆婆的建议：

用心思考加双手，我就能做到最好；

用心思考加双手，就能征服我的目标！

突然他有了主意。他从背后拿出笛子，开始吹奏最优美的曲调。他全心全意地演奏，过了一阵儿，他发现恶龙不再朝他吐口水，也不再保持准备进攻的姿势，而是缓慢跳起了舞，开始只是它的头在动，后来整个身体都开始动了。男孩儿继续吹，恶龙跳得实在太累了，它就把头垂到自己布满鳞片的身体上，一下子就睡着了。

男孩把笛子放回背包，爬过睡着的恶龙，进入了山洞。他一进洞，发现里面漆黑一片，看不见也听不见，没有任何他梦想中的飞马的迹象。

他站在黑暗中想着该怎么办。于是他又想起老婆婆告诉他的：

用心思考加双手，我就能做到最好；

用心思考加双手，就能征服我的目标！

既然他可以用手制作坚韧的绳梯征服悬崖，还可以用发自内心的音乐驯服恶龙，现在他就可以想出一个好主意引诱飞马出洞（如果它真的在洞里的话）。

然后，他注意到黑暗中有什么东西在发出微弱的光。他往下一看，原来是那缕绕在他脖子上的银色长发。他摘下头发，举过头顶，面前出现一小圈银色的光亮——老婆婆不是告诉他飞马喜欢银色的光吗！

他转回到入口处，想着在那里用这个银色的光环等待飞马，那个银色的光环就像一个简单的笼套。老天保佑，这时，洞外面的天色暗下来了，满月升上了悬崖。满月银色的光照进洞穴，黑暗消失，充满了银色的光亮。在洞穴的最深处，男孩看到了一匹美丽的飞马！

男孩在洞口举起银色的笼套，耐心并且自信地等待着，他开始轻轻地唱道：

飞马啊飞马，到我这儿来，我会成为你的朋友——相信我吧！

我们可以一起驰骋天空，我们可以一起飞上九霄！

过了一会儿，马慢慢地走过来，靠近男孩，把头靠在男孩的胸口。男孩温柔地抓住他长长的鬃毛，在银色的月光下，鬃毛闪耀着彩虹的颜色。于是，男孩把银色的笼套套在马头上，温柔地唱道：

飞马啊飞马，到我这儿来，我会成为你的朋友——相信我吧！

我们可以一起驰骋天空，我们可以一起飞上九霄！

男孩感觉到马儿对自己的信任，他确定了这种感觉之后，小心地爬上飞马白色闪光的背脊，抓住银色的笼套。于是，马儿展开翅膀，从悬崖顶上出发。向上，向上，向上，它飞啊飞，一直飞，飞过整个天空，飞过了云彩、星星和银色的月亮。

整晚马儿都载着男孩飞跃天空，当东方泛起鱼肚白时，马儿降落在了男孩家里，把他放到了卧室的窗外。

“好好保存那银色的笼套，”飞马悄声对男孩说，“每个满月的夜晚我都会回来接你，我们一起飞越夜空。”

飞马低下头，男孩从它头上卸下银色的笼套，把它系回自己的脖子上，然后从窗外爬进了温暖的小床。

男孩睡了很长时间，梦到自己来到了美丽的国土。他醒来时，看见爸爸坐在床边握着他的手。“我的愿望成真了，”男孩对爸爸说，“每个满月夜我都能骑着飞马飞过天空。”

爸爸带着了然一切的笑容，进厨房去做鸡蛋和蜂蜜蛋糕的早餐。他儿子刚完成一次伟大的旅行，现在一定非常饿了！

## 小矮人和金色的皇冠

这个故事由西尔维娅·利季亚和苏珊·佩罗共同创作。最初的灵感来自回复内罗毕一所学校的邮件，这所学校在凌晨遭到抢劫，正好发生在孩子们早晨到校前的几个小时。学校办公室和部分幼儿园遭到破坏。于是，孩子们整个早上被挡在门外，以免他们见到教室中的混乱状况被吓到。孩子们安全地待在家里，下午的时候大部分被毁坏的地方已经修好了。

接下来的几天里，学校安装了更结实的钢门窗。老师西尔维娅·利季亚很清楚她需要一个故事，用她的话讲：“是我们到底该做点什么来帮助自己，而不是把重点放在防小偷上，钢门窗可防不住小偷！”（这是肯尼亚不幸的现实！）西尔维娅认为通过故事，最重要的是让父母、孩子和老师可以协同共建幼儿园，给他们信心和勇气面对未来，不管未来可能遇到什么样的障碍！

通过邮件沟通，我和西尔维娅一起创作了故事的最终版本：小矮人制作金色皇冠的故事。西尔维娅最初的想法是让小矮人们一起铸造金色的剑。但是，我们最后决定还是不让孩子们接触武器——打架能解决问题吗？皇冠可以带给每个小矮人一线光明，一份勇气，一种新的力量，无论他们走到哪里都可以带在身上。另外，皇冠的光也更像矿工的头灯，因此更适合西尔维娅的故事主线。

我们还讨论了巨人的结局，但是因为无法确定小偷会不会回来，所以在这块没有多做讨论，把重点放在信心和韧性的打造上面。这个故事的背景取材自当地环境——西尔维娅如此描述：“我们的幼儿园四周围绕着高大的蓝花楹树，它们每年九月开始开花，十月盛放。花园的斜坡好似一座座小山，下雨前有蜻蜓轻快地掠过……”

从前，在高高的蓝花楹树环绕的地方，有一座高山，山里住着矮人一家，他们住在岩洞里。

每天一大早，矮人们就醒了，他们把袋子背在背上，把小锤子扛在肩上，一起大步走，下到山中深深的隧道里挖宝藏。他们用锤子敲打坚硬的岩石寻找金子。他们把金矿石挖下来，然后“叮叮当当”地不停地敲打，直到它们像太阳一样发出耀眼的光。

每天工作结束时，小矮人们就把金子带回自己的洞穴，藏在一个干净的玻璃罐里。储金罐给洞穴的家带来了温暖的光芒。

小矮人们一直这样工作了很长时间。但是一天早上，事情变样了。在另外一个很远的山谷里，住着一个贪得无厌的巨人，他每天除了睡觉，就是去偷别人的宝贝。他知道山里小矮人们的事情已经有一段时间了……知道他们如何辛苦工作以及他们的金子如何闪耀光芒。贪心的巨人喜欢金子。

于是，在一个特别的早上，贪婪的巨人决定探访小矮人的山洞，并且偷些金子。他躲在那里，听着小矮人往大山走去，整齐的脚步声越来越远。他一听见小矮人们的锤子发出“叮当叮当”的声音，就钻进洞穴，把玻璃罐里的所有金子都偷走了。然后，他飞快地逃走，用他那巨人的长腿能跑多快就跑多快，一直跑回他自己的山谷。

傍晚，当小矮人们回家的时候，他们惊呆了，因为洞穴漆黑一片，很快他们就知道金子被偷走了。他们把今天挖到的金子装进玻璃罐里，但是太少了，没办法发出足够的光亮。小矮人们挤在一起，希望可以找到一个办法让金子发出更明亮的光。

一只蜻蜓在洞外飞来飞去，听到了小矮人们的愿望。于是，在他们的梦中唱了一支歌：

用你们已有的小小金子，做一个闪闪发光的皇冠，

无论走到哪里都带着它，照亮最漆黑的夜晚。

第二天早上，小矮人们起床时，都记起了蜻蜓唱的这首歌。于是，他们聚到一起，收集一些木头，点了一堆火。他们用火融化了那一小块金子，做成细细的金线，为每个小矮人都做了一顶小小的皇冠，他们一边工作一边唱：

用我们已有的小小金子，做成一个个闪闪发光的皇冠，

戴着它到我们去过的所有地方，照亮最漆黑的夜晚。

制作工作结束了，小小的皇冠闪耀着光芒。小矮人们把它们戴在头上，感觉到更强壮，更勇敢。他们现在非常有勇气，迈着整齐的步伐，走进山中深深的隧道。背上背着背包，肩头扛着锤子，头上戴着金皇冠，照亮前方的路。

从那以后，小矮人们继续努力工作。他们找到了更多的金子放在他们的

玻璃罐里，照亮他们的洞穴。他们每天戴着金皇冠，照亮山中黑暗的隧道。他们每天一起工作，愉快地唱歌：

用我们已有的小小金子，做成一个个闪闪发光的皇冠，
戴着它到我们去过的所有地方，照亮最漆黑的夜晚。

## 小猪和猎狗

这个故事是经典童话“三只小猪”的肯尼亚版本。这个经久不衰的故事强调了打好牢固基础的重要性和克服困难的韧性。我曾经改写过这个故事，作为早晨的打铃故事（加入了唱歌、节奏和动作）。

我最喜欢用这种方式和3~6岁的孩子分享故事。让孩子们用动作贯穿起整个故事，这样来讲这个特定的故事，看起来非常合适且有疗愈性——他们非常喜欢在故事结束的时候唱着“石头砖房”这首歌，并且对打败的鬣狗摇晃手指！当然，还可以用原来狼的版本来讲这个故事。

歌曲：一天，第一只小猪离开家，路上遇到一个男人。（两遍）
故事：男人给了第一只小猪一些稻草盖房子。
歌曲：盖房子，给自己盖个高房子，
直直的烟囱冲向天空，
看那屋顶，看那地板，
看那小门，闪着金光。
故事：稻草房子盖好了，小猪爬了进去。鬣狗来了，“呼”的一口气把

稻草房吹跑了。“我吹，我吹，我吹吹吹，一定把你的房子全吹垮！”（三遍）

歌曲：一天，第二只小猪离开家，路上遇到一个男人。（两遍）

故事：男人给了第二只小猪一些木棍盖房子。

歌曲：盖房子，给自己盖个高房子，

直直的烟囱冲向天空，

看那屋顶，看那地板，

看那小门，闪着金光。

故事：木棍房子盖好了，小猪住进去了。鬣狗来了，“呼”的一口气把木棍房子吹垮了。“我吹，我吹，我吹吹吹，一定把你的房子全吹垮！’（三遍）

歌曲：一天，第三只小猪离开家，路上遇到一个男人。（两遍）

故事：男人给了第三只小猪一些砖块盖房子。

歌曲：盖房子，给自己盖个高房子，

直直的烟囱冲向天空，

看那屋顶，看那地板，

看那小门，闪着金光。

故事：砖房盖好了，小猪住了进去。鬣狗又来了，砖瓦房真结实，不管它怎么吹，左吹右吹，前吹后吹，都不能吹倒砖瓦房！

于是鬣狗只好灰溜溜地走开了，但是第二天带着坏主意又来了……

歌曲：挖，挖，挖啊挖，小猪明天早上和我见面吧。

我在农田挖萝卜——做汤给你和我喝！

摇，摇，摇啊摇，我们一起爬上果园的树，

清晨的苹果红又甜，

咕噜咕噜滚下来，滚到市场，滚下山，

滚到山脚再一看，还是苹果红又甜！

故事：鬣狗的把戏试了一个又一个，

还是抓不到在砖房里的第三只小猪

——砖房比草房和木棍房结实得多，

于是鬣狗爬到了屋顶，

“嘿、嗬”一声跳下烟囱，

正好跳进炉子上的热水锅——

“嘿、嗨、嗬”，“嘿、嗨、嗬”叫个不停！

歌曲：砖头盖起小猪家，盖得结实又稳固，我大笑着，哈哈哈，鬣狗啊，

你永远永远抓不到我呀！

## 闪亮的星星

本故事作者罗莎林德·维内斯注：我的一个学生（一个8岁男孩）的奶奶最近给我一个重要的反馈。她说孩子问她：为什么我要接受治疗，我是不是有问题？我觉得对这种没信心的问题最好的办法就是讲故事。我用了星星的隐喻，因为所有的学生都是闪耀的星星，但是有时候他们需要被特别“打磨”一下。我想强调讲故事的人只是起到一点点协助的作用，艰苦的功课还是由学生们自己来做。

这个故事虽然是为这个男孩写的，但它帮助了另外一个孩子（一个9

岁的女孩）。她极度活跃，几乎到了多动症的边缘，并且很难与他人建立友谊。她喜欢这个故事，沉浸在这个故事当中，还告诉我："我看见了那个星星。"

你曾经在晚上，坐在屋外看过星星吗？可能你也疑惑过，它们怎么那么明亮闪耀呢？

从前，有一颗小星星，它感到有点无聊，就想散发更多的光，变得更亮，带给世界更多的光明。它很担心即使它已经非常努力了，地上的小朋友们也不会觉得它发出的光足够亮。

于是，它闭上眼睛，许了一个大大的愿望。

然后，仙女出现了，她一挥魔杖，给了小星星一小包魔力星星粉，这能帮它更闪亮。

于是，小星星开始用魔力星星粉来打磨自己，它的星光发往很多方向。打磨是件艰苦的工作，它得把每个面都打磨光亮，有那么多地方需要磨。但是，它一直努力去做，因为它真的希望给这个世界带来特别的光亮。

它希望能够对魔力星星粉和打磨自己的事保密，所以没有告诉其他的星星自己在做什么。它总是在别的星星看不见的时候悄悄地打磨自己。

每天它都比之前更亮一点。现在，它是天空中最亮的那颗星星了。

也许下次你出去看夜空，就可以看见它，一颗闪闪发光的星星，照亮了整个世界。

## 小金马

**这是一个给 4~6 岁孩子的秋天 / 感恩节故事，可以帮他们建立自信，克**

服恐惧。这个故事的灵感来自金色的肉桂花。每到秋天，它们就盛开在新南威尔士州东海岸我家周围的花园和灌木丛中——这花总让我联想起澳大利亚的感恩节。

从前，有一匹小金马，

哒哒，哒哒哒，飞奔疾驰啊疾驰飞奔。

它住在高高的天上，太阳国王宫殿的花园里，整天无拘无束地在雪白的云彩中奔跑，跨过明亮的蓝色天空。

哒哒，哒哒哒，飞奔疾驰啊疾驰飞奔。

一天，太阳国王把小金马叫到跟前说："小金马，很长时间以来你都在我的花园里自由自在地奔跑，我看你也一年年长大，越来越强壮。现在你足够大、也足够强壮了，你该离开我的花园，去一个遥远的世界帮我捎个信儿了。我要你把金色阳光作为礼物带过去，不过小心点，路上可能有危险！"

于是，小金马把金色的阳光驮在背上，离开了太阳国王的花园，开始了它穿越天空的长途旅行。

哒哒，哒哒哒，飞奔疾驰啊疾驰飞奔。

没过多久，雪白的云彩变得越来越黑，突然，小金马发现它已经只身处在暴风雨当中了。山一样高的乌云屹立在它身边！它听见雷声隆隆，远处闪电阵阵，狂风吹得它没法移动半步。然而它奋力地向前……

哒哒，哒哒哒，飞奔疾驰啊疾驰飞奔（非常缓慢）。

雷声越来越大，闪电越来越强，狂风越来越大，小金马再也走不动了。这时，它发现自己站在狂风河边。这里雷声轰鸣，就像千百个巨人一起踏步的声音，闪电发出的强光也迫使小金马闭上眼睛，转头回避。

它怎么跨过狂风河呢？它怎么把金色阳光的礼物带到河对岸的另一个世界呢？

就在这时候，一道彩色的光穿过乌云，七匹飞马“哒哒，哒哒哒”地经过小金马身旁：

彩虹马飞驰而过，
它们的翅膀掠过天空，
架起一道彩虹桥，嘿吼！
哒哒，哒哒哒。

飞马们来到狂风河边，展开它们的彩色翅膀，为小金马架起一座宽阔的彩虹桥。小金马跨上桥，往上爬啊爬啊爬啊，到了桥顶，再往下走啊走啊走啊，最后，它安全跨过了狂风河。在河对岸，山一样的乌云越来越小，直到天空重新变得清澈湛蓝。小金马可以看见那个世界的森林、山谷和平原。它转身要向彩虹马们说声谢谢，但它们已经消失在身后的风暴里。

于是，小金马继续赶路，

哒哒，哒哒哒，飞奔疾驰啊疾驰飞奔。

它一到下面的世界，就撒了欢地飞奔过平原和森林。边跑边把礼物——金色的阳光洒在很多树木和灌木丛中，让这个世界的人们都可以找到这些礼物并分享给别人。

每年的感恩节，你也许都能在附近找到一些小金马拜访过的树木，并找到它洒下的金色阳光，分享给你的家人和朋友。

## 未来之光

这是给6~10岁的孩子（还有成人）写的冬至节故事，可以用在主题为“寻找光明”的社区节日庆典上，帮助大家克服对黑暗和一年中漫长冬夜的恐惧。上百个父母和孩子听过这个故事。他们温暖地裹在大衣或毯子里，坐在小镇公园里高大的无花果树下面，看着我站在高高凸起的树根上讲这个故事。

讲完故事后，大家提着灯笼在蜿蜒的河边散步。路上画的都是各种各样梦幻般的动物，是由当地的艺术家们创作的。孩子们提着各种颜色的灯笼：蓝的、黄的、红的。大人和孩子都在这次经历中体会到了力量。于是这个故事在家里和学校都传播了开来。

从前发生了一件事——在哪发生的？或者我们会问，在哪没发生过？从

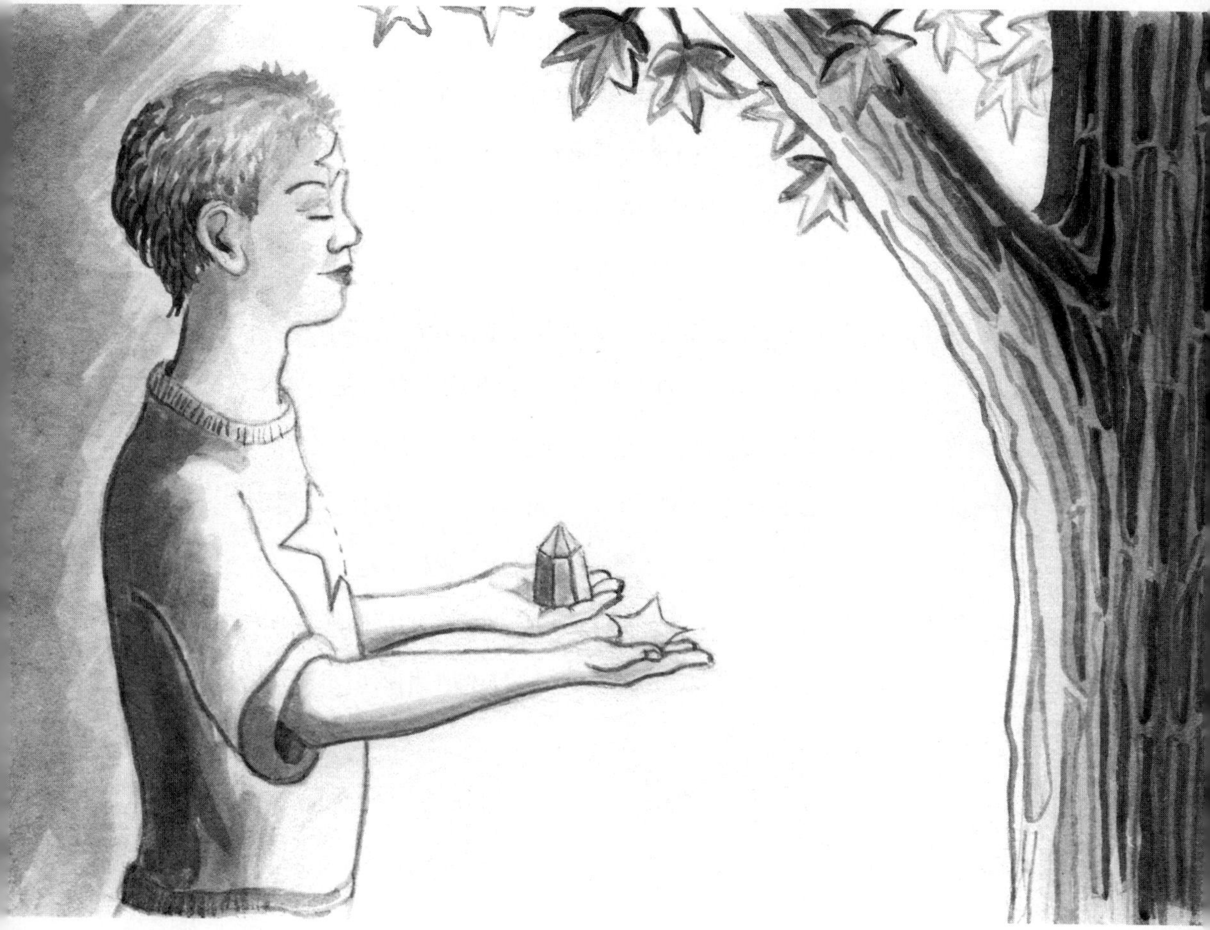

前，有一个山谷，里面有一个小镇，镇上的居民活得平安又快乐。那儿的孩子们很开心，也很健康。那里的花园生长着很多美丽的花和水果，太阳似乎绝大多数时间都在照耀着他们的生活。

然而，每年冬天总有几个月，会让人们心中笼罩着恐惧。那个时候，在山中漆黑山洞里沉睡的龙[1]就会醒来。醒来后，它会缓慢地从洞里爬出来，爬过森林、田地，直奔山谷的村镇。它可不是一条普通的龙——它会喷出忽隐忽现的蓝色火焰，而且它只喜欢黑暗和寒冷。每年冬天当它离开山洞的时候，都会把自己卷进薄雾阴雨的黑暗漩涡。它一来村镇，就会呼出蓝色的火焰，给树木、农作物和动物们带来寒冷和死亡。

通常在最黑暗的冬夜，饥饿的龙会出来觅食。但是每年人们都会呼唤星星精灵带来光明守卫村镇，应对龙的袭击。每年星星精灵都会在冬至夜出现，带来光明照亮村镇，迫使龙掉头回去，远离它最憎恨的光明，回到它的漆黑洞穴。

很多很多年都是这样的。随着时间的流逝，龙越来越生气，越来越饥饿。它把自己缠裹在薄雾和阴雨的漩涡中，每年冬天都加倍破坏森林和村庄，留下一处处荒凉。但是不论它怎么靠近村镇，人们都相信星星精灵会下来守护他们，带来明亮闪烁的光。

有一年，星星精灵刚刚在最黑暗的冬至夜来过，逼着恶龙又一次返回了自己漆黑的洞穴，它又愤怒又饥饿，只好去睡觉。星星精灵对人们说："我

1 龙（dragon）：与中国"龙"（英文译为 loong）有本质的区别。Dragon 是西方神话中一种强大的生物，外形如同一只长着类似蝙蝠肉翼的蜥蜴。有很多种，生活环境从沙漠到森林，甚至海洋都有分布，习性和颜色也随种类的不同而不同，共同的特点是喜欢财宝、穴居、会喷火。

们不会再回来了——接下来是你们想办法拜访我们的时候了。在我们的星星堡里，为你们准备了星星礼物，这些星星礼物会保护你们不受恶龙的伤害。”

“但是，”人们叫道，“我们怎么能从凡间找到天上的路呢？我们怎么能找到通向星星堡的路？”

“这个我们帮不了你，”星星精灵回答说，“不过只要你们来，就有星星礼物等着你们。”说着，星星精灵就回到他们夜空的家，只留下不知如何是好的人们。

“我们必须去请求山谷里最古老和最有智慧的朋友来帮我们。”大家都同意了。于是第二天，趁孩子们在花园里玩的时候，人们来到镇子边上，那里有一条河，河边长着高大的树。这是树精灵的家，它是整个山谷里最古老也最有智慧的树精灵。

“哦，伟大的树精灵，”人们喊道，“我们是来请求你的帮助的。你能告诉我们，从我们这个世界怎么找到上天的路吗？我们必须去拜访星星堡，取回星星礼物，保卫小镇不被下个冬天醒来的恶龙毁灭。”

树叶沙沙作响，绿叶泛着金光。树精灵从高高的树枝上浮现出来，对人们说话，那声音就像温柔的风：“是的，我能帮助你们。我将给你们一个特殊的灯笼，指引你们找到上天的路。”树精灵飘下来，一下子就消失在树根之间，接着又仿佛在一瞬间，手里拿着一盏闪耀的水晶灯笼回来了。

“这个灯笼，”她说，“是从树根下面深深的水晶洞里拿来的。它叫‘未来之光’，只有用毫无恐惧的心拿着它，才能把它点燃，让它发光，照亮从这里通往天上的路。现在，谁愿意走上来拿上它？”

于是，树精灵把“未来之光”递给了第一个走上前来的人。这个人是镇上公认的最勇敢、最强壮的人。但是他的手一碰到灯笼，“未来之光”就不亮了。于是他把灯笼递到下一个人手中，接下来一个传一个，直到全镇的人——不管男人还是女人——都拿过这个水晶灯笼了，可还是没人能让它继续发光。

“你们当中有没有一颗心完全没有恐惧？”树精灵问道。

此时，一个微弱的声音说：“让我来试一下。”人们回头看去，只见一个盲孩子站在那里，闭着眼睛，伸开双手。他从没和别的孩子一起玩过。因为他看不见，他的父母必须抱着他，给他领路。

“你？”人们笑道，“你甚至都看不见你自己脚下的路，你怎么能找到通往天上的路？”

但是树精灵已经把水晶灯笼放在了孩子伸出的手上，“未来之光”此时发出了像白昼一样明亮的光。小孩儿的脸也闪着光，好像他从未用过的眼睛突然恢复了光明。灯笼为孩子照亮了一条路，这条路别人都看不见。孩子开始沿着这条新路走，穿过树木，跨过小桥，直到消失在人们的视线中。

全镇人都很惊讶地看着这一切，孩子的父母还试图跟在他身后跑。树精灵拦住他们，“让他走，”她说，“你们一定要相信‘未来之光’，也要相信在这个孩子的内心没有恐惧。他会在下一个冬天来临之前带着星星礼物回来，保护你们的村镇。回家吧，每晚都看一下星空——不久，你们就会看见他在布满夜空的繁星间走过。”

于是，人们各自回到家，每天晚上都观察那个孩子从这个世界往天空旅行的迹象。不久，就像树精灵说的，他们看到了闪耀的红光，好像一颗新星，缓慢地沿着黄道十二宫移动。从春天一直到夏天，他们都一直观察这颗星的轨迹，夏至那天晚上，它消失了。

第二天晚上，它又带着三颗新星出现了，闪耀着蓝色、黄色和红色的光。

它们开始一起在黑夜中移动，沿着星空的路线，跨过秋天的天空。

冬天降临了。下面的村镇和山谷里，寒风刮起，山上传来阵阵的隆隆声，恶龙在漆黑的山洞里醒来了。薄雾和阴雨的黑暗旋涡，掩藏了它可怕的样子。它开始沿着山谷，喷着蓝色炽热的火焰，慢慢地向村镇逼近。在这寒冷的冬夜，它所到之处，森林和田地都是一片狼藉。

镇上的人再一次感到了害怕——要是那孩子不能带着星星礼物按时回来，抵御恶龙的话，可怎么办呢？他们开始为自己和孩子们的安全担忧起来。

天气一天比一天冷了，夜晚越来越黑，也越来越长，恶龙正向镇子缓慢逼近。人们都能感受到它呼出的冰冷火焰，像一阵猛烈的风吹向镇子。不久，一团黑雾笼罩了大地，人们躲在家里挤在一起，不敢冒险在夜晚出门。

冬天里最短的一天来了！人们在恐惧中再次聚拢在大树下，再一次向树精灵请求帮助。这时，他们看见从灰色的烟雾中闪烁出亮光。光越来越亮——蓝的、黄色和红的——小孩子出现了，他大踏步地走过小桥，走向大树。他额头上是一颗闪烁着蓝色光芒的星星，胸前是一颗闪耀着黄色光芒的星星，一只手中拿着一颗闪耀着红色光芒的星星。另一只手里，拿着那盏闪烁的水晶灯笼。

树精灵一直在树枝间等待着。她小心地落下来，掬起小孩儿带来的星星礼物，把它们高高地挂在树梢上。它们的光芒照亮了整个镇子，蓝色、黄色和红色的光芒。光明穿透黑色的薄雾旋涡，直接照到了恶龙的眼中，此时，恶龙已经到镇子边上了。它惨叫一声，因为光亮弄瞎了它的眼睛，它立即转身回到黑色薄雾中，跌跌撞撞地往自己漆黑的洞穴逃去，能跑多快就跑多快。

树精灵拿回了“未来之光”，谢过了小孩子，消失在树根之间，把灯笼重新放回到了地下深深的水晶洞穴当中。

盲孩子现在能看得见了。他和大家一起回到家中，举行了盛大的宴会和庆典。那一夜，人们没有恐惧，平安地睡去。蓝的、黄的和红的星星礼物，在镇子上空闪耀着光芒，用它们明亮的光照亮了整个冬天的夜空。

据我所知，它们这会儿还在那儿闪耀着呢。

## 阿里阿德涅的线——故事、手工和迷宫游戏

用故事、手工和迷宫游戏的方式探索“找到自己的路”的主题。在澳大利亚新南威尔士州举行的一次领养儿童夏令营里，这个故事用到了这些元素，成功地帮助了三组 8~10 岁的领养儿童。每个小组有 12 个孩子，大部分是男孩。三个小组的所有孩子（我事先被警告过他们个个都坐立不安、不会合作）都被故事丰富的想象力吸引住了，他们听得非常兴奋、享受和专注。

### 接力迷宫游戏（通过动作和活动设立迷宫主题）

成对工作，轮流报数 1~6 两遍，让报出同样数字的两个同学配对。

让所有组对的同学沿墙排成一排，坐在椅子上。

一个伙伴跑到房间后面，拿两支钢笔，再跑回椅子。

另一个伙伴也跑到房间后面，拿两张印有迷宫的纸，再跑回椅子。

两人跪在椅子边，共同解决迷宫难题。

先完成的要去帮助他的伙伴，直到两人都解完，完成后一起举手。决出前三名。

## 迷宫和宝藏游戏

椅子背围成圆圈，准备好玩迷宫和宝藏游戏。

先讲迷宫和宝藏的故事（见下）。

想象一座高山，比你曾经见过的所有山峰都要高大。因为实在太巨大，在大地的任何一个地方都可以看到它。在这座深山所有长长的通道和深深的隧道的尽头，有一个洞。山中的通道和隧道都有曲折的进出口（就像做过的迷宫），而且有很多错误的路通往死胡同。有些死胡同是由岩石墙壁挡住了去路；另外一些是真正的“死路”，因为那是一些裂缝，你掉进去可能真的会死！虽然有很多通道，但是只有一条正确的路可以通往山洞。在山中的隧道或者通道里，几乎没有光线可以照亮道路。

在山洞里有一个巨大的宝盒，里面装着你可以想象的你一生中最珍贵的宝贝（你们可以自己决定那个宝贝是什么，可能是金子或者钻石、你最喜欢的动物、很长时间没见的朋友或家人、罕见的花……一旦你确定了你的宝贝，你就要保守这个秘密，直到这个游戏结束）。

你已经召集了三个朋友来帮助你穿过山中的迷宫，到达山洞，拿到宝盒，并安全把宝贝带出来。

在你出发开始这趟艰苦的旅行（探险）前，你必须确定把什么带在身边来帮助你完成这次旅行。你只能选四样东西（分给你的伙伴，每人带一样）。

讲完上面这个故事，就把 12 个人分成 3 个小队，每队 4 个人。

每个小队讨论你们可以带上路的四样东西。然后回到大组分享你们的四个选择。

现在讲下面这个故事……

### 阿里阿德涅的线

注意：这是一个简化版本，特意让故事简化是因为这些被收养的孩子注意力集中的时间较短，长版本会花很多时间来描述弥诺陶洛斯（牛头怪）和忒修斯之间的战斗，如果孩子的年龄是10岁或者超过10岁，可以将故事延长，一直讲到比较悲惨的结局——忒修斯父亲的死亡。

从前有一个国王，他统治着希腊沿海的一大片岛屿。他本该是个快乐的人，可是他的儿子刚刚在一场战争中被一名士兵杀死。那名士兵来自大海那边的一座城市。那座城市叫做雅典，士兵被称为雅典人。

听到这个悲痛的消息，国王非常伤心，愤怒至极，于是，他派出一支舰队去进攻雅典。他制定了一个计划，要好好报复雅典人。

首先他让自己杰出的工匠建造了一个迷宫，里面布满了蜿蜒曲折的通道。这个迷宫非常复杂，众多通道和死胡同交织在一起，很容易迷失方向。这个迷宫的迷惑性实在是太大了，就连建造迷宫的工匠都差点没走出来。

在迷宫中心，国王用长长的链子拴住一个可怕的怪物。怪物名叫弥诺陶洛斯，它是个牛头怪——半牛半人。它有公牛的头和人的身体，它会吃人。

国王命令雅典人每年选7个最好的男青年和7个最好的女青年来供奉牛头人弥诺特洛斯，作为对杀死他儿子的报复。

有一年，被当做祭品的男女青年中有一个特别强壮和勇敢的男人叫忒修斯。忒修斯对自己的勇气和力量特别有信心，相信自己可以杀死弥诺陶洛斯。

他向其他 13 个人保证他们不用担心。忒修斯认为用雅典人给弥诺陶洛斯当祭品的事该结束了——怎么可以如此糟蹋年轻的生命！

国王还有一个美丽的女儿，叫阿里阿德涅。她一看到这个勇敢英俊的叫做忒修斯的年轻人，就爱上了他。于是，她决定帮助这个人完成使命，她担心忒修斯不能成功回来，变成弥诺陶洛斯的盘中餐，于是给了他两件东西帮助他完成使命——一把剑和一团自己纺的毛线。一旦忒修斯杀死了弥诺陶洛斯，他可以借助毛线找到走出迷宫的路。忒修斯拿上剑和那团毛线上路了，他一走进迷宫就把毛线的一头牢牢地拴在了门上。杀死弥诺陶洛斯后，他靠着一点点收回毛线而找到了走出迷宫的路。

忒修斯就是这样挽救了自己，还有其他被当成贡品供奉弥诺陶洛斯的青年男女。从迷宫中走出后，他带着阿里阿德涅和其他的年轻人一起安全返回了家乡。

**和上面两个故事相关的手工活动：**

**讲完上面两个故事后，拿出细线和粗线……**

**如果忒修斯拿了一团很容易断的细线进入迷宫，会发生什么？如果你需要带一团结实的线进山洞，但是你只有一卷羊毛，该怎么办？让小组把羊毛分解开来（这很容易做）。然后用 4~8 股毛线搓成一根没人能扯断的线。细节见下！**

## 搓线

孩子们和同伴一起工作。每组拿一小团羊毛，把它们展开，展成屋子这么长，然后对折成两股一样长的线（甚至再折返一下变成 4 根一样长的线）。

每组每人各拿一头（可能手里有 2~4 个头），让线在他们中间延展。一个伙伴往一个方向拧，一个往另一个方向拧……直到线被拧紧得不能再拧了，把线对折（粗细变成双倍，2 股变 4 股，4 股变 8 股），然后在每一端打一个结，防止散开。

## “故事骨架”——魔法斗篷

**这两个故事是为一个没有安全感、缺乏韧性和希望，需要提升士气的孩子写的。适合 8 岁及以上的儿童。**

从前有个小男孩儿，他出生时就被赋予了特别的礼物。这礼物是一个魔法斗篷……它可以隐身，还有很多特别的力量。

这斗篷是用男孩的爸爸妈妈、爷爷奶奶还有祖先们给的线做成的。这些线带着秘密：关于爱、生命和探险的秘密。

男孩长大的这些年里，他总是喜欢穿着这件魔法斗篷。冬天帮他保暖，晚上散发着金光帮他照亮道路，夏天舒展开来让更多的凉风进来。因为斗篷是隐形的，所以没人能看到它……这是男孩保守得最好的一个秘密。

不久，男孩长成了一个健壮的年轻人，他长大，斗篷也长大，还是很合他的身。他周围的人都很惊讶于他的热情、开朗和强壮，对他特别的品质感到敬佩。

### 推荐旅程（A）

有一天，天气很好，这个年轻人到山里徒步远行。他遇上了暴风雨，一阵强风吹过，魔法斗篷从他背上卷了起来，卷到了高高的天空上。年轻人没办法靠自己的力量让风停下来，他眼睁睁地看着自己的斗篷被卷走，飞过布满岩石的山坡，最后正好落在一个山洞的旁边。

风暴弱了下去，他爬上山坡，匍匐着接近山洞边的灌木。他看见他的斗篷摊在洞穴前的沙地上。洞穴里住着灰熊一家。男孩儿该怎么办呢？他知道和灰熊正面对抗是没用的！他该怎么想办法拿回自己的斗篷呢……

**推荐旅程（B）**

有一天，这个年轻人在山上徒步，暴风雨袭击了他，一阵强风吹过，风力太大，魔力斗篷被卷走并撕成了很多碎片。年轻人无能为力地看着这一切发生，直到风暴减弱，他才能捡回斗篷的碎片，把它们带回家。

然后，他开始寻找魔法线把斗篷碎片缝到一起……

他到哪里才能找到这样的线呢？这线是用什么东西做的呢？他怎么才能收集和使用他们呢……

# 第十四章
# 性侵犯 / 性意识

## 尤嘉和眼镜蛇

本故事作者艾迪·格里斯·拉噶德注：我在南非克尼斯纳社区讲故事的时候，注意到很多小学阶段的孩子，尤其是在有色人种聚居区，都受到家庭酗酒和性侵犯的伤害。老师们无力改变教学大纲中关于社会和文化方面的既定方针，所以他们很愿意让我讲下面这个故事。故事告诉孩子可以找到力量说“不”，告诉孩子他们会被老师和不侵犯他们的家长保护。至少建议他们可以去寻觅这样的支持，并信任它。

吟唱贯穿故事的始终，在故事的结尾，孩子们爆发出极大的热情，把所有的东西大声喊出来，听起来他们是做主的人。我相信这个故事积极地鼓励了受这些经历“影响”的孩子。

从前有个男孩儿叫尤嘉，他住在一个遥远的山村里。尤嘉是个快乐健康的孩子，他喜欢玩耍，而且最喜欢在村庄附近的森林里玩耍。

尤嘉有一个特别的朋友，它住在森林的一个洞穴里——一只漂亮的眼镜蛇。每当尤嘉走过洞口的时候，眼镜蛇就爬出来和他说话。告诉他有趣的故事和没人知道的秘密。眼镜蛇的眼睛闪闪发亮，它分叉的舌头愉快地缩进吐出。它喜欢尤嘉在它洞外停留的时刻，有一天，它还给尤嘉看它戴在头上的小帽子。

很长时间以来，尤嘉和眼镜蛇都保持这种秘密的朋友关系。尤嘉担心一旦告诉父母或者朋友他有一个眼镜蛇朋友，他们会嘲笑或者根本不相信他。

一天，尤嘉去拜访眼镜蛇，眼镜蛇还邀请他去它的洞里。尤嘉非常好奇他朋友的房子里面到底是什么样子的，于是就跟着眼镜蛇走进了洞口。但是他们一进到洞里，尤嘉就发现他的朋友变了样，它的眼睛坏坏地看着他，它的嘴嘶嘶作响，它站得高高的，昂着扁扁的头。然后它就开始用弯曲的身体缠住尤嘉，用力缠紧他，直到他几乎不能呼吸，尤嘉害怕得晕了过去。

当他醒来时，蛇还在那里，微笑地看着他，温柔地对他讲话："你现在是我特别的朋友，今天在这里发生的一切都是我们之间很特别的秘密。你不能告诉任何人——包括父母、老师和朋友——因为如果你把我们的秘密说出去，我就会到你的家里，从门底下爬进去，爬到你的床上，我的毒牙会咬紧你的脖子，咬死你。现在你回家吧，别告诉任何人，保证明天再回来看我。"

尤嘉害怕极了，就答应了眼镜蛇，于是眼镜蛇放他回家了。他一到家，就直接上了床，不停地哭啊哭。他想告诉妈妈，但是又担心眼镜蛇会来杀死他和他的家人。因为他答应眼镜蛇要回到它的洞里，所以他每天下午放学后都去玩那个可怕的"秘密"游戏——他非常害怕这么做，但是他更怕不这么做，因为眼镜蛇威胁说它会来杀死他的家人。

几个星期过去了，尤嘉越来越悲伤，越来越瘦弱。他的老师和父母非常担心他。他再也不是从前那个愉快健康的孩子了，现在他又难过，看起来又病怏怏的，不愿意和朋友们一起玩游戏，甚至不愿意和任何人说话。

一天放学后，尤嘉的老师把他叫到她那里，用胳膊环抱着他，问他是不是有什么事想说。尤嘉努力装出勇敢的样子说没事儿，但是他很快开始哭着说："如果我说了，它会杀死我的，我不想死！"

老师抱紧他说："尤嘉，没人能杀你——你有爸爸、妈妈还有老师保护你，谁都不能这样对你。现在告诉我，是谁在这么吓唬你？"

但是尤嘉不愿意说，于是老师告诉他，他有权利对任何吓唬他的人说"不"，他有权利转身离开或者逃跑。老师还教了尤嘉几句很有力量的话来保护自己：

你敢，你敢，你这条丑陋的蛇，你敢碰我一下，

我会说出去，我会说出去，我会说出去，说了我就自由了！

回家路上，尤嘉碰到眼镜蛇，记起了他从老师那里学来的话，他勇敢地冲着它大叫：

你敢，你敢，你这条丑陋的蛇，你敢碰我一下，

我会说出去，我会说出去，我会说出去，说了我就自由了！

然后尤嘉就跑回家，等着蛇跟来——但是，让他惊讶的是，什么都没发生。然后妈妈和爸爸来到他的房间，尤嘉告诉他们整个事情的经过。

尤嘉的父母于是召集了很多朋友，拿着棍棒和口袋，到森林去抓眼镜蛇。

他们看见蛇躺在岩石上晒太阳，于是抓住它，把它装进袋子，系紧袋口。

因为眼镜蛇非常漂亮，他们把它送到了城里的动物园，关进了一个玻璃笼子，供人们观看。孩子们喜欢用手指指点点地说：“我们才不怕你呢——你不能咬我们。”

尤嘉又变成了一个健康快乐的男孩，喜欢和他的伙伴们一起玩耍——但是每当走进森林，他还是小心地远离眼镜蛇的洞。

尤嘉把这首歌教给他的朋友们，也许某一天他们会用得到：

你敢，你敢，你这条丑陋的蛇，你敢碰我一下，

我会说出去，我会说出去，说了我就自由了！

## 毛毛虫

这个故事是在新南威尔士州莫鲁亚举行的一个工作坊上，由马拉马小组写成的。有时候，在一个治疗性故事创作工作坊中，成人需要先通过一个故事处理他自己的童年创伤。下面这个故事就是这样一个例子。因为这个转化的主题对于儿童和十几岁的少年也会很有帮助，所以我把这个故事放在这一章。

这个故事是为一个成人所写，她 3 岁时在公园里遭一个陌生人性侵犯。她哥哥跑去求救，接下来全家都经历了很大的伤痛，包括到警察局做鉴定，这些事情影响了她的人生很多年。

这个人现在已经成年，但是她的整个生活都被一种与人疏远、隔离的感觉困扰着。尽管她已经在治疗中从情感和心理层面重新看待了这个事件，写

这个故事还是帮助她更直接从直觉层面接纳这个经历，而非仅仅理解这个经历。故事中的比喻和不同的观点带给这个成年女人一种新的含义，以及一种惊叹和蜕变。

在没有月亮的漆黑的夜晚，
毛毛虫发现自己正在变化。
它不停地吐丝结茧——
在深深的黑暗的茧里，
它好奇地想：
这世界还会和从前一样吗？

一圈又一圈，
一圈又一圈，
吐出的丝紧紧地稳稳地包裹着它。
紧紧地，没有光，直到……

森林的动物们聚在一起，
又好奇，又担心。
毛毛虫是怎么进到那个茧里的？
她为什么进去？
她出来的时候还会和原来一样吗？

毛毛虫低声细语地说：

别担心，给我点时间。
我很快就会伴着月光，再次出现。

月亮听见了毛毛虫的低语，
为它送来了星光仙子帮助它：
粉的，绿的，浅绿的，
紫的，银的，金色的，
仙子们带着她们醒目的色彩——
挥挥洒洒，洒洒挥挥，
然后，就一眨眼的工夫，
一只翅膀伸了出来，
然后是另一只翅膀，
茧裂开了。

震震翅膀，大喊出来。
周围的动物们无法抑制地赞叹：
多让人惊奇啊！
我们聪明美丽的蝴蝶！

它扇动翅膀，
开始飞翔，
身上所有的色彩照亮了天空。

## 公主和镜子

这个故事是给一位妈妈的回信。这位妈妈非常关心怎么“在恰当的场合用恰当的方式探索性这个话题”。这个妈妈写道：“现在我 5 岁的女儿开始用一种我认为是正常、健康的方式探索她的身体。当然，她想和朋友们分享她的发现和乐趣。我们海岸社区的其他家庭希望在性游戏方面，甚至是关于这方面的一些分享都保持严格的界限……我尊重这些，觉得需要理解和尊重他们的界限，同时对我女儿健康、卫生和适当的性探索行为保持开放的态度。我觉得向女儿解释这个复杂敏感的主题，最好还是用讲故事的方式。但是我发现写这样一个故事非常困难。你能帮助我吗？”

等我发现这个小女孩的一些兴趣爱好是跳舞和扮演公主后，我写了“公主和镜子”这个故事，保留了一些幽默和轻松。这个妈妈好像非常满意这个故事。她回应说：“对我来说，这个故事传递了我想告诉女儿的事。当然她有探索自己身体的自由，但是需要了解什么是隐私，什么是正确的方式。跳着舞走开吧，我的小公主！”

有一个小公主，住在海边峭壁上的一座美丽的白色城堡里。

城堡里有很多房间……一个是厨房，装满了碗橱和食物；一个是有桌子和椅子的房间，小公主和她的家人朋友在这个房间里吃饭；一个房间里有浴缸，她在这里洗澡；还有一个房间有柔软的小床供她睡觉；还有很多其他的空间和地方供小公主玩儿。

小公主最喜欢的地方是一个有镜子的房间。每面墙上都有一面镜子，甚至有一面镜子安在门后。她喜欢在这里观赏她美丽的身体，和自己跳舞，抚

摸她丝绸般光滑的皮肤。每天她都会花点时间在这个有镜子的房间里，跳舞玩耍，玩耍跳舞。

生活就这样过着，直到有一天凌晨时分，一股颠倒一切的妖风吹过这片土地。吹进城堡的大门，穿过城堡的窗子，吹进所有的房间。

妖风所到之地，所有的东西都换了位置：食物从厨房里吹到了浴室，床从卧室里吹到了厨房，镜子从那个房间的墙上吹到了客厅的墙上。

当这股风从城堡吹过回到海上时，小公主从一个房间跑到另一个房间，想搞明白这个妖风肆虐过的地方以后的日子怎么过。她想洗个澡，可是很多食物在浴缸里，这让她觉得自己在一个大汤锅里。（洋葱的味道好刺鼻！）她想在厨房里的小床上睡觉，但是厨师正在切菜，吵闹极了。她想在镜子前跳舞，但是现在镜子房间不像她原来的镜子房间那样安静了。

第二天早上，又发生了一些事情。一股新鲜的玫瑰粉色的风从海上吹来了（建议用孩子最喜欢的颜色来描述这个风）。它吹过城堡的大门，吹过城堡的窗子，吹过所有的屋子。

最令小公主高兴的是，她所有的镜子又回到了原来的镜子房间，她又可以在那里观察她美丽的身体，和自己跳舞，抚摸自己丝绸般光滑的皮肤了。她每天都会花时间在这间镜子屋子里，跳舞玩耍，玩耍跳舞。

## “故事骨架”——破碎的娃娃、狮子和鳄鱼

### 破碎的娃娃

这个故事是为一个菲律宾的 9 岁女孩创作的，她曾经被祖父性侵。这个

女孩在成长的过程中发生了退化。她回到原来的幼儿园时最高兴，她会玩沙坑，用沙子做东西。

一个娃娃被丢在路上——它的胳膊和腿被卡车压坏了——孩子发现了娃娃，想去找一个人把它修好。但是村子里没人能做到——每个人都说坏得太严重了，修不好。最后，一个智慧的老奶奶对孩子说，“只有你能修好这个娃娃”——她给了孩子一些魔力沙子，让她给娃娃做新的胳膊和腿。孩子做了很长时间，最后做出了新的胳膊和腿，她把胳膊和腿安到娃娃身上，从此以后，小女孩和娃娃成了最好的玩伴。

### 小牛犊和狮子

内罗毕的无国界医生组织：这个故事是为一个 7 岁孩子写的，他曾被性侵。故事的目的是帮助孩子们找到一个方法应对和解决这个问题。

牛妈妈每天晚上都和新生的小牛犊睡在牛棚里。其中一只小牛犊睡在牛棚的门口；每天晚上都会有一只狮子溜过来咬小牛犊的腿。小牛犊不想叫妈妈，因为妈妈被吓坏了，不知道该怎么做。最后有一只小动物（比如羚羊、刺猬，选最合适的），救出了小牛犊。它每天晚上都看到狮子的行为；然后一天晚上，它鼓起勇气在灌木丛中制造了一个大大的响动，吓跑了狮子。

### 鳄鱼的故事

这个故事来自内罗毕，是为一个 7 岁小女孩写的，她曾经在学校里模仿成人的性行为。(她的妈妈是个性工作者，她们一起住在一间小窝棚里；小女孩曾经目睹妈妈的“工作”并看见男人留下钱。妈妈用这些钱买了食物。)故事由菲利克斯——孩子的心理医生所作，试图帮这个孩子“拿回童年”。

这个故事说的是熊妈妈和小熊（小女孩最喜欢的玩具是一只填充的泰迪熊）——住在森林里的一所小房子里。每天熊妈妈回家的时候，衣服都被扯得破破烂烂的，但都能带些鱼回来吃。有一天小熊决定跟着妈妈去看看妈妈在哪里钓鱼，小熊看见妈妈来到了满是凶狠鳄鱼的河边，它跳进河里一边抓鱼，一边被鳄鱼撕咬。

小熊想帮助妈妈，于是自己也走到河边，跳进水里去抓鱼。正在这时，一头善良的河马浮出水面（后面“河马”可以换成魔法巨石），驮着小熊回到岸上。它建议小熊去森林寻找食物——森林里有蜂蜜和水果——这都是对孩子来说非常好的食物。

故事的扩展：善良的河马还可以教小熊如何做独木舟，用来在河上安全地航行和捕鱼。

# 第十五章
# 害羞 / 孤僻 / 自卑

## 害羞的小雏菊

**这是为 4~6 岁孩子写的故事，目的是帮助他们从害羞转向自信。**

正是春天时分，花朵王后和她的助手们正忙着用明亮的颜色为春季的花朵们梳妆打扮。

当所有的工作都完成后，花朵王后回到了她花园里的宫殿。明天是为春季花朵们举行的舞会，花朵王后需要休息一下。

但是有一朵小花没有被涂上色彩。花朵王后和她的助手们遗忘了害羞的小雏菊，它还穿着纯洁的白衣裙躲在灌木丛中。

现在所有的颜料都用完了，所以白色的小雏菊就没有彩色的裙子穿了。

可怜的小雏菊躲在灌木丛中，把头羞愧地埋了起来。它到底穿什么裙子去参加春季的花朵舞会呢？它知道所有春天开放的花朵朋友都会去参加。但是它只有白色的裙子。

白色的小雏菊晚上睡不着，它一直醒着，渴望有一套明亮的彩色衣服，

月亮妈妈从夜空中看下来，看到了白色的小雏菊还没睡。

月亮妈妈对它说：

**白色的小雏菊，白色的小雏菊，你为什么整夜都不睡？**

**在苍白的月光下，你为什么看起来如此忧伤？**

白色的小雏菊告诉了月亮妈妈裙子的事情，月亮妈妈笑着说："别担心，小雏菊，我有个朋友可以给你一些明亮的颜色。"

这下子小雏菊太高兴了。多么了不起啊，月亮妈妈要去找她的朋友。白色的小雏菊想着月亮妈妈的朋友到底是什么样子呢，想着想着就睡着了。

第二天早上，小雏菊一醒来，金色的太阳就把阳光照进了它躲藏的灌木丛中。白色的小雏菊感到了温暖和变化，出现了一些温暖的、金色的、明亮的、不一样的东西。它往下看自己，看到了一颗漂亮的金色的心，正嵌在它雪白衣服的中间。白色的小雏菊特别高兴，兴奋地几乎从它长长的茎上跳下来。现在它完全准备好参加春天的花朵舞会了——舞会上每朵花都会同意它是最漂亮的。

白色的小雏菊一直都不知道月亮妈妈的朋友到底是谁，但是我想我知道它是谁。你知道吗？

## 害羞的罗伯特

**这个故事来自内罗毕，是为一个非常害羞的8岁男孩写的，他有些口吃，很难交到朋友。这个男孩非常迷恋机器人玩具。**

从前，在一家玩具店里有一个机器人。它刚到玩具店的时候，就被单独摆放在货架的最上面，好像没人注意到它在那儿。

机器人有编好的说话程序，但是它太害羞了，根本不敢试着发出自己的声音，只能整天坐在那里，往下看着玩具店里发生的一切。随着一天天过去，它身上的灰尘越来越多。每天都有很多客人来来去去——很多父母带着他们的孩子——但是没人注意到货架顶上的机器人。

有一天晚上，一声巨响过后，一个强盗砸开了商店大门，闯入了玩具店！强盗带了一个巨大的袋子，从货架底层把玩具一件件地扔进袋子里。

突然，机器人身上发光了，旋转了几圈后，它叫道：

我闪光，我旋转，

我弯腰碰到地，

我旋转，我闪光，我发出了声音，

我旋转，我闪光，我闪光，我旋转。

强盗吓坏了，赶紧扔下一袋子玩具，从打开的窗子里跳出去逃到街上——从此再也没出现！

第二天早上，玩具店老板来到玩具店，看见了砸坏的门和地上的一袋子玩具。他站在那里苦思冥想昨晚到底发生了什么。

突然，机器人身上发光了，旋转了几圈后，它叫道：

我闪光，我旋转，

我弯腰碰到地，

我旋转，我闪光，我发出了声音，

我旋转，我闪光，我闪光，我旋转。

玩具店老板往上看，注意到了机器人，这才想起来把它放在货架的顶上好长时间了，他完全把机器人忘得一干二净。

“你躲在货架顶上干什么呢？”老板问机器人，“这么好的一个机器人，应该把你放在我的橱窗里展示。”

老板把所有玩具放回原处，修好了门，然后爬上货架把机器人拿下来。他擦干净机器人身上的灰尘，把它放在玩具店橱窗的正中间。

当然，你可以想象发生了什么——机器人没在橱窗里待很长时间！一个男孩和他的爸爸走进玩具店，挑选一件玩具作为男孩 9 岁生日的礼物。“我就想要这个！”男孩儿大叫起来。他冲到橱窗前拿起机器人，爸爸付款后，他们就带着机器人回家了。

机器人一到它的新家，就兴奋得旋转、舞蹈和歌唱：

我闪光，我旋转，

我弯腰碰到地，

我旋转，我闪光，我发出了声音，

我旋转，我闪光，我闪光，我旋转。

## 孤独的知更鸟

这个故事的作者是斯蒂芬·夏普，故事讲的是，在苏格兰北部一场校外音乐会上，鼓励最小和最害羞的参与者参加活动。

作者在网页上写道：偶尔会举行由20个3~8岁孩子们参加的校外音乐会，他们有些彼此认识，有些则不认识。活动时间需要一小时，路上时间需要一小时。

我开着车去参加音乐会，计划着工作坊的形式。在这之前我只读了两天苏珊·佩罗的书，我想，用一个故事开始音乐会会不会很棒？于是我利用开车的时间构思了一个故事，想通过故事增强孩子们之间的互动，让音乐会变成一个有趣儿、互动和充满包容性的团体活动。结果非常成功。

我们围坐在巴拉风（一种木琴）周围，我用动作和声音邀请孩子们加入——他们被迷住了，我能看到那些缠着妈妈的小不点儿们开始离开妈妈投入进来。故事结束后，我说今天不能建一张网出来，但是我们会做一些很棒的音乐出来，请那些想帮助我们创作音乐的朋友加入。他们都齐声大叫“好”，并高兴地跳起来。接下来的整个活动都很棒，因为我们一起玩游戏，一起欢笑，玩更多的游戏，有更多的欢笑，大家踩着节奏欢乐多多！——你可以想象的！我觉得故事激发了他们的想象，让害羞的孩子主动离开妈妈加入团体，大家一起创造了愉快的团体体验（不论音乐水平怎样，这个我持保留态度，但是整体感觉很好）。我也觉得很棒，因为我平生第一次编了一个故事！

从前有一只知更鸟，它和其他的知更鸟不一样，它不愿意和其他的鸟一起玩，整天就坐在自己的巢里吃虫子。其他的鸟过来叫了它一次又一次，但是每次它都婉言谢绝了别人的邀请，还是选择独自待在自己的巢里。

一天，当它正在森林的地上找虫子吃的时候，刮起了一阵狂风，它眼见着自己住的那棵树带着自己的巢倒了。那天晚上是它平生度过的最寒冷、最孤独的夜晚。第二天，其他的鸟注意到它的家不见了，于是它们问它是否需要帮助重建家园。它接受了大家的帮助，慢慢地，通过这一天的经历，它开始明白和其他鸟儿在一起其实没那么糟糕。

事实上那天晚上它已经交了几个不错的朋友，也正是在它们的共同努力下，这只知更鸟在日落前有了一个新家。那天晚上它非常高兴，问它的新朋友是否愿意在他的新家里住一晚。它们很愿意。于是大家度过了一个从未有过的温暖舒适的夜晚。从那以后，这只知更鸟再也不选择孤独了，它成了森林里最友好的小鸟之一。一旦森林里有任何动物需要帮助，它都会召集很多小鸟一起伸出援手。

## 兔小丑

这个故事来自内罗毕，为一个 4 岁小男孩写的。他总是哭，不高兴也不合群。他的父母也对生活充满了忧郁和悲观的态度。他的老师创作了这个故事，想把欢笑和有趣融进故事里，来帮助这个孩子提升社交自信和社交技巧。我鼓励老师给孩子讲这个故事的时候请他的父母一起来听。

从前，有只小兔子不知道怎么笑。兔妈妈试了很多种办法想让兔宝宝笑一笑，但全都是白费工夫。兔爸爸也竭尽全力想让兔宝宝笑一笑，结果还是白费力气。兔姐姐也使了全身的劲儿想让兔弟弟开颜一笑，然而还是白费心机。

一天，兔妈妈有了一个主意。它跳到森林里去找智慧的鹦鹉，告诉鹦鹉出了什么问题。鹦鹉给了兔妈妈一个篮子，里面装满了各色的羽毛，它让兔妈妈回到兔子洞，并且告诉它一个秘密计划。

那天晚上，兔妈妈在身上插满了彩色的羽毛，开始跳舞。兔爸爸也插上羽毛，开始跳舞。兔姐姐也插上了彩色的羽毛开始跳舞。

看到这么多滑稽的舞蹈，悲伤的小兔子实在忍不住了——它也插上鹦鹉篮子里的彩色羽毛，开始跳舞。

那天晚上，小兔家一起度过了有生以来最愉快的一个晚上——它们跳啊跳啊，跳到累得倒头就睡，睡了一整夜，然后又睡了一整天一整夜。

当它们醒来的时候，那篮子彩色羽毛却神秘地失踪了，但是太阳正照耀着大地，于是它们全都蹦蹦跳跳地跑到外面，在亮闪闪的绿草地上玩耍。

## 小北极熊

**这个故事是为一个3岁半的小孩写的，他不参加团体活动。这个故事可以作为手指/手势游戏来讲，或者做成一个简单的手偶游戏给全班学生讲。这个创意来自拜伦湾的一次工作坊。**

小北极熊今天不想出门，
它待在洞里只看别人玩。

小熊你在吗？出来一起玩吧。
小熊说：不，我还没准备好。

小北极熊只是待在洞中，
其他的熊一天都在疯玩。

小熊你在吗？出来一起玩吧。
小熊说：不，我还没准备好。

小北极熊只是待在洞中，
其他的熊一天都在疯玩。

小熊你在吗？出来一起玩吧。
小熊说：不，我还没准备好。

小北极熊只是待在洞中，
其他的熊一天都在疯玩。

小熊你在吗？出来一起玩吧。
小熊说：好，我准备好了。

小熊走出了自己的雪洞，
一整天都和朋友们在疯玩。

## “故事骨架”——巫师、仙女、美人鱼和人鱼王子

下面这些故事创意来自世界各地的工作坊。

### 巫师的斗篷

爱尔兰：为一个6岁小孩儿写的故事，他孤僻不合群。

孩子在爷爷的碗柜里找到一件巫师的斗篷，他穿上了斗篷。斗篷给了他完成某些任务的自信——列出至少三件任务（给孩子斗篷当道具）。

### 仙女的光彩

这个故事来自内罗毕，是讲给一个非常害羞的3岁孩子听的。

从前有一棵开粉色花朵的树上住满了粉色的仙女。每个仙女都住在一朵粉色的花里。树下的草丛里躲藏着一个雏菊仙女。她躲在自己的花苞房子里，因为她觉得自己不像上面的花朵仙女那样闪闪发光。然后有一天，一颗露珠落在了雏菊仙女的花苞房子上，并且进到了房子里。露珠闪耀着彩虹的色彩，映照在雏菊仙女的翅膀上：花苞房子打开了，雏菊仙女飞出来，出现在这个世界上。

### 失声的美人鱼

这个故事来自纽约，是写给一个在英语学校上学的6岁日本小姑娘的，她不愿意说英语。

有一只美人鱼生下来就不会说话。有一天，她在一个环礁湖里捡贝壳，一只小鸟从森林里飞来，落在了湖水里。这只美人鱼必须呼叫鸟妈妈，而且必须大声呼叫鸟妈妈（因为美人鱼不能从水里跑到森林里，所以她必须大声叫出来）。她终于能发出自己的声音了，它召唤到了鸟妈妈，小鸟得救了。

### 人鱼先生和冰山的故事

**这个故事来自斯特劳德，是写给一个十分孤僻的8岁孩子的，他缺乏自信，自我评价很低。**

故事说的是一群人鱼先生，他们穿得五颜六色，住在海边的岩洞里。他们总是一起唱歌。其中一个人鱼总是溜边儿，不想参与进去。暴风雨来了，大浪把他从岩洞里推进大海，海流把他带进大海深处，一直带到冰山上。他在寒冷中睡着了。过了一阵儿，太阳升起来，温暖的阳光照耀着他，他在温暖中醒来。在太阳的温暖中，他感到非常快乐，于是唱起歌来。其他的人鱼听到了他的歌声就想办法来救他，他们送来了一只海豹，海豹把冰山推向海岸，人鱼回到了他的兄弟中间，他们为他的回归一起畅饮欢唱。

# 第十六章
# 骂人 / 大喊大叫 / 说傻话

## 唱歌的蛇和跳舞的熊

我应一位菲律宾妇女的要求写了这个故事，她刚刚带着 8 岁的儿子从家庭暴力中逃出来。她因儿子满嘴脏话而求助于我。她写道："尽管我是一位受训的艺术治疗师，但还是不知道怎么帮助我的孩子不说脏话，他跟他爸爸学的，也受到了家里充满敌意的环境的影响。"这个故事以男孩最喜欢的玩具（包括"最有智慧的熊"）和他最喜欢的活动（包括舞蹈和音乐）为线索，主角是一条蛇和一只熊。

这位母亲的回信这样说："太谢谢你了，这个故事潜移默化地帮我的儿子改善了说脏话的行为。即便还有几句脏话，语气也不像以前那么强烈了，而且他也很少说了！你的故事给了我灵感，让我能为儿子创作更多的故事。"

从前有一条漂亮的蛇，住在一个很大的、舒服的篮子里，跟着马戏团四处旅行。可想而知，这不是一条普通的蛇。因为普通的蛇是不能够跟着马戏团四处旅行的！

这条蛇还会唱歌！尽管看起来是一条普普通通的黑蛇，但它一张开嘴巴，就会露出一条长长的金色舌头，正是这条金色舌头，让它可以唱出有魔力的歌。

每当马戏团来到一个新的小镇，这条蛇就会和篮子一起被搬到主要的舞台上表演。它会从篮子的一边高高地抬起头，观众一欢呼一鼓掌，它就开始唱歌。无论走到哪里，人们都喜欢这条唱歌的蛇。很快，它就成了马戏团里最受欢迎的节目。

一年年过去了，蛇慢慢厌倦了总是做同样的事，唱同样的歌，这个节目也渐渐失去了新鲜感。有时，蛇只想唱半首歌，甚至只唱几句，很快人们就开始抱怨蛇变懒了。

后来有人开始在蛇上台时骂它，蛇从未听过这样的话。慢慢地，它也学会回敬观众这些话了。一些观众听到这些话后高声地大笑起来，很快蛇就明白了它不用再唱歌了。相反，他只消说几句他刚学会的新词儿就能激起观众的反应。

但是马戏团是个大家庭，团长可不愿意看到他的会唱歌的蛇变成了一条骂人的蛇。团长不知如何是好，于是决定问一问会跳舞的熊，这只熊可是马戏团的元老了，他知道这只熊非常有智慧，事实上以前有很多次，当他在马戏团遇到棘手的问题时都会请教会跳舞的熊。

这只上了年纪的有智慧的熊想了一会儿，说："唯一能让我们会唱歌的蛇重新唱出优美的歌曲，而不再说脏话的办法是……"熊弯腰在团长耳边悄悄说了些什么。

第二天，蛇表演完节目后回到篮子里，它很快就睡着了。团长就等着这个时候呢，他赶紧按照熊的建议，用许多长长的草编出了一个厚厚的垫子，罩在篮子上，现在篮子看起来好像被一条绿色的毯子覆盖着。篮子里面又黑又暖，蛇以为天还黑着，就接着又睡了一觉，睡得又甜又香。

最后，蛇醒了，它想钻出黑暗的篮子。但是每当它试着抬起头伸出篮子，就会撞到厚厚的草垫，它钻啊钻啊，不停地钻，终于把厚厚的草垫钻出一个小小的洞。它继续钻啊钻啊，费了好大的劲儿，扭来扭去地钻出了一条路。那些草拉扯、刮擦着它的身体，但是慢慢地，它终于钻出来了，来到了阳光下。

当蛇钻出来又一次沐浴在阳光下时，有什么东西吸引了它的目光。它转过身，惊讶地发现自己已经有了一身耀眼的新皮肤，它的皮肤黑白相间，组成了宝石图案。钻出小洞，让它蜕掉了外皮，它有了一身崭新的闪亮的皮肤！蛇开始欢快地舞蹈——多漂亮的新皮啊！它跳啊跳啊，皮肤越发变得闪闪发光，没过一会儿它就开始一边跳舞一边唱歌了——那是多好的一场表演啊。

团长非常高兴，他的马戏团现在有一条歌舞蛇了。智慧熊也很高兴，它现在有舞伴了。

## 库里和笑翠鸟

本故事作者阿娜特烈·哈拉里注：这是我在布里斯班的一个工作坊上为一个5岁半的小男孩儿写的故事，他总是在别人建议或“告诉”他应该怎么做的时候说：“你又不是我老板。”这个故事的灵感源于有一回吃晚饭的时候，对一只笑翠鸟的观察。我去学校给孩子们讲这个故事，当孩子们听到库里第一次说：“你又不是我老板”的时候，都倒吸了一口气。这个故事讲了一星期，一周之后我注意到这个男孩儿有了变化。总之我相信这个故事让这个孩子看到了事情的另外一面。

库里是一只小笑翠鸟，住在一个橡胶树林里，四周都是美丽的青山。它家附近住着很多其他的笑翠鸟家庭，它和周围的小朋友们一起慢慢长大。笑翠鸟父母每天都会飞出去为幼鸟寻找食物，它们会带多汁的虫子和其他的食物回来，丢进孩子们嗷嗷待哺的小嘴里。

随着时间的流逝，比它大一些的伙伴陆续开始学习飞翔了。它们仔细观察父母的动作，听从父母的指令，一个接一个地学会了飞翔。

库里也非常想飞，这样就可以和小伙伴们一起玩了，可妈妈和爸爸说还不到时候，它必须耐心等待。但库里可不想等，它想现在就飞，因为它已经仔细观察了好长时间小伙伴们是怎么学飞的，它觉得自己已经可以不用帮助独自飞翔了。

第二天，趁父母外出觅食的时候，它爬出自己的小窝，站在树枝上，伸开了翅膀。“你不该在爸爸妈妈不在的时候试飞，”一个小伙伴说，“你还没准备好，你还太小。”

库里趾高气扬地说：

你又不是我老板，你管不了我，

别告诉我要做什么，别告诉我该怎么做！

一只成年笑翠鸟刚刚觅食返巢，准备喂食幼鸟，看见库里站在树枝上准备飞，就对它说：“你应该等着学习飞翔课，这才是做事的道理。你还太小，翅膀还没准备好飞，现在试会伤到自己的。”

库里拍拍翅膀，昂起头大叫：

你又不是我老板，你管不了我，

别告诉我要做什么，别告诉我该怎么做！

一只小蜥蜴从树桩里伸出了脑袋，对它说：“库里，小心点，你还没准备好呢，还是等你长大一些再飞吧。”

库里趾高气扬地说：

你又不是我老板，你管不了我，

别告诉我要做什么，别告诉我该怎么做！

库里站在树枝上，拍打着翅膀。一阵微风吹过，树叶沙沙作响。它觉得似乎听见了风的低语：

听取意见，学习功课，

这样才能学会飞行，

才会像一阵微风，

在树丛之间飞舞。

就在这个时候，库里的父母带着好吃的食物回家了。它们看到库里站在树枝上，听着微风的轻唱。

“请回到巢里去吧，”它们对库里说：“你飞翔的时候还不到，你得长大点，强壮起来才行。我们给你带来了好吃的虫子来帮助你成长。”

这时候库里已经感到非常饿了，虫子看起来好吃极了。它爬回巢中，张开嘴巴一口把晚饭吞了进去。接着和家人温暖地挤在一起。那天晚上它听着微风唱的摇篮曲睡着了：

听取意见，学习功课，
这样才能学会飞行，
才会像一阵微风，
在树丛之间飞舞。

时间一天天过去，有时候快，有时候慢。终于有一天库里的爸爸妈妈告诉它说：“你现在足够有力气，可以去飞了。我们现在就教你怎么飞。”

库里非常兴奋。当天就学习了第一堂飞行课。

库里仔细听着爸爸妈妈说的话，仔细看着它们的示范。没过一会儿，它就能够从一棵树飞到另一棵树了。它也可以捉虫子吃，和小伙伴们一起玩。就像一阵微风，它现在可以在树丛之间飞舞！它的心充满了喜悦，让它抑制不住地笑啊笑啊笑。

## 男孩和白色的珍珠贝壳

这个故事的创意来自新西兰惠灵顿的一个团体工作坊。遇到的挑战是，一个 9 岁的男孩会不停地在课堂上说话。故事提到了聆听的重要性。

从前，在海边的一个小村庄里，住着一个小男孩，他非常渴望有机会出海。他不停地问渔民，能否让他搭他们的渔船出海。每天他都不停地对渔夫们唠唠叨叨。“带我出海吧，带上我吧，带我上船吧。”他不停乞求着。最后，一个渔夫同意了，但是他告诉男孩，如果他上了船，就要安静地坐着，不能说话。“说话会吓跑鱼的。”渔夫说。

渔船出发了，终于到了一个很好的捕鱼处，于是渔夫抛出了他的线。但是刚刚过了一分钟，男孩就开始说话了。渔夫告诫男孩保持安静，但是男孩根本没在意。渔夫不知如何是好——他需要捕鱼并且拿到市场上去卖，但是男孩不停地说话，把鱼都吓跑了。

此时，乌云密布，看起来暴风雨就要来了，渔夫决定收工回家。

男孩看见乌云翻滚着，离小船越来越近，就害怕得大叫起来。但是，他越是叫得厉害，乌云似乎靠近得越快。后来他不停地尖叫着，但是渔民也无能为力。最后，暴风雨劈头盖脸地来了，大雨倾盆，强风横扫。很快，巨大的浪开始不停地冲击小船。一个大浪扑过来，小男孩失去平衡跌倒了，从船上滑落到海里。

他不停下沉、下沉……沉入了深蓝色的海水中。他沉得越来越深，最后碰到了大洋的底儿，在海底的沙子上，有一个闪闪发光的白色的珍珠贝壳，他伸出手，捡起了贝壳，那是个有魔力的贝壳，把小男孩儿带回了海面。

此时，暴风雨已经过去，一切恢复了平静。渔夫扔了条绳子把男孩和他新发现的贝壳从海里拖到船上，把男孩包裹在一条暖和的毯子里，然后直接回家。不久他们就安全回到了港湾。

从那以后，男孩儿不论到哪里，都带着那枚白色的珍珠贝壳。他做了一个天鹅绒的小包来装它，每天都把贝壳拿出来放到耳边听。他能听到海洋在唱歌，唱一首轻柔的歌，告诉我们白色的珍珠贝壳是如何救了小男孩的命。

## 琴鸟[1]要学鹦鹉叫

**这个故事的想法来自塔斯马尼亚的一个团体工作坊——故事想解决一个6岁孩子不停大声讲话的问题。**

有一只小琴鸟正在长个子，它最好的朋友是凤头鹦鹉[2]。咯咯咯，咯咯咯，凤头鹦鹉就是这么叫的。咯咯咯，咯咯咯，小琴鸟也学着这么叫。

一天，小琴鸟离开了凤头鹦鹉生活的地方，独自游逛到森林的另一边，这里它以前没来过。

这个新地方有点不对劲儿，过了一会儿小琴鸟才想明白这里到底有什么不对劲。

这里没有凤头鹦鹉咯咯咯的叫声，这里太安静了，甚至小琴鸟可以清楚地听到蝴蝶飞过森林空地时扇动翅膀的声音，可以听到蜜蜂从一朵花飞到另一朵花的嗡嗡声，可以听到钟鸟在灌木深处的巢里唱歌，可以听到笑翠鸟在高高的树梢上大笑。

小琴鸟简直不知道自己的耳朵到底听到了多少种不同的声音。它决定学些新声音——它模仿蝴蝶飞过的声音，像蜜蜂一样嗡嗡叫，像钟鸟一样歌唱，像笑翠鸟一样大笑。

小琴鸟简直不敢相信它自己可以发出这么多种声音，别提有多快乐了。

---

1 琴鸟：澳大利亚的一种鸟，它喜欢学别的鸟儿叫。

2 凤头鹦鹉：产于澳大利亚或新几内亚。

它自己想着：我是一只琴鸟，这可真幸运啊。

从那以后，小琴鸟就在森林中的这块新地方安家了。它还会回去看它的伙伴凤头鹦鹉，但是只能隔一段时间看一次，因为它实在太忙了，忙着在森林这块新发现的地方学习发声呢。

## 吵闹的钟

这个故事来自新加坡的一个工作坊，是为一个特别喜欢尖叫的3岁孩子写的。对于这么小的年龄段，我建议用传统的童谣来播撒故事的种子。

滴答滴，滴答滴，
小老鼠跑到了钟里面，
钟响一下，小老鼠就往下跑，
滴答滴，滴答滴。

从前一只小老鼠，住在一座高大的木钟里。有时候，大木钟为它唱歌：滴答滴，滴答滴。小老鼠一听见这个歌声，就会跑上木钟，帮它敲钟，然后再跑下来。小老鼠非常高兴有大木钟这样一个朋友，大木钟也很高兴有小老鼠这样一个朋友。

但是有一天，不知道因为什么，大木钟没向小老鼠唱歌，而是朝它大吼：

**叮叮当，叮叮当**

小老鼠吓了一跳，因此没有像往常一样跑上大木钟，而是跑到房子的另一个角落里藏起来了。大木钟不知道该怎么办。

大木钟很思念它的朋友小老鼠，因为没有人可以像小老鼠那样为它敲钟。于是它就用更大的声音吼道：

**叮叮当，叮叮当**

可是小老鼠更害怕了，它堵住耳朵继续躲藏。于是大木钟吼叫得更响了：

**叮叮当，叮叮当**

但是小老鼠还是继续堵着耳朵藏起来。

这时，大木钟把所有的声调都喊完了，它只好又温柔地喃喃细语：

滴答滴，滴答滴

让大木钟惊讶和欣喜的是，小老鼠从藏身处跑出来了，一下子跑上大木钟，帮大木钟敲了一下钟，然后又跑下来。

从那以后，大木钟总是轻柔地对它的好朋友小老鼠说话和唱歌。小老鼠和大木钟快乐地生活在一起。

## “故事骨架”——假面人、猴子、龙卷风、狮子和王子们

故事的创意来自世界各地的工作坊。

### 假面人和魔术师霍迪尼

故事是为一个10岁男孩创作的，他总是用各种傻气的声音（学小婴儿、装腔作势、大吼大叫）掩盖真实的自己。故事引导他不再隐藏，而是乐于接受真实的自己。

从前有一个聪明的年轻人，他有一个可爱的家和一辆漂亮的车，但是他的家被盗了，所有的东西都被偷走了——从那以后他就变得沉默寡言，把自己的家变成了一个堡垒——后来，魔术师霍迪尼来了，他把年轻人家里的锁全都打开了（这里要很幽默）……

### 星星猴

**故事是讲给一个 10 岁孩子，他总是说粗话并把别人推到一边。**

一只小猴子前胸上有一个类似星星的印记。这只小猴子非常喜欢和朋友们一起玩游戏，但是一旦朋友靠它太近，它就冲它们大喊大叫，因为它不想朋友们发现它的星星。一天“星星猴”迷路了，一只很有智慧的乌龟告诉它，如果它能爬上这座长着一种特殊坚果树的魔法山，一枚坚果就会帮它找到回家的路。于是星星猴就爬上了山，找到了坚果。（可以补充更多的内容来完成这次旅程。）

### 越刮越大的龙卷风

**故事为一个 10 岁女孩创作的，她总是对妈妈尖叫，妈妈的压力越来越大。**

有一家人住在一个小岛上——离大陆很远——妈妈和女儿在摘蓝莓，突然看见乌云压过来——女儿开始向妈妈尖叫，乌云越来越大，女儿的尖叫声也越来越大，乌云继续变得更大……

### 男孩和洒水器

**故事为一个 5 岁的女孩而作，她刚出生就被收养，而且老是吐痰。**

有一个小男孩总是不开心，别人喜欢在操场上玩的游戏他都不喜欢——他不喜欢在蹦蹦床上跳，不喜欢荡秋千，也不喜欢跑来跑去。他唯一喜欢的事情就是画画。老师给了他一些各种颜色的蜡笔。他带着笔，在房子的各个墙面上画画。因为他画得太好了，学校里的每个学生都很崇拜他。

但是有一天，水管被打开了，喷头喷出的水弄湿了墙上所有的画，画都被洗掉了。男孩很不舒服，开始朝弄坏画作的水管大喊大叫。老师来了，告诉男孩怎么开关水管，怎么用合适的水量来调颜料（没有水，颜料会干）。从此以后，男孩和水管成了好朋友，他们一起创作了很多优秀的画作。

### 利奥的吼声

**故事为一个 6 岁的男孩所作，他总是在集体活动时大喊。**

迁徙季节——狮子在跟踪羊群——狮群中有一只叫利奥的狮子，总是在不该叫的时候吼叫，吓跑了羊群。狮子们都太饿了，也对利奥的行为充满了怒火。这时一只智慧的报警鸟从树上飞下来，落在利奥旁边的一棵灌木上。这只小鸟教了利奥一首歌——

“玩的时候随便喊，打猎的时候不要叫，否则猎物就跑了（liao）！”

**冷酷的王子**

故事来自成都工作坊，是为一个 10 岁的孩子而写。他老是说脏话，用词都很无情。

这是一个爱情故事——关于一个帅气但冷酷的王子，爱上了一个美丽的姑娘——但是姑娘有一个笨拙的哥哥，王子不喜欢这个哥哥。哥哥是个建筑师，有一天，王子命令他的工人把哥哥正在盖的房子拆掉了。哥哥丢了工作，就离开了这个国家。于是姑娘拒绝和王子结婚。王子来到一个智者那里，智者告诉他，如果想赢得姑娘的芳心，就得把一条住在他身体里的冷酷的恶魔赶走。为此，他要把所有推倒的房子重新盖起来———一定要用自己的双手盖起来。王子辛勤地工作了很长时间，终于重新盖起了房子。姑娘的哥哥回来了，王子也重新赢得了姑娘的尊重和爱情。

# 第十七章
# 如厕困难 / 尿床

## 被藤壶覆盖的鱼

在墨尔本吉盖的一个工作坊，一个小组在讨论一个故事创意，这个故事是为一个6岁孩子写的，他总是尿裤子，不愿意上厕所。我据此充实了这个故事骨架，创编了下面这个故事。(注意：因为这个孩子喜欢大海和游泳，因此故事里用了鱼的隐喻。)尿床问题可能有很深层次的原因，要记住疗愈性的故事应该是一个整体解决方案的一部分。

从前有一群鱼住在一个湖里，它们整天忙着游泳、吃东西和玩耍。

湖边的珊瑚礁里有一个暗礁洞，妈妈让鱼儿们每天都到洞里去，教它们跳一个摩擦岩石墙壁的舞蹈。这个摩擦舞蹈可以帮助它们蹭掉特别容易长在鱼类身上的藤壶。

一条小鱼很害怕黑暗的岩洞，不愿意进去。一天天过去了，它一直拒绝游进洞去。于是它身上长满了藤壶，它的兄弟姐妹们开始取笑它——

藤壶先生，真滑稽，全身长满藤壶片，

藤壶先生，藤壶片。

又过了很多天，它还是不进洞。藤壶继续在它身上生长，不久它的朋友又取笑他——

藤壶先生，真滑稽，全身长满藤壶片，

藤壶先生，藤壶片。

很快，因为身上的藤壶长得太多了，小鱼都游不动了。于是它在长长的海草中间找到一个地方藏了起来。一只好心的龙虾游过水草时，看见了它。

“小鱼，你为什么要藏在这里呢？”龙虾问。

“我身上长满了恶心的藤壶，我不知道该怎么办。”小鱼说。

“爬到我的背上来，”龙虾说，“我知道该怎么办。”

没等小鱼说“不”，龙虾就驮着小鱼游进了岩洞。一进洞，它就教小鱼怎么跳摩擦舞，蹭蹭这儿，蹭蹭那儿，它的皮肤很快就变得干净又闪亮。

“谢谢你，龙虾，我觉得好极了。”小鱼说。

它要离开岩洞的时候，四下看了看，惊讶地发现了很多小鱼，就像它这么大，都在岩洞里跳摩擦舞，把身上的藤壶蹭下来，然后再游到外面。

而且，岩洞也不像从洞外面看起来那么黑，小鱼在里面视野很好！

它和龙虾告别后，就游回洞外和它的兄弟姐妹、朋友们玩耍起来。现在身上的藤壶都被蹭掉了，小鱼又能像以前一样游得那么快了。它别提有多愉快了，跑到这儿，游到那儿。它非常高兴学到了把身上的藤壶蹭掉的办法。

## 桉树

本故事作者娜塔莉注：这个故事是为我的小儿子写的，是关于“放下”的。他快3岁的时候非常害怕拉粑粑（以前从来没有这个问题。）他想方设法不拉粑粑——头倒立很长时间、到处跑——就是不能安静地坐在那儿或专注于其他的事情。他很焦虑，经常隔几分钟就叫：“妈妈，妈妈，妈妈，快来帮帮我！”每到他想上厕所的时候都会尖叫或者大哭。要拉粑粑之前每天都这样——有一次竟然一连憋了9天！这种状况已经持续8个月了，我想尽办法也帮不了他。

幸运的是，我参加了你的一个工作坊。想要帮他减轻对拉粑粑的焦虑。工作坊快结束的时候，我有了关于这个“放下”的故事创意。那天晚上，我在孩子临睡前给他讲了这个故事。他变得非常安静，全神贯注，然后就每晚都要求听这个故事。接下来的几个晚上，我都给他讲这个故事；第四天，他藏在窗帘后面悄悄地把粑粑拉在了自己的尿布里，没有紧张和焦虑——只是完事儿之后说：“妈妈，我拉粑粑了。”这一大进步和突破让我非常高兴，我继续每晚给他讲这个故事，每天他要不在黑暗的碗橱里，要不就是在窗帘后面，安静地把粑粑拉在尿布里。我很高兴地向大家报告，跟踪了7个月后（他4岁3个月的时候），他不再需要尿布，而是可以在厕所拉粑粑了。

我的小儿子有极好的想象力，热爱自然，非常喜欢小孩，因此我想出了这么一个关于“桉树”的故事。成功创作这个故事之后，我发现我会用他的玩具（比如一个木头房子和一些橡胶娃娃）给他表演任何故事。这些故事或者歌谣有着非常深远的影响，而且事实证明远比其他说教和鼓励有效得多。就像变魔术一样，看着他通过一个简单的支持性的故事克服了恐惧和焦虑。

**整个过程都十分宝贵，非常愉快，为我们全家带来了必需的宁静和平和。**

在一片美丽的雨林中，长着一棵高高的桉树。这棵特别的树是很多动物的家——总是笑的笑翠鸟、打盹的考拉、活泼的负鼠、跳跃的蜥蜴、友好的青蛙、唠叨的凤头鹦鹉、彩色的玫瑰鹦鹉和彩虹吸蜜鹦鹉——大家一起唱着美妙的歌。

桉树很喜欢每天有这么多动物朋友来这里玩耍。但它最特别的朋友是两颗桉树果。它们带着小小的桉树果帽，穿着桉树叶子做的裤子、桉树叶做的衬衫和绿色的桉树叶靴子。桉树果一边在桉树上跳舞，一边唱着歌，用带着桉树油味道的光滑的桉树叶把枝条抛光，直到所有的桉树枝条都闪耀着像太阳一样耀眼的光芒。

桉树看着它的朋友们在枝条间玩耍着，非常高兴。

但是有一天，风特别大，越来越大的风开始一遍遍地撕扯着桉树的叶子。桉树不想自己的叶子被吹走，因为这些叶子都是它的朋友，它们陪伴它，在夜晚为它保暖，它不能让它们走——要不然考拉吃什么啊？于是它死死地抓住叶子。但是风吹啊吹，使劲地摇晃着叶子，很快，一片接一片的叶子旋转着落到树下。桉树伤心极了。

接着，桉树发现一件事情，它听到桉树果在唱一首儿歌：

**叶子叶子，落下来，第二天再长出来。**

它们一边唱歌，一边忙着收集飘落到地上的叶子。它们唱着歌，把树叶堆成一堆。

叶子叶子，落下来，第二天再长出来。

它们边唱边把叶子装进背后的棕色袋子里。它们非常高兴。

叶子叶子，落下来，第二天再长出来。

桉树看见它们把一捧捧叶子送给了住在桉树下的袋鼠。也把叶子送给了地上的蚂蚁来建造家园。它们还把叶子送给了甲虫让它们睡在上面。还给住在附近一条小溪里的鸭嘴兽送去了一些叶子，桉树看见抽鼻子的树袋熊在柔软的桉树叶做成的床上嗅来嗅去。所有的动物都因为有了桉树叶子而非常快乐。

第二天早上，当太阳升起来的时候，桉树发现它的所有枝条上都有刚刚发出芽来的新叶子。蠕动的毛毛虫愉快地在这些多汁的叶子上爬过，打着盹的考拉舔着、闻着、大声咀嚼着这些美味的嫩叶。

从那天以后，一旦强风吹来，桉树都愉快地让它的叶子飘落，因为它知道第二天新叶子还会长出来。

## 渗漏的屋顶

这是一个针对尿床问题的故事，适合5岁及5岁以上的孩子。这是解决这个问题比较轻松的方法。当然尿床问题可能还需要找到更深层次的原因。

从前有一张床，住在一个木制旧房子的儿童卧室里。这张小床热爱着所有小床爱做的事——它喜欢让小孩子暖暖和和地躺在上面，好好睡觉。它特别喜欢温暖和干燥，这样就能让小孩子整晚都很舒服了。

但是有一天下午，快到晚上的时候，一场暴风雨从天上掠过，带来了乌云和大雨。雨开始落到房子的屋顶上，噼啪、噼啪、噼啪。雨下啊，下啊，下了一整晚，第二天又整整下了一天一夜。

这所老木屋的房顶开始漏水了，滴答，滴答，滴答。它一点点渗漏，水滴慢慢变成了水流——滴答，滴答，滴答——滴落到温暖干燥的小床上。

房顶非常难过。“我的工作是保护我的房子，”它喊道，“要是我的皮肤上漏了个洞，我怎么能干好这个工作让房子保持干燥啊！”

一只智慧的猫头鹰住在房子旁边的桉树上，它听见房顶在哭喊着求救。它非常有办法，知道该怎么做。它赶紧搜罗了一些桉树果，飞到房顶上把洞给堵上了。

在智慧的猫头鹰的帮助下，房顶不再漏水了。没有滴滴答答的水滴落在小床上。从那以后，小床又变得温暖和干燥，小孩子可以在上面整晚安睡，做着甜美的梦，梦中有小鸟、蜜蜂、蝴蝶，还有树，当然还有猫头鹰和桉树果！

## 晚安，好好睡觉，祝福你

这是一个关于尿床的古老的非洲传说，由简·阿提尔诺在一次讲故事的培训工作坊中讲述，由苏珊·佩罗改写。适合 5 岁及以上的孩子。

从前，有个善良的女人住在靠近河边的一个村子里。她独自一人住在一个小土房里，土房有一个青草覆盖的屋顶和一个美丽的花园，女人在花园里种了各种水果和蔬菜。

这个女人非常喜欢孩子，但是她自己却没有孩子。每天晚上，她沿着土路散步，拜访村子里所有其他的房子。她会带上自己花园里的水果给孩子们，给他们讲故事，然后对他们说："晚安，好好睡觉，祝福你。"

一天晚上，和往常一样，这位善良的女人独自走在小路上，给村子里所有的孩子送去她的水果和祝福。这时她碰到了一位从没见过的老婆婆。老婆婆穿着一袭白衣，对她说："我认识你，我还知道你的愿望，我来这里是想告诉你，今天晚上当你回到你的土房子的时候，会看见三个小孩在等你——他们叫'晚安''好好睡觉'和'祝福你'。"

"谢谢，谢谢！"女人说，然后这个神秘的穿着白衣服的老婆婆就消失在通往河边的小路上。女人兴奋地走过了所有的房子，把水果送给所有的孩子，并和他们说了"晚安，好好睡觉，祝福你"，接着就赶紧回家了。

当她快到自己的土房子的时候，看见光从一盏灯里照出来，她出门时可没有开灯。她赶紧跑上前打开门，看见里面有三个新的小床，有三个小孩坐在上面。他们跑过来，快乐地拥抱她。女人给最小的起名叫"晚安"，中间的叫"好好睡觉"，最大的叫"祝福你"。她走进厨房为孩子们做饭，看见桌子上摆着三个小碗、三个小汤勺和三个小杯子。

全家一起吃过饭后，女人把孩子们抱上小床，给他们讲故事，并说"晚安，好好睡觉，祝福你们"。

第二天很早，三个孩子醒了，发现他们都尿床了。他们很担心这会让妈妈很麻烦，于是他们把床单拿到河里去洗。他们正在河里忙活的时候，那个身穿白衣的老婆婆出现了，并说会帮助他们解决尿床的事儿。她对孩子们说：他们必须要抓三只白色的小兔子带给她。孩子们把床单晾干后就出发去森林里找兔子了。但是小兔子跑得太快了，他们太小，根本抓不住。他们回到河边去找老婆婆，老婆婆把干床单和他们一起送回家，说：“我再给你们一个容易点的任务——你们每人要找一根白色的羽毛，并把它放在枕头底下。”

三个孩子回到家，重新铺好床，帮助妈妈准备晚饭。他们一起吃完饭后，妈妈把孩子们抱上床，给他们讲故事，并对他们说：“晚安，好好睡觉，祝福你们。”

午夜时分，三个孩子被“当当当”的敲窗声惊醒。他们往窗外看，看见一只漂亮的白色小鸟站在树上，树下的草地上，有三根白色的羽毛。他们爬出来，捡起羽毛藏在他们的枕头底下，然后又回到床上继续睡觉。早晨当他们醒来的时候，惊奇地发现他们的床单都是干的，他们叫醒妈妈，告诉她事情的始末，妈妈拥抱了每个孩子，告诉他们，她认识这个老婆婆，她很有智慧，乐于助人。然后告诉他们每个人都要好好地保存自己枕头下的魔力羽毛。

妈妈和三个孩子，“晚安”“好好睡觉”和“祝福你”，从此再也没有看见过那个智慧的老婆婆。但是每个孩子都小心地保留着他们枕头底下的魔力羽毛，并且再也没在早上发现自己尿床。

## 一个叫“彩虹”的娃娃

布里特·莱特是个孤儿，她 6 岁的时候父母因艾滋病相继去世。她现在受到资助，在姆巴加地的斯坦纳学校（非洲之叶组织创办）上学。这所学校位于内罗毕，她将在那里生活到十五六岁。布里特·莱特的身世是收养她的妈妈告诉她的。告诉她身世的同时，他们送了她一个穿着彩虹色衣服的特别的娃娃。布里特带着娃娃直接走到自己的床边，把它塞在了毯子下面——这样，当天晚上她就可以抱着她的娃娃睡觉了。自从父母死后，布里特每晚都会尿床。从那天晚上她听了这个故事并且抱着娃娃睡觉后，她慢慢地不再尿床了。

布里特·莱特的妈妈和爸爸在天上很安全。他们的女儿小布里特，还生活在地上。

每天晚上在星光的照耀中，布里特的父母能看见他们的小女儿睡在自己的小床上。他们很高兴女儿有了一个安全的新家，有一个新妈妈照顾她。但是他们有时候也会看到女儿很悲伤很孤独，于是他们想从天堂送件礼物给她——一件可以成为她的朋友、白天陪她玩耍、夜晚陪她睡觉的礼物。

在天使的帮助下，他们从彩虹中收集到了七彩线，在天堂的织布机上，他们用七彩线织了一块彩色的布，并用这块布做了一个小娃娃。

娃娃做好了，一个天使把她抱在臂弯里，带着她跨过星光闪耀的天空，来到了地上。她一到布里特的新家就把娃娃给了布里特的养母，让她转交给布里特。

那天晚上，布里特把娃娃塞到被子里和它一起睡觉，让娃娃又温暖又舒适。她很高兴有这样一个可以一起玩耍、一起睡觉的礼物。她叫它“彩虹”，这娃娃成了她特别的朋友。

## “故事骨架”——蒲公英、粑粑房子和大海花园

以下故事的创意来自世界各地的工作坊。

### 雨中的蒲公英

故事创意来自成都，是关于一个4岁的男孩儿，他尿床，白天还尿裤子。

这个故事说的是，一株蒲公英长在山脚下的小河边。一天，云中落下一些雨，把蒲公英打湿了。蒲公英问蝴蝶：你能帮助我吗？我不喜欢又冷又湿。于是蝴蝶扇动它的翅膀吹干了蒲公英。蒲公英越长越大。

天又下雨了，这次雨下得更大了。蒲公英湿透了，大叫救命。太阳赶来营救——太阳听到蒲公英的呼救，就洒下金光晒干了蒲公英。随着时间的流逝，蒲公英开出了第一朵花，但雨又来了。蒲公英大喊：我不喜欢又湿又冷，救命！这次风来了，吹走了蒲公英的种子，把它们吹到了安全地带，很多小小的蒲公英开始生长了。

### 粑粑房子

这个故事来自成都，是为一个6岁的男孩写的，他不愿意拉粑粑。

故事是关于两个粑粑住在同一所房子里。一个叫“泡泡”，一个叫“嗯嗯”——泡泡很开朗，喜欢到处走，但是“嗯嗯”喜欢独自待在家里。

一天，泡泡永远地离开了家，有新的好朋友来到家里住下。嗯嗯思念泡

泡。这房子现在挤满了新朋友。最后嗯嗯勇敢地离开了家，走进了外面的世界。

### 海洋花园游乐场

故事是塔露娜为一个3岁半的男孩写的，他在幼儿园的花园里而不是卫生间里拉粑粑。

在一个美丽的水下花园里，有很多带花纹的鱼，它们都在珊瑚和海草花园里一起玩耍。

但是一天，从外边来了一条鱼，在珊瑚里随便拉粑粑，弄的到处脏兮兮的。其他的鱼不想让它们的花园到处脏兮兮，又不知道该怎么办，就想赶走这条外来的鱼——但是这条鱼总是会回来，因为它实在喜欢在这里玩耍。

于是其他的鱼去问智慧的乌龟。智慧的乌龟给它们看了一个岩洞，一个很深的岩洞，那里是鱼儿专门用来拉粑粑的地方。外来的鱼开始使用这个洞来拉粑粑。从此，这水下花园一切恢复正常。

# 第十八章
# 固执倔强 / 缺乏社交意识

## 小鲱垺[1]和它发光的石鼓

这个故事说的是一只不合作的狩猎蚂蚁，它不想按规矩行事。尽管孩子成长需要独立和自由，但同时也要学会成为一个团体中的一部分——比如，幼儿园里的休息时间、家里或者学校的吃饭时间、学校里的外出时间、在深水里游泳等等。这个故事就是以一种轻松的方式，营造一种归属于团体的氛围。这个故事可以给 3 岁及以上，甚至上小学的孩子讲，可以作为团体经验的开始。

狩猎蚂蚁又一次处在迁徙途中！天上下起雨来，它们的蚂蚁窝不再温暖干燥。事实上窝里很快就灌满了水。它们正在寻找一块更高、更干燥的地方。

小鲱垺站在蚂蚁队的末尾，奋力地跟上队伍。它前面，其他蚂蚁队列整齐，一个挨着一个。这队列好像要这么一直排下去，直到永远！“跟上，”

---

1 鲱垺：Siafu 是非洲东部斯瓦希里语中对狩猎蚂蚁的称呼。这种蚂蚁会在雨后整齐排成一长队，穿过平原或灌木丛。

它的朋友喊道，“否则你就要掉队了！”

为了让它能跟上步伐，它们开始唱：

蚂蚁们开步走啊，一个挨一个，乌拉！乌拉！

蚂蚁们开步走啊，一个接一个，乌拉！乌拉！

蚂蚁们开步走啊，一个连一个，小不点儿停下来敲起了鼓，

蚂蚁们开步走啊，前进又转弯，走出大雨，梆，梆，梆！

小罅埒试着跟上歌曲的步伐，但是觉得这样做非常无聊，最后它决定不站在队列里了。“我一分钟都不想多站在队列里了，”它对自己说，“我要立即停下来，坐下来，敲我的鼓——就像那首歌里的小蚂蚁一样。”

小罅埒坐下来，开始在路边一颗闪亮的小石头上敲鼓。它一边敲，一边唱起了一首不同于朋友们唱的歌：

我厌烦了齐步走，我厌倦了跟上节奏，

我只想坐在太阳地儿里，坐在太阳地儿里敲我的鼓！

它边唱边敲的当儿，蚂蚁队伍已经走到它前面去了，一个接着一个，直到消失在小山上。

现在小罅埒孤身一个人了。

但没持续多久！一只棕色的蟋蟀飞到灌木丛附近，“和我一起玩耍跳舞吧。”小罅埒喊道，于是蟋蟀开始用灌木的叶子演奏音乐。但是声音实在是太大了！

小鲱埒喊道：

走开走开，让我一个人待着，

你的动静太大了，不能跟我一起演奏。

小鲱埒再一次孤身一个了。但也没过多久！一只乌龟缓慢地沿着小路爬过草地。“和我一起玩耍跳舞吧。”小鲱埒喊道，于是乌龟抬起头，开始慢慢地把头从一边摆向另一边。但它实在是太慢了！

小鲱埒喊道：

走开走开，让我一个人待着，

你的动作太慢了，不能跟我一起演奏。

一只金色的织巢鸟落在旁边的树上。“和我一起玩耍跳舞吧。”小鲱埒喊道。于是织巢鸟开始在树枝间飞来飞去地跳舞。但是它跳得实在是太快了！

小鲱埒喊道：

走开走开，让我一个人待着，

你跳得实在太快了，不能跟我一起演奏。

小鲱埒又一次孤身一个了。但并没有过了多久！一只大象迈着沉重的步伐走来了。“和我一起玩耍跳舞吧。”小鲱埒喊道。大象开始笨拙地跳舞和奏乐。但是大象实在是太大了！

实际上，小鲮埒太幸运了，它居然没被踩到。它大喊着：

走开走开，让我一个人待着，
你实在是太大了，不能跟我一起演奏。

小鲮埒再一次孤身一个了。它坐在小路上，敲着它的鼓。它越敲越意识到它是多么想念它的蚂蚁朋友们。

不久它发现自己开始唱起一首完全不同的歌：

我多希望和朋友们走在同一个队伍中，
我多希望和朋友们保持同一个节奏，
我不想坐在阳光里，
我想和我的朋友一起走路，一起敲鼓！

突然，它站起来，拿起它闪光的小石鼓开始沿着路走，边走边敲。它走得越来越快，沿着这条路，翻过小山，又翻过一座小山，又翻过一座小山……

直到看见它的朋友们就在那儿，走在同一个队伍里，
它的朋友们就在那儿，保持着同一个节奏！

小鲮埒太高兴了！它跟上它的朋友们，骄傲地走在长长的蚂蚁队伍末尾，敲着它闪光的小石鼓。它再也不觉得走在一起很无聊了！

它一边敲鼓，一边教它的朋友们一首新的蚂蚁歌：

蚂蚁们一个接一个列队走，乌拉！乌拉！

蚂蚁们一个挨一个列队走，乌拉！乌拉！

蚂蚁们一个连一个列队走，小不点儿敲着它闪光的小石鼓，

它们一起齐步走，向前，转弯，走出大雨，梆，梆，梆！

## 总是说“不”的挖掘机

这个故事的创意来自悉尼的一个工作坊——这个小组想编一个故事来影响一个对所有事情都说“不”的4岁孩子。于是有了这个故事和歌谣——“挖掘机说不，什么都长不成！”在我的孙子经历说“不”的阶段的时候，我在这个故事的骨架上添加了一些“血肉”，完成了这个故事。

从前有一个种草莓的农妇，她有一大片草莓地。每年春天，她都要在地里挖上好多坑，来种更多的草莓秧。但是终于有一天，她实在没办法用手挖那么多坑了，于是她决定去镇上买一台挖掘机。她把挖掘机拴在汽车后面，慢慢地拖着它回了家。

“这台挖掘机将会省去我很多工作。”农妇一边说，一边骄傲地把机器展示给她的两个孩子看。挖掘机有一间专门的车库，它的燃料箱装在车顶，孩子们上上下下帮助刷洗擦拭，直到整个车发出闪亮的红色。那天晚上，农妇幸福地睡着了，因为她的农场里有了一个新帮手。

第二天早上，农妇醒来后，走到车库，爬上挖掘机顶上的座位，准备开始工作了。她用钥匙发动挖掘机，但是让她惊奇的是，发动机没有打着火，却发出了一声喊叫：

挖掘机说不，什么都长不成！

农妇惊讶得差点从座位上摔下来。一个能说话的挖掘机！她再一次转动钥匙打火，有个声音再一次叫道：

挖掘机说不，什么都长不成！

这一次农妇发火了，她还有工作要做呢！她冲着挖掘机大声说："要是我新买的机器不工作，我怎么挖洞种我的草莓苗？"但是那个声音又来了：

挖掘机说不，什么都长不成！

这一次，农妇从挖掘机上爬下来，绕着它走了几圈！敲敲这儿，敲敲那儿。她觉得非常非常恼怒，"我无论如何也要让你工作！"她喊道。

但是那个声音又一次响起：

挖掘机说不，什么都长不成！

现在农妇不知道还能怎么办了，所以决定先回家泡杯茶喝。这给了她时间思考，喝茶通常会帮她找到办法。

当农妇忙着用茶壶烧水泡茶的时候，她的孩子们正在外面玩沙坑。男孩用塑料锹在沙子里挖了一个很深的坑，女孩拿桶提水往洞里倒。他们玩得乐此不疲！

但是突然，男孩儿的塑料锹碰到了沙坑底部的岩石，折断了。“噢不！”男孩儿喊起来，“我怎么能用断了的锹在沙子里挖洞啊？”

与此同时，新挖掘机正在从它自己的车库里往外看着孩子们玩沙子。当塑料锹断成两半时，挖掘机动起来。它的灯在闪，它的引擎在转发出轰鸣声，它自己从车库里开了出来。它来到沙坑前，就那么一下子，就挖出了一个孩子们从未见过的很大的坑。

孩子们笑了，挖掘机也笑了。孩子们用桶提水往沙坑里倒。挖掘机又挖了几个坑，他们一起又笑。农妇喝完茶走出房子，看见了发生的事情，她也大笑起来。她的新挖掘机现在知道怎么做挖掘机了！

农妇爬上机器，开向她的田地。她们一起工作了一天，直到把草莓苗的坑都挖出来。孩子们也来帮助栽草莓苗，等所有这些工作完成后，挖掘机又帮孩子们在沙坑里挖了更多的坑。回来后，孩子们帮着清洗挖掘机，让它闪闪发亮。每天晚上，它都待在自己的车库里，感到非常自豪，因为它现在知道该怎么做一台挖掘机了。

不久，到了草莓收获的时候，农妇摘了草莓去市场上卖，还有很多草莓供孩子们早餐时吃。农妇很高兴，孩子们很高兴，挖掘机也很高兴！

## 农场里的一个朋友

这是内罗毕的师资培训课上的作家艾德娜·苏菲·阿芒噶分享的，是一个关于社交的可爱的故事，讲的是朋友们和帮助我们的人常常以一种无法计划的、预计不到的方式来到我们身边。故事的道具很简单，可以用两根棍子交叉绑在一起，上面做一件简单的裙子。还能把一朵铃铛形的花朵倒扣在上面，当成帽子。这里的歌可以用斯瓦希里语或英语唱，适合4岁及以上的孩子……

从前有一个农夫，他有一个老婆，是个洗衣妇。每天早上，农夫一醒来就和朋友们去地里耕田、种植和收获，但是他最多的时间用在赶乌鸦上，因为乌鸦会吃他的玉米。他老婆则一户一户地挨着把人家要洗的衣服拿回来。她洗好晾干后，傍晚的时候再把洗干净的晾干叠好的衣服送回去。

每天，农夫赶乌鸦的时候，嚓，嚓，他会唱：

康格鲁，瓦纳库拉，玛翰笛，沙姆班尼，
纳尼，阿坦尼萨艾迪阿，库娃夫库扎，
乌鸦吃玉米啊，谁能帮我赶走它？

农夫每天都在赶乌鸦，直到有一天他生病了。他的老婆洗完衣服就得照顾他。她没有一点空闲时间到地里去赶乌鸦。农夫很担心他的玉米，但是他什么都做不了，除了躺在床上唱：

康格鲁，瓦纳库拉，玛翰笛，沙姆班尼，
纳尼，阿坦尼萨艾迪阿，库娃夫库扎，
乌鸦吃玉米啊，谁能帮我赶走它？

这天，农夫的老婆起得比平时早，洗了她自己的衣服和农夫的几件衬衫和裤子后，就把它们晾起来。然后她就去收邻居家的衣服。快傍晚的时候，她收起了干衣服，却忘了把晾衣绳末尾自己的衣服收起来。

那天晚上刮了大风。从这头儿吹到那头儿，衣服也被从这边儿吹到那边儿。风刮得更大了，啪！一个衣服夹子吹掉了。啪！另一个衣服夹子也被吹掉了。衣服被吹上了天空，越过农场，落在农场中央的一棵枯树上。

第二天农夫醒来的时候，觉得自己好多了，他决定去察看他的玉米。当他快到地里的时候，看见一个人站在玉米地中间。“那一定是个贼。”他想着，于是他慢慢地走近。当他走近了一些，一阵风吹来，那个“贼”移动了一点。这时候，农夫看清楚了，那不是贼，是他老婆的衣服挂在一棵老枯树上。

农夫非常惊奇！“这是守护我的农场不被乌鸦骚扰的新朋友啊。”他这样想着，特别高兴，就跑到老婆那儿告诉她新朋友的事儿。他们一起找到一顶帽子，戴到新朋友头上。他们管新朋友叫“吓跑乌鸦的稻草人”，从那以后，这个朋友就帮忙吓跑乌鸦，让农夫有更多的时间做农场的活儿。

康格鲁·瓦敏达，恩达，恩达，
康格鲁·瓦敏达·诸·昂噶尼，
乌鸦已经走了，走了，走了；
乌鸦已经飞到天上去了。

## 薄雾中的长颈鹿推嘎[1]

这是一个给 5~8 岁孩子写的关于合作和帮助的故事，基于对肯尼亚大自然的观察。

薄雾姑娘盘旋着，盘旋着，落到山谷周围，

薄雾姑娘稠密地，缭绕着，无声地笼罩在大地上。

凌晨时分，长颈鹿妈妈带着新生的宝宝走下河，平生第一次去喝水。它走得很慢，这样可以让小长颈鹿的短腿跟上妈妈的大长腿。

但是当它们翻过小山，走下岩石路，走进村庄的时候，薄雾姑娘不打招呼就旋转着碰到了它们。瞬间无声无息地，它就给小鹿裹上了厚厚的白色衣服，几分钟后，小鹿宝宝就和妈妈分开了，一个人走着。长颈鹿妈妈很高，她伸长了脖子，伸出了盘旋的白色浓雾之外，但是小长颈鹿却深深地隐藏在雾中。

长颈鹿妈妈非常担心！它低下长长的脖子寻找它的宝宝，但是在厚厚的白雾里什么都看不见。

然后它听见了一个声音，这个声音让它内心充满了恐惧。那是狮子的咆哮声，开始特别微弱，然后慢慢变大。原来那天早晨，狮子辛巴也走在通向小河的路上！

狮子辛巴来了，跨过山冈来了，

---

1　推嘎是斯瓦希里语中长颈鹿的意思；辛巴是斯瓦希里语中狮子的意思。

伟大的狮子辛巴来了，长颈鹿推嘎小心了！推嘎要小心了！

长颈鹿妈妈发疯似的四处寻找帮助。它看见它的朋友，鸽子嘟嘟和它妻子蒂嘟蒂嘟，一起坐在一棵合欢树的枝杈上，伸展的合欢树也被笼罩在浓雾之中。

“快帮帮忙，嘟嘟和蒂嘟蒂嘟，飞出去找我们的弟兄风，求它来吹散这雾姑娘吧。快一些，这样我就能在狮子辛巴来到这里拿我的宝贝做早餐之前，找到它了。”

鸽子们仔细倾听，它们很快就听到了狮子的咆哮声沿着路传过来。

狮子辛巴来了，跨过山冈来了，

伟大的狮子辛巴来了，长颈鹿推嘎小心了！推嘎要小心了！

鸽子们当然想帮助它们的朋友长颈鹿，于是它们飞过平原去寻找风哥哥。它们没飞多远，就找到了风哥哥。风哥哥正在平原上和红土转圈玩。它忙着捉弄一群斑马，把它们的白色斑纹变成红色，玩得特别开心。嘟嘟叫道：“求你了风哥哥，快来吹散村庄里的雾姑娘吧。赶快啊，这样长颈鹿妈妈就能赶在伟大的狮子辛巴前面，找到自己的长颈鹿宝宝，不让狮子把它当早餐。”

风哥哥一听到长颈鹿妈妈需要帮助，赶紧停下和斑马玩的游戏，跟随嘟嘟越过平原，来到了山谷。

然而，山谷后面，伟大的狮子已经快到长颈鹿妈妈等候的地方了。厚厚的白雾还盘旋在它的长腿边，遮住了它的宝贝。

宝宝在哪啊，在哪啊？

狮子辛巴来了，跨过山冈来了，

伟大的狮子辛巴来了，长颈鹿推嘎小心了！推嘎要小心了！

狮子小心地绕过长颈鹿妈妈——它知道不能冒险走近长颈鹿的长腿边。在浓雾中它不停地走，跟着那条路，跟着甜美的小宝宝的肉的气味，一步步逼近。它每走一步，那味道就变得越甜美越强烈。

就在这个时候，嘟嘟和蒂嘟蒂嘟带着风哥哥来到山谷里。它们过来的时候，经过雨妹妹歇脚的大山，风吹散了挡在它前面的几块雨妹妹的乌云。

当它们到达山谷时，风和雨都来了，它们先是开始慢慢吹，呼呼，啊呜，然后温柔地噼里啪啦，噼里啪啦，接着，狂风暴雨来了（用手制造出风暴声）。

然后，一切都安静了！雾姑娘来得有多快，风暴就把它卷走得有多快。伟大的狮子辛巴不喜欢把爪子弄湿，就转身沿路返回，回到了广阔平原上干燥的地方。

长颈鹿妈妈四处寻找它的宝贝，它发现长颈鹿宝宝就在它旁边，蜷缩在一棵高大的合欢树下面——就是那棵它的鸽子朋友们住的树。

它弯下身来，用长长的舌头舔着小长颈鹿的脸和身体，这是长颈鹿妈妈拥抱和亲吻小宝宝的方式。

嘟嘟和蒂嘟蒂嘟长途跋涉后，坐在它们高高的合欢树枝上休息，它们安静、微笑地看着眼前这一切。

长颈鹿妈妈再一次抬起头的时候，雨妹妹已经给山谷顶上的岩石表面洒满了雨水。水在阳光下波光粼粼，好像在召唤："来啊，来喝啊！快来喝啊！"于是妈妈和宝宝走到岩石那边，一起喝了个饱。

从那以后，直到小宝宝长到像她一样高，长颈鹿妈妈总是带着它到山谷上面的岩石那里去喝水，这些小池塘都是暴风雨留下的。它这次可小心了，再也不会一大早去河边了，免得雾姑娘再次出其不意地把长颈鹿宝宝藏起来，藏在她白色的衣服下面。

薄雾姑娘盘旋着，盘旋着，落到山谷周围，

薄雾姑娘稠密地，缭绕着，无声地笼罩在大地上。

## 湖的守护者

这是一个为泰勒湖写的故事，泰勒湖坐落在拜伦湾一个被原住民视为神圣的地方。写这个故事是为了鼓励大众在开发的同时，参与保护本地湖泊的浅滩。曾在湖边的沙滩上，给一百个左右的孩子和父母讲这个故事，然后每个人都在入口处垒起了一个象征性的沙墙。这个创意吸引了媒体的注意，有好几家报纸把孩子们垒保护墙的照片放在了头版。后来那里的开发就没再进行！

湖泊的守护者看着她的魔镜，这个魔镜总是告诉她家周围发生了什么。但是今天，她没有看见金色的阳光照耀，也没有看见鸟儿欢快地筑巢或者雨后的彩虹，而只看见乌云满天。

她深深地叹了口气——她立刻就知道这不是普通的暴风雨要来。这是战争的黑烟，一场大战就要开始了，很早以前就曾有人警告过她这场战争的发生。

引擎已经开始轰鸣，从湖边森林的边上就能听见机器发出的尖厉的叫声。

她召集智慧的树木精灵们到一起，准备应付接下来的困难时刻。“我们唯一的机会，”她说，“是成立一支军队，布防在环湖的森林中，就像城堡周围坚实的围墙。围墙要和灌木地的魔法交织在一起，要足够坚固，可以阻止任何力量的破坏。去召集尽可能多的动物和鸟，请它们把消息散布出去，让我们肩并肩，一起形成这个大圆圈。”

于是智慧的树精灵们给灌木地带的动物和鸟类带来了这样的消息，慢慢地，一座穿过森林的围绕着湖的墙开始初具雏形，它从南向西再向北延伸开来。在地上，蜥蜴、蛇、青蛙还有很多其他动物肩并肩排好，在它们上方的灌木和树里，鸟儿展开翅膀，翅膀尖挨着翅膀尖地排好，甚至鹈鹕也来了，伸出它们巨大的翅膀，一起建造着这堵特别的墙。

接着，灌木精灵开始在墙上编织他们的灌木魔法，山毛榉巨人让它更结实，藤条仙女用她们的金线填充了所有的缝隙。

但是湖泊通往大海的入口处，根本没有灌木地区，圆圈在这里没有连上。“谁能在这里提供帮助？”守湖人问她的魔镜。

然后她看见孩子们来到了湖边，希望自己能做点什么。他们叽叽喳喳、欢声笑语，热切地用双手和沙子、木棍、花朵、贝壳建造了一堵沙墙，正好跨过湖的入口，完成了这个魔力环。

守护人又往魔镜里看，她看见一圈完整的围墙，正在行使着它保卫圣湖的职责。她冲自己笑了，又满足又幸福，她知道这个魔力环将会保护圣湖，从现在开始乃至永远，保护它免遭任何侵害。

## 一个贝壳礼物

**这个故事是为5~7岁的孩子写的，鼓励他们合作、帮助和分享。**

从前有一位年纪很大的矮人，住在海边悬崖上的岩洞里。他和他的矮人家族住在一起，所有的时间都在敲敲打打，挖挖刮刮，寻找家里岩石墙中的水晶宝石。他工作得特别辛苦，背一弯下去就会痛，他的胳膊和腿也失去了往日的强健。

一天，矮人爷爷决定跟矮人家族的其他年轻成员说再见了，他要独自去寻找一个新家。他知道是时候应该离开这里了——他不能再帮上什么忙了，反而看起来只是在碍事儿。

于是他沿着岩石海岸，开始了漫长的旅行。他一直走，一直走，走到了一个黄金海岸，那里有很多沙山向海岸边延伸。虽然他上了年纪，胳膊又累，他还是可以很容易地挖开这些山上比较松软的地方。于是他开始动手挖出一个新家，一个沙洞的家。他捡来漂浮的木头，加固墙壁，制成桌子，用海藻作床。当他做完这些工作后，他吃了一餐海泡饼，然后就躺在他柔软的海藻床上睡了一大觉。

时间流逝，矮人爷爷在他的新沙洞里生活得非常快乐。他虽然想念住在岩石峭壁洞穴里的矮人家族，但是他很快就在海边交了很多新朋友，它们是住在附近的不同的海生物、海鸟。它们都很高兴有矮人这样的朋友和它们住在一起，而且因为他的胡子、帽子和衣服总是沾满了沙子，他们叫他沙老人、海边的沙矮人。

沙矮人对每个人都很友好，他总是忙着照顾新朋友们的需要。他照顾迷路的海鸥宝宝；他解救搁浅在岩石浅滩里的小鱼；他把被海水冲上岸的海星扔回海里；他搜集成堆的海泡沫制作烙饼——每天他都和小螃蟹们分享这些食物，这些小螃蟹在涨潮的时候，当高高的巨浪冲上海岸时，会来到他的沙洞里寻求庇护。

虽然他交到很多新朋友，给自己找了很多事做，让自己很忙碌，在他的悬崖岩洞的家里，还是有一样东西让沙矮人非常怀念。那就是漂亮的水晶宝石。宝石在他岩洞家中的墙上，发出星星一般的光芒照亮夜空。他时不时地叹口气说："噢！我多么想要那种美丽的宝石来照亮我在沙洞的新家啊。和我原来家里墙上那闪光的水晶相比，海藻和浮木看起来太单调乏味了。"

有一天，小螃蟹听到了沙矮人的愿望，它们决定帮助他实现这个愿望。他们把这个想法告诉了银鱼，银鱼们在海里游了很远，来到它们的海女王生活的巨大的岩石城堡里。

海女王是所有美人鱼的女王。这会儿她正在一块温暖的岩石上躺着晒太阳，彩虹般的尾巴在阳光下闪闪发光，人鱼侍女们环绕着她，在清澈的海水中游弋。

银鱼对女王悄悄地说了沙矮人的愿望，女王已经听说过这个善良的住在海边的沙矮人的故事，听说他对住在岸边的海洋生物非常友好，非常慈爱。女王微笑着对银鱼颔首，说她很愿意送给沙矮人一件礼物，一件来自大海王国的礼物，一件可以实现他愿望的礼物。

于是她召唤人鱼女仆来到它的岩石城堡边，给她们扔下一个巨大的网袋。"拿这个去我的海洋王国的远处，收集美丽的贝壳，越多越好。袋子要把闪烁的海洋宝石装得满满的，你们才能回来。"人鱼们拿了大网袋出发游向深水。她们游了很多个日日夜夜，在海底找到各种图案、大小和形状的贝壳，袋子慢慢地被这些海洋珍宝填满了。终于在某一个早晨，袋子满得不能再装了，她们回到了岩石城堡，把沉重的袋子拖上女王躺在上面晒太阳的那个岩石。

海女王谢过她们，从大网袋子里拿出一捧贝壳，把它们抛向远处的浪花，海浪翻卷着冲上海滩。海浪托着贝壳呼啸着，翻腾着，一次，两次，三次。海浪卷着贝壳，把它们冲上了金色的海滩。海浪把它们留在那里，躺在沙子上，粉色的、白色的，各种图案在晨光下闪闪发亮。

那天晚些时候，当沙矮人沿着海滩散步收集海泡沫做烙饼晚餐的时候，他看见了贝壳珍宝躺在沙子里。“噢，谢谢，谢谢，闪光的大海，谢谢你带这些美丽的珠宝给我！”他欢叫着捡起这些贝壳，里里外外地细看它们，赞赏它们的颜色和美丽。他把口袋装满，回到沙洞家里。他兴奋地把贝壳摊在自己床边的桌子上，他的心欢快地雀跃着，因为他拥有美丽珍宝的愿望实现了。

第二天一大早，海女王又向海浪中抛撒了一把贝壳。海浪高高地托着它们，翻卷着它们，直到它们被冲上金色的海岸。浪花把它们留给沙矮人去发现。这些粉色、白色的明亮图案，在晨光中闪闪发光。

从那以后，每天早上，海女王都要把贝壳抛给住在她的海滩上、照顾着海里生物的沙矮人。沙矮人不仅为自己沙洞的家收集贝壳珍宝，他也留一些给孩子们，让他们拿回自己的家，放在他们房间的柜子里。

所以，如果有一天你沿着海滩走，就可能发现一个小贝壳，这是海女王的礼物，你也会知道这些贝壳就是海岸的沙矮人为你留下的，那些粉色、白色闪亮的图案，在早晨的阳光里闪闪发亮。

## 金色的星星

这是一个夏季圣诞剧，带有动作、歌曲和韵律歌谣，适合南半球的国家。故事讲了动物、鸟和一个鼓手男孩聚在一起庆祝圣诞的来临，鼓励大家建立社区的强烈意识。我这里写了两个版本——一个给非洲幼儿园的孩子（4~6岁），另一个用在澳大利亚的游戏小组（2~4 岁）。

### 金色的星星（非洲版本）

摇铃（让带头的孩子手拿一种形状似铃铛的非洲郁金香）：

小铃铛轻轻唱，叮啊铃啊铃，叮啊铃啊铃，欢迎加入我们的圣诞圆圈。

旁白：

很多动物和鸟类聚集到非洲大草原——长颈鹿、乌龟还有织巢鸟和彩虹八哥。

这是一年中特别的时刻，圣诞星在此时降临。

星星舞蹈（年长的星星孩子）：

星光闪耀，星光闪耀，今晚我见圣诞星，

星光闪耀，星光闪耀，你的金光照耀我。

动物和鸟都在这里等着金色光，

它们在这特别的圣诞夜看着，等着。

长颈鹿最高，是它们的头领（斯瓦希里语中的长颈鹿之歌）：

纳特维嘎，尤—瓦特姆比，特姆比，特姆比；

……

纳·哈库　尤—瓦库拉，查纳·沃特。（两遍）

（长颈鹿走着……长颈鹿吃着……）

这是一年中特别的时刻，圣诞星在此时降临。

星星舞蹈（年长的星星孩子跳）：

星光闪耀，星光闪耀，今晚我见圣诞星，

星光闪耀，星光闪耀，你的金光照耀我。

织巢鸟离开鸟巢，在高高的树枝上歇脚：

编织歌（用木棍演奏音乐）：

忙碌的小织工我们来了，忙碌的小织工，忙碌的小织工，

忙碌的小织工我们来了，忙碌的小织工整日织巢。

这是一年中的特别的时刻，圣诞星在此时降临。

星星舞蹈（年长的星星孩子）：

星光闪耀，星光闪耀，今晚我见圣诞星，
星光闪耀，星光闪耀，你的金光照耀我。

小八哥飞来飞去，把色彩布满天空：

圆圈舞（两个孩子举一块彩虹布，像小八哥飞进飞出）：
在这个圣诞夜晚，飞进飞出彩虹窗子（三遍）
这是一年中特别的时刻，圣诞星在此时降临。

星星舞蹈（年长的星星孩子）：
星光闪耀，星光闪耀，今晚我见圣诞星，
星光闪耀，星光闪耀，你的金光照耀我。

乌龟缓慢地爬向高处，费力地唱道：（两个孩子背上背着篮子，像乌龟一样在圆圈里爬进爬出）。

斯瓦希里语中的乌龟之歌（小声地）：
珀乐　珀乐，茂斯　茂斯；妮沃塔，妮沃塔，茂斯　茂斯。
（慢慢地，慢慢地，一路往前爬，它把房子背在背上）

其他星星都在空中闪耀，在圣诞的夜空中闪闪发光。

更小的星星孩子举着银色的星星（插在木棍上）列队入场，唱道：

一闪一闪亮晶晶，真想看看你的模样；
高高挂在天空上，就像钻石珠宝闪亮，
一闪一闪小星星，真想看看你的模样。

接下来，鼓手男孩在明亮的星星和非洲月亮的照耀下，敲出他的旋律：

鼓手男孩儿唱道：

圣婴耶稣，帕拉姆　帕姆帕姆帕姆，我也是穷孩子，帕拉姆　帕姆帕姆帕姆，

没有拿来礼物，帕拉姆　帕姆帕姆帕姆，只有我的心，帕拉姆　帕姆帕姆帕姆，

拉姆帕姆　帕姆帕姆，我是否该用我的小鼓，帕拉姆　帕姆帕姆帕姆，来为您演奏？（两遍）

每个人都围到一起，在炎热的夜晚观察、等待着金色的光。
这是一年中特别的时刻，圣诞星在此时降临。

星星舞蹈（年长的星星孩子）：
星光闪耀，星光闪耀，今晚我见圣诞星，
星光闪耀，星光闪耀，你的金光照耀我。

当金色的星星滑过天空，
发出金色的光照耀大地，

金色的光芒向大地宣告，

圣婴降临人世间的喜讯。

用圣诞颂歌结束（所有人一起）：

马槽里没有婴儿床，

只有小耶稣甜美的脸，

明亮的星光照耀他，

小耶稣酣睡在干草旁。

人间世界树木大地上，

动物鸟儿聚集在边上，

明亮星星闪耀金色光，

明亮星星宣告圣诞夜。

星光闪烁

结束剧目的游戏，所有的孩子一个接一个走下舞台。（用星星杖做道具，一个孩子在坐着的孩子中间舞进舞出，歌曲结束时，用杖轻轻点一下另一个孩子的头——然后轮到这个孩子舞动星星杖，其他孩子下台。）

星星还在闪烁，月亮仍在照耀，围绕着天空转动。

## 金色星星（澳大利亚版本）

简单一些，适合更年幼的孩子游戏，即 2~4 岁孩子，可以和父母一起做圆圈游戏，主要由老师说话和引导。

摇鸡蛋花铃铛（年长的孩子拿一朵鸡蛋花打铃）：

小小铃铛温柔唱，叮啊铃啊铃，叮啊铃啊铃；欢迎来到我们的圣诞圈。

很多动物和鸟儿从四面八方聚集到这儿。这是一年中特别的时刻，圣诞星即将降临。

金色星星歌（圆圈聚拢到中间，再发散向外，高举双手）：

星光闪耀，星光闪耀，今晚我见圣诞星，

星光闪耀，星光闪耀，你的金光照耀我。

动物和鸟儿都等着看那金色光芒，

在这个特别的圣诞夜，它们等着、看着。高高的鸸鹋在前面带路。

鸸鹋、袋鼠和鹦鹉唱道：

鸸鹋走啊走，走啊走，鸸鹋仰脖望天走啊走。

袋鼠跳啊跳，跳啊跳，袋鼠跳得高又高！

鹦鹉飞啊飞，飞啊飞，彩虹翅膀明又亮。

乌龟努力缓慢地爬向高处，费力地唱道：

乌龟慢慢走，慢慢走，

乌龟背着房子慢慢走。

这是一年中特别的时刻，圣诞星即将降临。

金星之歌：

星光闪耀，星光闪耀，今晚我见圣诞星，

星星闪耀，星星闪耀，你的金光照耀我。

其他星星都在空中闪耀，在圣诞的夜空中闪闪发光。

一闪一闪亮晶晶，真想看看你的模样；

高高挂在天空上，就像钻石珠宝闪亮，

一闪一闪小星星，真想看看你的模样。

鼓手男孩敲鼓，呼唤每个人上来！

拉姆—阿—帕姆—帕姆（三遍）

大家都聚拢在周围，在炎热夜晚中等待、观察金色光芒。

这是一年中特别的时刻，圣诞星即将降临。（合唱）

当金色的星星滑过天空，发出金色的光照耀大地，

金色的光芒向大地宣告，圣婴降临人间的喜讯。

用圣诞颂歌结束（所有人一起）：

马槽里没有婴儿床，

只有小耶稣甜美的脸，

明亮的星光照耀他，

小耶稣酣睡在干草旁。

人间世界树木大地上，

动物鸟儿聚集在边上，

明亮星星闪耀金色光，

明亮星星宣告圣诞夜。

大家围成圆圈结束游戏（用星星杖），所有的孩子一个接一个走下舞台（用星星杖做道具，一个孩子在坐着的孩子中间舞进舞出，歌曲结束时，用杖轻轻点一下另一个孩子的头——然后轮到这个孩子舞动星星杖，其他孩子下台）

星星还在闪烁，月亮仍在照耀，围绕着天空转动。

## “故事骨架”——房子受够了！

这个故事来自纽约，是写给一个7岁孩子的，他总是用各种方式不合作——如果你让他打开水龙头，他会把它拧得更紧，如果你让他打开窗户，他会试着锁上窗户！

这个故事很有趣，让人耳目一新。讲的是一个房子受够了！

吹大风的时候，窗子就会打开，让冷空气进来；然而天热的时候，窗子却紧紧关闭，让房子又闷又热。有人想进来的时候，门也紧闭着。诸如此类。房子的各个部分都不合作，也不互相帮助。

一天，开始下雨了，雨一直下，一直下，门窗一起打开，水全部流了进来，本来门窗应该一起关闭，让雨进不来才对。然后门窗又关上了。房子里积满了水。

一个帮忙的（小老鼠或者小精灵）来给门窗挠痒痒，让它们做相反的事。房子里的各个部分终于开始运作了——雨停了，水流出了房子，太阳照耀着，房子高兴了。